현질의 탄생

초판 1쇄 발행	2022년 11월 16일
지은이	이경혁
펴낸곳	이상북스
펴낸이	김영미
출판등록	제313-2009-7호(2009년 1월 13일)
주소	10546 경기도 고양시 덕양구 향기로 30, 106-1004
전화번호	02-6082-2562
팩스	02-3144-2562
이메일	klaffklaff2004@gmail.com

ISBN 978-89-93690-88-0   (03300)

이 도서는 한국출판문화산업진흥원의 '2022년 우수출판콘텐츠 제작 지원' 사업 선정작입니다.

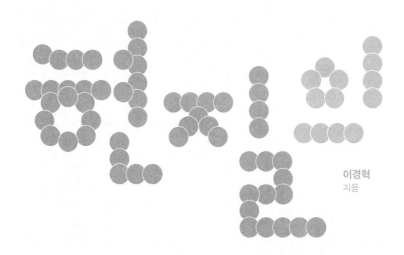

현질의

이경혁
지음

동전투입에서 NFT까지,
'현질'은 어떻게 세상을 바꾸었을까?

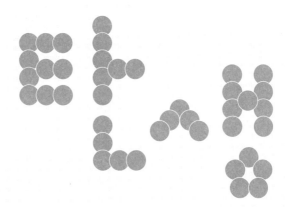

탄생

이상북스

"심심한데 게임이나 한판 돌릴까?"

혼잣말이기도 하고 친구들을 불러 모으는 말이기도 한 이 문장에는 표면적으로는 잘 드러나지 않는 의미가 하나 숨어 있다.

결제.

어떤 디지털게임도 직접적이든 간접적이든 일련의 비용을 지불해야 플레이play[1]가 가능하다. 초창기의 연산용 기계장치로 신기한 놀이를 만들어내던 프로토타입prototype[2] 시대를 제외하면, 언제나 디지털게임은 상품으로서 플레이어player와 관계를 맺어왔다. 오락실에서의 동전(코인) 투입, 휴대용 게임기 구매, CD-ROM에 담긴 게임 소프트웨어 구매를 지나 심지어 '무료로 플레이하세요!'라는

---

1   놀이나 운동경기에서 선수들이 펼치는 내용이나 기량을 뜻하는 이 단어는 이 책에서 주로 게임을 하는 행위를 가리킨다.

2   본격적인 상품으로 나오기 전 성능을 검증하고 개선하기 위해 제작하는 시제품.

광고 문구로 뒤덮인 오늘날의 모바일 게임에서도, 우리는 '세상에 공짜는 없다'라는 경구를 떠올리지 않을 수 없다. 디지털게임에서 모든 플레이는 언제나 '결제'라는 과정을 통해 이루어진다.

하지만 게임이 늘 결제와 맞물려 있는 것은 아니었다. 오히려 게임플레이와 결제의 관계는 한동안 주목받지 못하다가 온라인/모바일 게임 시대에 이르러 극적으로 전면에 등장하게 되었다. 바로 현질의 등장 때문이다. 페이투윈pay to win이라고 부르는, 누가 더 결제를 많이 했느냐가 게임의 승패에 영향을 주는 새로운 시대에 들어서며 사람들은 이 플레이가 얼마나 상품관계 속에서 일어나고 있는 것인가에 놀랐다. 플레이어들은 이에 강하게 저항하거나 또는 비게이머들이 상상하기 힘들 만큼의 결제를 진행하며 플레이를 이어왔다. 이런 현상의 중심에 2020년대 게임 분야에서 가장 뜨거운 쟁점인 현질이 있다.

그러나 그 의미가 실제로 어떻든지 간에 어떤 현상에 '~질'이라고 낮잡아 이르는 말이 붙는 것이 과연 올바른 표현인지, 의문이 생긴다. 많은 사람이 비난하지만 정작 새로운 게임을 출시할 때마다 폭발적 매출을 일으키고 이용자를 끌어모으며 산업적 관점에서는 매번 성공하는 이른바 현질 게임들이 가진 이 모순이 어디서 비롯될까? 그리고 그 모순의 원인과 경과를 파악하고 난 다음에도 현질이라고 비하하는 것을 합당하다고 생각할까? 이 책은 그런 의문점에서 시작되었다.

나는 현질이라는 현상의 의미를 보기 위해 좀 더 장구한 시간을 더듬어 게임플레이와 결제라는, 그동안 묶어서 생각하기 어려웠던 영역에 새로운 맥락을 세워보고자 한다. 게임플레이의 물적 토대면서도 오랫동안 소비와 결제 그 자체보다는 주로 산업의 이윤이라는 생산자 측면에서만 조망되어온 게임의 결제양식 문제를 플레이어, 소비자, 이용자의 관점에서 되짚어보는 과정은 지난 반세기 동안 디지털게임이 변화해온 역사를 이른바 '결제사*'의 관점으로 되짚어보는 것이기도 하다. 게임 결제사라는 통시적 맥락이 이 책의 전반부라면, 그로부터 발견할 수 있는 플레이와 결제의 관계를 토대로 오늘날 현질이 갖는 의미를 좀 더 냉정하게 바라보려는 시도가 책의 후반부를 이룬다. 그리고 콘텐츠와 상품관계라는 동떨어져 보이는 둘 사이가 21세기 대중문화상품 영역 전반에서 일어나고 있는 공통적인 흐름과도 맞물리게 되는 지점에 대한 이야기까지 해 보려고 한다.

이 책은 독립적인 몇몇 작업의 교집합으로 완성되었다. 2016년부터 이어온 성균관대학교 교양강좌 "게임과 인문학"에서 기초가 되는 아이디어를 얻었고, 팟캐스트 〈그것은 알기 싫다〉에서 여러 차례 현질과 게임, 오락실과 모바일 게임에 관한 주제를 다루며 생각을 확장할 수 있었다. 이론적 토대와 논지는 석사 학위논문을 준비하는 과정에서 정리할 수 있었다. 이런저런 생각과 작업들이 그려온 구상들은 단행본 집필이라는 작업을 통해 마침내 한 덩어리로 탄생할 수 있었다.

장대한 주제를 처음부터 끝까지 같은 호흡으로 이어가는 작업은 나름 글쓰기에 인이 박였다고 자부하는 입장에서도 결코 쉽지 않았다. 외롭고 고된 작업을 도와준 이들에게 감사를 표하는 것이 단순한 인사치레가 아니라 진정한 고마움의 표현임을 이 책을 정리하며 깨달았다. 매번 바쁘다고 도망치는 것 같지만 늘 핵심적인 부분에서 큰 방향을 잡아준 윤태진·이상길 교수님, 늙은 아저씨라고 배척하지 않고 동료로서 늘 함께 이야기 나눠준 커뮤니케이션 대학원 학우들, 인문학협동조합에서 만나 오랜 세월 함께 구르며 게임 연구의 동료로 서로에게 의미가 된 '게임과인문학' 사람들, 게임과 게임문화에 관해 부담 없이 함께 이야기한 게임제작자, 게임기자 등 관계자 여러분, 이 작업의 물꼬를 터주시고 격려해주셨지만 얼마 전 갑작스럽게 세상을 떠나 함께 출간을 축하하지 못해 못내 그립고 아쉬운 이상북스 송성호 전 대표님, 대중적 글쓰기와 말하기를 훈련하는 데 큰 도움을 준 〈그것은 알기 싫다〉 유승균 PD와 XSFM 관계자 여러분에게 감사드린다. 그분들의 말 한마디 한마디가 다 이 책에 한 글자씩 벽돌로 쌓아 올려졌다고 생각한다. 그리고 플레이의 기반에 결제가 자리한 것처럼, 이 모든 작업의 토대가 되어준 나의 가족에게 마음의 납본을 올린다.

여러 분야에서 다양한 채널로 게임에 관한 다채로운 이야기를 던지는 것이 직업인 입장에서 이 책은 단지 하나의 주제를 다루고 끝나는 것에 그치지 않는다. 이 책의 모든 이야기가 한국의 디지털 게임문화를 다루는 담론장 안에서 또 다른 이야기들과 관계 맺는 일종의 연결재로 기능하기를 희망한다. 그리고 이 결과물이 게임 그리고 게임이 인간과 사회와 관계 맺는 모든 이야기를 다루는 행위로서 한국의 게임문화 담론으로 이어질 수 있기를 바란다. 학계와 게이머계가 서로 연결되고, 연구자가 플레이어의 눈과 연결되며, 마니아의 생각이 비게이머에게도 닿을 수 있기를 바란다. 이 책을 시작으로 여러 자리에서 게임과 현질에 관해 지속적으로 이야기하길 바라는 심정으로 여는 글을 마무리한다.

2022년 10월

이경혁

2부
현질의 의미

1장 현질의 등장

2장 납금플레이

3장 납금플레이 vs 현질

4장 현질을 어떻게 이해해야 하는가

- 인명과 지명을 포함해 각종 용어는 본문 이해에 필요하다고 판단한 경우에만 맨 처음 나올 때 로마자나 한자를 병기했다.
- 온라인 게임에 관한 내용을 주로 다룬 이 책의 특성상 통용되는 게임 관련 외래어를 한글로 바꾸지 않았다.
- 책 제목은 《 》, 정기간행물과 인터넷 매체, 영화 및 게임명은 〈 〉, 논문·법규·노래·시·기사명 등은 " ", 그외 기타 명칭이나 강조를 위해 필요한 문구는 ' '로 표기했다.
- 설명이 필요한 용어 중 간략한 것은 괄호 안에, 조금 긴 것은 각주를 두어 설명했다.

1부

게임의 결제사史

1장
결제가 없던 시절의 게임

현질이라는 개념을 이야기하기에 앞서 먼저 현질의 대상이 되는 디지털게임의 위치를 생각해 볼 필요가 있다. 디지털게임이라는 매체가 만약 원래부터 무료로 즐길 수 있는 것이었다면 애초에 현질이라는 개념이 나왔을 리 없기 때문이다.

오늘날의 디지털게임을 상상할 때 우리는 상품으로서 지닌 그 속성을 빼놓을 수 없다. 디지털게임은 21세기를 사는 우리에게 공짜로 하기는 쉽지 않은, 소비하는 문화 콘텐츠로 다가온다. 이는 장르와 플랫폼을 가리지 않는다. PC 게임은 패키지를 사거나 월정액을 끊어야 하고, 콘솔 게임[1]은 아예 게임 타이틀을 사는 것보다 먼저 기

---

1 TV에 연결해서 즐기는 비디오게임. 우리나라에서는 비디오게임이라 불리지만 조이스틱('스틱'이라 불리는 긴 막대형 레버를 잡고 상하좌우로 밀거나 당겨서 조작하는 방식의 컨트롤러 또는 입력장치)이나 조이패드(조이스틱과 달리 십자 모양의 버튼으로 조종함) 등의 전용 게임기기를 영어로 콘솔(console)이라고 해서 붙여진 이름이다.

계를 사야 하며, 경우에 따라 추가로 액세서리도 구매해야 한다. 모바일에는 공짜 게임이 많은 것 같지만 이른바 '프리투플레이' free to play라는 이름으로 즐길 수 있는 많은 게임도 가만히 살펴보면 궁극적으로는 추가 비용 지불이 필요함을 알 수 있다. 무료 기회를 모두 소진하면 추가로 결제해야 하거나 광고를 강제로 시청해야 한다. 만약 우리가 어떤 게임을 무료로 할 수 있다면, 해당 게임이 무료 이용자층을 유입시켜 유료 이용자들을 보다 높은 위치에 올리려는 전략을 세운 것에 해당할 것이다.

이는 오늘날보다 조금 앞선 시대의 게임플레이에서도 마찬가지였다. 결제 없는 게임을 상상할 수 있는가? 물론 1980-1990년대 한국의 게임 시장에서 번져나갔던 불법복제를 통한 무료 게임의 시대가 있긴 했지만, 이는 불법의 영역이니 공식적인 방식이라 부르기는 어려울 것이다. 오락실에서 동전을 넣건 피시방에서 정액 이용권을 끊던 간에, 우리가 즐기는 디지털게임은 일부 예술적 실험들을 제외하면 사실상 대부분 디지털콘텐츠의 제작-유통-소비라는 자본주의적 상품 체제 안에서 작동한다.

상품과 떼려야 뗄 수 없는 관계로 보이지만, 정작 디지털게임이 탄생하던 순간의 게임은 자본주의적 소비 방식과는 별 연관이 없었다. 아니 오히려 생산과 소비라는 시스템을 비웃기라도 하는 듯한 모양새였다. 순전한 놀이도구 혹은 놀이 그 자체였던 디지털게임이 그 발전 과정에서 소비와 불가분의 관계로 엮여온 흐름을 이해하기 위해서는 먼저 디지털게임의 초기 모습과 그 너머에 존재하는 놀이라는 유구한 맥락을 거슬러 올라가봐야 한다.

여가로서의 게임

　놀이란 본래 아무것도 생산하지 않는 무언가였다. 놀이에 대한 개념을 정립하고자 시도한 요한 하위징아(Johan Huizinga, 1872-1945. 네덜란드의 역사가이자 철학자)는 '호모 루덴스'^{Homo Ludens}라는 개념을 통해 놀이를 인간의 주요한 특징이라고까지 말했는데, 그가 바라본 놀이의 본질은 일정한 규칙에 의해 진행되지만 그 결과물이 우리가 노동이라고 부르는, 이윤이나 삶의 유지를 위해 무언가를 생산하는 일과는 동떨어져 있는 행위라는 성격을 포함하고 있다.

　디지털게임은 기술적으로는 디지털이라는 기반 위에 있지만 문화적 맥락을 따지자면 '놀이'라는 기원을 갖는다. 컴퓨터로 무언가 이윤이 될 만한 것을 만들어내는 것은 놀이가 아니라 노동이지만, 우리는 대체로 (유튜버나 프로게이머, 게임테스터 등 몇몇 특수한 직업을 제외하면) 게임으로 돈을 벌 생각까지는 하지 않는다. 돈을 벌기 위해 게임을 하고자 하면 게임 자체가 재미없어질 가능성이 있다. 게임은 여가의 일종, 놀이의 일환으로 우리 삶 속에서 플레이되었고, 디지털게임이 없던 시절부터 존재했던 여러 취미와 여가 활동의 연속선상에 놓인다.

　여가^{餘暇}라는 말은 레크리에이션^{recreation}의 번역어로 쓰이는데 영어 단어 그대로 재창조라는 의미다. 노동에서 쌓인 피로와 스트레스를 해소하기 위해 사용하는, 노동과 휴식 외의 시간을 가리키는 여가는 기본적으로 생산하지 않는 활동, 생산활동에서 쌓인 피로감을 해소하는 활동이라는 의미를 갖는다. 아주 간략하게 이야기하면 인간의 삶은 노동·여가·휴식이라는 세 가지 일상으로 구성된다고 도 할 수 있다.

이 관점에서 여가를 의미 짓는 핵심은 '생산하지 않는 활동'이라 는 개념이다. 활동하지 않는 것은 휴식이고, 생산하는 활동은 노동 이다. 하위징아는 먹이를 찾고, 번식하고, 쉬는 등의 활동으로 구성 되는 다른 동물과 인간을 구분하는 지표로 바로 이 생산하지 않는 활동에 주목했고, 이를 놀이의 핵심으로 규정했다. 다른 동물들의 활동이 생산–휴식으로 구성되는 반면, 인간에게는 그 둘 어디에도 속하지 않는 비생산적 행위인 놀이가 여가라는 개념으로 존재한다 는 점에 주목한 것이다.

디지털게임은 이런 놀이라는 맥락에 디지털 기술이라는 매체가 덧붙으면서 탄생했다. 컴퓨터는 생산활동에 필요한 계산을 더욱 빠 르고 정확하고 효율적으로 수행할 수 있도록 고안된 기계지만, 인류 는 그런 고효율의 기계로도 노는 방법을 만들어냈고, 이를 끝없이 발전시켜 오늘날에는 아예 가상공간에 새로운 판타지 세계를 구축 하고 그 안에서 놀 수 있는 방법을 찾아내기에 이르렀다. 컴퓨터라 는 기술을 활용해 노는 일에서 기술적 진보를 이뤄냈다는 점에서 디 지털게임은 굉장한 아이러니이기도 한데, 애초에 컴퓨터는 전쟁이 라는 배경 속에서 탄생했기 때문이다. 아무것도 생산하지 않는 활동 에 생산의 효율을 위해 만들어진 기계가 덧붙으며 탄생한 디지털게 임의 아이러니를 좀 더 살펴보도록 하자.

대규모 계산을 위한 장비, 컴퓨터의 출현

오늘날 우리 일상에 폭넓게 자리 잡은 컴퓨터 기술은 'computer'라는 이름에 남은 흔적처럼 계산을 위한 기계로 출발했다. 숫자 계산은 논리적 과정이므로 이론상으로는 오차가 있을 수 없지만, 사람의 머리와 손으로 풀어나가는 계산은 우리가 수학 시험에서 만점을 받기 어려운 것과 마찬가지로 수많은 시행착오와 오류 과정을 포함한 방식이었다. 여기서 사람의 개입에 의한 오류를 줄이고 더욱 빠르게 방대한 양의 계산을 수행하는 기술을 개발하고자 한 것이 기계식 계산장치라는 아이디어의 시작이다.

요즘은 쓰는 사람이 크게 줄었지만 1980년대까지만 해도 상점과 사무실에서 일상적으로 쓰던 계산장치인 주판이 대표적이다. 기원전부터 오리엔트 지역에서 사용된 주판은 고정된 틀 위에 일정한 규칙에 따라 주판알을 옮기는 방식으로, 암산이나 손 계산보다 방대한 양의 계산을 하면서도 정확도 또한 높일 수 있었다. 그러나 여전히 사람의 손에 의해 작동하므로 오류가 있었고, 계산의 최대 속도 또한 손의 속도를 넘지 못하는 한계를 가지고 있었다.

사람의 손을 좀 더 배제할 수 있는 기술로는 유명한 파스칼의 기계식 계산기가 있었다. 1642년에 개발된 이 계산기는 톱니바퀴를 이용해 기본적인 덧셈과 뺄셈을 오차 없이 수행할 수 있었고, 이를 반복하는 방식으로 곱셈과 나눗셈도 가능한 기계식 자동화를 구현한 기기였다. 이후 1671년에 라이프니츠가 곱셈과 나눗셈의 본격적 계산이 가능한 계산기를 만들었고, 이로부터 촉발된 기계식 자동 계산 기술의 발전은 1800년대에 이르러 찰스 배비지에 의해 증기기관의 동력으로 톱니바퀴를 돌려 다항함수의 계산이 가능한 기계장치의 아이디어가 도출되기에 이른다.

거대한 기계장치에 값을 입력하고 그 결과를 두꺼운 마분지로 만든 천공카드에 뚫린 값으로 받던 기계식 계산기는 진공관이 발명되면서 새로운 방식으로 거듭난다. 이는 전기신호를 통해 0과 1이라는 이진수의 상태값을 만들고 여기에 여러 가지 논리회로를 덧붙여 이진수 기반의 전자 계산이 가능한 모델이었다. 영화 〈이미테이션 게임〉으로도 유명한 수학자 앨런 튜링이 고안한 '튜링 머신'의 아이디어는 진공관 기술과 결합하며 본격적인 디지털 컴퓨터의 가능성을 제시했다. 그리고 이 가능성은 제2차 세계대전이라는 사건을 통해 구체화되었다.

기계화된 대규모 총력전이었던 제2차 세계대전은 물리적 계산뿐 아니라 자동 계산 또한 필수적 요소가 되게 했다. 포병 기술의 발전으로 포탄의 사정거리가 가시거리 바깥으로 확장되었고, 그에 따라 포탄의 궤적을 계산하는 탄도 계산, 무선통신으로 전달되는 적군의 통신을 가로채 암호화된 전문을 해독하기 위한 계산 등이 승리를 위한 중요 자산으로 자리하기 시작했다. 제2차 세계대전 시뮬레이션 게임 〈하츠 오브 아이언〉에는 대규모 연산이라는 기술이 암호 해독 측면의 우위를 통해 실제 전장에서도 영향력을 행사하는 개념으로 등장하는데, 미국과 영국은 이 방대한 계산을 수행하기 위해 처음에는 인간 계산원을 대규모로 고용한 부서를 만들기도 했다. 그러나 밤낮으로 팀을 돌려도 충분한 처리속도가 나지 않자 전자계산기를 도입해 실행하기 시작했다.

최초의 디지털 컴퓨터로 거론되는 영국의 '콜로서스 마크 1'은 1943년 영국 블레츨리 파크에 있는 우체국으로 위장한 암호 해독 전문 연구소에서 개발되었다. 독일의 로렌츠 암호를 해독하기 위해 만들어진 이 거대한 기계는 진공관 약 1500개를 연결해 빠른 속도로 암호 해독에 필요한 연산을 수행할 수 있었지만, 오늘날의 개인용 컴퓨터처럼 간단하기보다는 마치 공장의 거대 기계처럼 숙련된 전산공들에 의해 다뤄지는 기계였다. 수동식 계산을 처리해오던 2천여 명에 달하는 여성 전산원들이 이 새로운 기계에 달라붙어 24시간 교대로 계산을 수행했다. 독일군의 암호를 성공적으로 해독하며 콜로서스 마크 1은 제2차 세계대전에서 연합국이 승리하는 데 적지 않은 지분을 차지할 수 있었다. 하지만 종전 이후 강력한 비밀유지 정책에 의해 콜로서스 마크 1은 해체되었고, 관련 근무자들도 평생 비밀을 유지해야 하는 서약서에 서명한지라 오랫동안 이 기계의 존재는 외부에 드러나지 않았다. 덕분에 1946년에 개발된 미국의 에니악이 최초의 컴퓨터로 훨씬 더 유명세를 치르는 결과를 낳기도 했다.

그러나 전쟁이 끝난 뒤의 세계는 전쟁 때보다 더 많은 계산을 더 빠르게 수행하기를 요구했다. 당장 콜로서스 마크 1을 폐기한 영국에서는 처리해야 할 막대한 전후 복구 계획에 들어가는 행정 수요를 처리할 방법이 필요했다. 각종 건설에 들어가는 예산의 관리, 전쟁 중 발생한 인적 손실과 이를 메우기 위한 사회보장정책의 실행 등은 어지간한 조직 규모로는 감당하기 어려운 일이었다. 전후 복구라는 대규모 사업을 진척해나가면서 디지털 컴퓨터의 계산력은 다시금 각광받았고, 각국의 정부기관을 비롯한 거대 기업들을 중심으로 디지털 컴퓨터는 점차 그 실용성을 인정받으며 대규모 계산에 의해 유지되기 시작한 인류 사회의 중심 기계로 자리 잡기에 이른다.

생사를 가르는 현장인 전쟁은 많은 기술을 급속도로 발전시키는 결과를 낳는다. 대규모 계산을 손쉽게 처리할 수 있는 거대한 기계의 발명 또한 세계대전이라는 특수한 상황이 아니었다면 그토록 빠르게 현실화되지 못했을 것이다. 전쟁용으로 개발된 컴퓨터라는 자동계산기가 디지털게임이라는 놀이기구로 이어진다는 점은 오늘날 많은 게임이 현란한 그래픽으로 제2차 세계대전의 전장을 다시금 재현한다는 점에서 역사의 아이러니를 보여주기도 한다.

효율을 위한 기계장치로 놀이를 꿈꾸다

초창기의 컴퓨터는 거대한 기계를 연상케 하는 덩치를 자랑했고 일반 사무실이나 가정에 설치하는 것은 꿈도 꾸기 어려운 일이었다. 방대한 기계장치는 당연히 대규모 프로젝트를 돌려야 하는 곳에나 어울렸고 연구소나 공공기관 같은 곳에서 업무용으로만 사용될 수 있는 장비였다. 비싸고 거대한 기계를 가지고 무언가를 생산하지 않고 장난질을 치는 것은 일종의 '땡땡이'로 간주될 수밖에 없는 환경이었다.

그러나 그런 엄숙하고 심각한 상황 속에서도 인간은 언제나 놀

수 있는 무언가를 찾곤 한다. 디지털게임의 출현도 그런 '땡땡이'의 일환으로 볼 수 있을 것이다. 최초의 디지털게임이 무엇인가를 놓고 이야기할 때 빠지지 않는 게임의 조상, 〈테니스 포 투〉도 그런 맥락에서 탄생했다.

〈테니스 포 투〉는 1958년에 처음 등장한 비디오게임이다. 미국에서 원자력 분야 연구를 주로 담당했던 브룩헤이븐연구소 소속 연구원 윌리엄 히긴보덤Willam Higinbotham이 만든 이 게임은 매년 정기적으로 열리는 연구소의 대중 공개 행사에서 무언가 흥미로운 것을 보여주는 이벤트로 적당한 것을 찾는 과정에서 탄생한 물건이었다. 연구소 내부에서 계측장비로 활용하던 오실로스코프 oscilloscope(움직이는 파동의 주기적 변화를 시각화해 그래프로 나타내는 장치)는 오늘날에도 여러 SF물에서 연구소를 상징하는 장치로 자주 등장하는 물건인데, 요즘의 디스플레이처럼 네모난 프레임이 아니라 동그란 반구형의 브라운관 안에 전파를 쏘아 간단한 점과 선을 표현하는 방식이었다. 1920×1080 픽셀처럼 가로세로로 픽셀의 개수를 정확히 셀 수 있는 오늘날의 디지털 디스플레이와 달리 오실로스코프는 아날로그 방식으로 변화하는 전파 입력값을 그래프 형태의 파형으로 표시하는 데 특화된 기계였다.

히긴보덤은 엔지니어 로버트 드보락Robert Dvorak의 도움을 빌려 계측장비였던 오실로스코프에 다이얼과 버튼이 달린 일종의 컨트롤러를 만들었다. 오실로스코프 화면에는 테니스장을 옆에서 본 것처럼 지면과 네트가 선으로 그려졌고, 그 위를 포물선의 궤적을 그리는 테니스공이 날아다니는 것이 〈테니스 포 투〉의 기본 규칙이었다.

두 사람의 게임 참가자는 각자 자신의 조종장치를 들고 공을 쳐 넘기면서 플레이할 수 있었다.

현대적인 비디오게임 발전사에서 여러모로 중요한 위치를 차지하는 〈테니스 포 투〉의 이야기는 흥미로운 지점이 한두 개가 아니지만, 그중에서도 크게 두 가지 지점에 주목할 수 있다. 첫 번째 지점은 이 게임이 만들어진 배경이다.

1950년대 미국의 원자력 연구소는 미래의 막강한 에너지 자원으로 떠오르고 있던 원자력을 연구하는 국책연구소였다. 국가 전략 차원에서 다뤄지는 에너지를 연구하는 연구소에서 사용되는 값비싼 계측장비는 아마도 전문가들이나 간신히 이해할 수 있는 자료들을 만들어내는 데 사용되었을 것이다. 고학력 연구원들이 모여 고밀도의 연구를 수행하는 공간으로 국책연구소의 의미가 드러나는데, 이런 곳에서 최초의 비디오게임 중 하나가 탄생한 것이다. 우스갯소리로 바꿔보면 "돈 줘가며 연구하랬더니 장난감이나 만들었다"는 평가도 가능한 부분이다. 생산성을 지향하는 연구를 위한 값비싼 기계들이 연구원들의 기발한 아이디어와 놀이를 향한 기묘한 의지와 결합해 새로운 종류의 놀잇감을 낳은 것이다.

전쟁 용도 혹은 대규모 국책 프로젝트를 수행하는 용도로 설치된 대형 계산기라고는 하지만 그 장비를 다루는 전문가들이 인생의 모든 시간을 엄숙한 계산만을 수행한다고 생각하는 것은 오산이다. 오늘날 컴퓨터 앞에서 업무를 처리하는 많은 '전문가'들도 마찬가지지만, 주어진 노동시간의 100%를 업무에 온전하게 쏟아붓는 사람은 많지 않다. 성능 좋은 도구를 손에 잡으면 꼭 일이 아니더라도 이

리저리 써보고 싶은 욕망이 생기기 마련이고, 그것이 꼭 생산적인 일이어야만 한다는 보장은 없다. 비슷한 사례로 2010년대 중반 갑자기 어른들의 장난감으로 급부상한 피젯스피너가 있는데, 손으로 한 번 돌리면 고가 제품의 경우 혼자 몇 분을 돌아가는 이 장난감은 베어링이라는 고급 기계공학 부품을 통해 축의 마찰력을 최소화시켜 만들어진다. 베어링은 정밀 기계공학의 결정체로 놀이를 위해 만들어진 물건이 아니라는 점에서 대형 계산기나 제어계측기를 가지고 놀았던 사람들에게서 동떨어져 있는 물건이 아니었다.

놀고 싶은 본능이 딱히 노동이나 생산활동으로부터 완전히 분리되어서만 작동하는 것은 아니다. 우리는 주 40시간 혹은 주 52시간 같은 제도적 인식을 통해 노동시간과 휴식시간을 구분하지만, 실제 노동과 생산의 현장이 완벽하게 노동과 생산에만 사용된다고 말하기는 어렵다. 따라서 생산용 기계로 놀이를 궁리해 보는 것 또한 자연스러운 일이었으며, 디지털게임의 등장과 발전은 그런 놀이 욕구가 새로운 기술과 만나면서 가능하게 되었다.

하지만 여기서 이야기한 놀이로서의 게임은 오늘날 우리가 아는 게임과는 근본적으로 차이가 있는데, 이때의 게임은 돈을 주고 하는 게 아니었다는 점이다. 본격적으로 게임이 대중화되기 전에 나타난 여러 디지털게임의 프로토타입은 대개 돈을 주고 게임(프로그램)을 구입하거나 플레이하는 상업적 양식에 얹혀 있지 않은 상태였다.

프로토타입에서 본격적인 형태로 자리를 잡아가기 시작한 디지털게임의 변화 과정에서 지불의 문제, 다시 말해 디지털게임이 상품으로 변화한 과정은 오늘날 디지털게임이라는 매체를 이야기할 때 빼놓기 어려울 정도로 중요하다. 이제 우리는 본격적으로 상품 혹은 서비스로 자리 잡은 디지털게임의 모습을 바라볼 것이다.

2장
동전투입식 결제

유년기나 청년기에 오락실에 가본 사람들에게 공통으로 익숙한 짧은 영어 문장이 있다. 정확한 뜻을 몰라서 대충 '게임 시작해' 정도의 의미로만 이해하는 경우도 있고, 아예 영어로 뭐라고 읽는지조차 모르면서도 철자는 정확히 쓸 수 있을 만큼 익숙한 이 문장은 게이머를 기다리는 거의 모든 오락실 기기들이 화면에 번쩍이며 뿌려대던 '인서트 코인' Insert Coin이라는 문장이다. 'Insert Coin'은 게임을 시작하기 위한 대전제였다. 동전을 넣지 않으면 게임은 시작될 수 없었다.

'인서트 코인'은 디지털게임의 초창기를 대표하는 말로 자리 잡았다. 최초로 성공한 상업적 디지털게임인 〈퐁〉의 탄생 설화로 유명한, 설치한 지 하루 만에 동전통이 가득 차서 더 게임을 할 수 없었다는 이야기는 디지털게임이 동전이라는 매개체와 떨어질 수 없는 관계였음을 보여준다. 동전을 넣을 방법이 없는 현대 온라인 게임인

〈던전앤파이터〉에서 특정 던전[1]에서의 '게임 오버'를 만회하기 위해 굳이 동전을 사서 소비하는 방식을 넣은 것도 동전 한 닢과 디지털게임이 맺은 오랜 관계를 상징한다.

오늘날 동전투입식 게임기의 위상은 과거의 영화로웠던 시절만큼 절대적이지 않다. 그러나 디지털게임이 대중성을 얻어가는 과정에서 한 몸처럼 움직였던 이 결제방식을 게임과 떼어 생각하기는 지금도 쉽지 않다. 이 장에서는 대중적 등장 초기부터 디지털게임을 대중문화, 아니 대중문화상품으로 자리매김하게 만든 동전투입이라는 결제방식의 의미를 짚어본다.

최초의 동전투입, 자판기와 근대의 동전투입

21세기의 우리는 동전투입이라는 행위에서 무엇을 떠올릴까? 사실 동전투입이라는 결제방식은 오늘날의 주류 결제방식은 아니다. 한때 동전투입의 대명사로 여겨졌던 자동판매기의 결제방식은 네트워크 연결을 통해 점차 교통카드와 신용카드로 대체되고 있고, 통화하기 위해 긴 줄을 서던 동전투입식 공중전화기는 휴대전화의 발전과 함께 역사 속으로 사라지기 일보 직전이다. 디지털 네트워크라는 기술 기반과 신용이라는 금융제도의 확산으로 많은 무인 판매기들이 적용해왔던 동전투입식 결제방식은 서서히 사라지고 있다.

---

1 주로 온라인 게임에서 '몬스터'들이 모여 있는 소굴. 마을이나 상점과 대비되며 실제 게임플레이가 이루어지는 장소를 의미한다.

　동전투입을 기반으로 돌아갔던 오락실 또한 같은 의미에서 밀려나는 추세다. 아케이드 오락실은 과거에 비해 크게 줄었다. 1980-1990년대 방식의 동전투입형 게임기를 보유한 오락실들은 상당수가 '추억의 오락실'이라는 이름으로 과거에 대한 향수를 마케팅 포인트로 삼는다. 오락실의 소멸과 함께 이어진 동전투입식 결제의 쇠퇴는 이런 결제방식을 게임을 넘어 사회 전반에 걸쳐 20세기 후반을 잠시 풍미한 무엇으로 기억하게 만들었다.

　그러나 동전투입식 결제방식이 우리가 기억하는 20세기 후반에만 성행했던 건 아니다. 굳이 그 기원을 따지자면 기원전까지도 거슬러 올라갈 수 있다. 로마제국 시기에 이집트에서 활동한 과학자이자 공학자였던 헤론은 오늘날 봐도 신기한 여러 장치들을 고안해 이따금 교과서에서도 볼 수 있는 인물이다. 헤론의 가장 대표적인 작품으로는 물을 끓여 증기를 만들어 빙빙 돌게 하는 간단한 증기기관과 같은 물건도 있는데, 놀랍게도 그의 제작물 중에는 초기형 자동판매기도 있다.

　로마제국 시기 이집트의 신전에 설치된 이 기계는 신전에서 사용하는 성수를 판매하는 장치였다. 금속으로 만들어진 동전 등을 기계에 넣으면 숟가락처럼 생긴 지렛대가 그 무게에 눌리면서 출수구를 잡아당겨 안에 들어 있던 성수가 아래로 흘러나오는 방식이었다. 투입구에 집어넣는 물건의 가치를 판단할 수 있는 다른 기술은 없었지만 귀금속의 무게가 그 자체로 가치의 경중을 결정하는 시대였기 때문에 가능한 일이었을 것이다.

　하지만 오늘날의 동전투입식 결제방식이 고대 이집트의 자판기와 직접적으로 연이 닿아 있는 것은 아니다. 연원을 따지자면 직접적인 동전투입의 시초로는 1800년대 영국을 짚을 수 있다. 동전을 넣으면 우표나 껌, 담배와 같은 물건을 살 수 있던 이 기계들은 표준화된 크기와 무게를 가진 동전(주화)이 정상적으로 투입되었는지 여부를 판단하고, 올바른 투입일 경우 그에 해당하는 상품을 내뱉는 방식으로 작동했다.

파는 사람 없이도 기계에 동전만 넣으면 물건을 살 수 있는 이 방식은 단순한 기계적 발전뿐 아니라 동시대의 사회문화와도 긴밀한 관계가 있다. 한국의 게임연구자 나보라는 미디어고고학자 에르키 후타모Erkki Huhtamo의 개념을 차용하며 동전투입이라는 행위가 자동판매기의 등장이라는 기술적 배경 속에서 어떻게 구성되었는지 이야기한 바 있다. 논문에서 그는 19세기에 등장하기 시작한 자동판매기 기술의 배경으로 기능하는 몇 가지 요소들을 통해 동전투입을 통한 소비가 일상에 정착하는 과정을 보여주고자 했다(나보라, 2016).

무인 기계에 의한 판매는 생산 분야에서 먼저 도입된 자동화의 흐름과 궤를 같이하는 부분이었다. 사람의 손을 적게 타면서도 충분히 제 기능을 수행했던 산업혁명기의 자동화 기기들—자동방적기와 방직기 등—과 자동판매기는 기술의 목적 측면에서 동일했다. 이는 점차 발달하는 기술이 생산뿐 아니라 판매의 영역까지 장악하는 흐름으로 볼 수 있다. 이러한 기술의 변화는 자동화라는 시대 흐름 속에서 대중에게 신기함과 함께 받아들여졌으며, 19세기 말에서 20세기 초에 걸쳐 점차 다양한 소비의 영역으로 확장되었다.

상품 판매가 아닌 영역의 대표적인 동전투입 양식은 주크박스와 핀볼이었다. 동전을 넣고 즐기는 대중적 오락 양식을 보편화한 이 두 기계는 20세기 초·중반 서구의 술집을 다루는 영화나 드라마에서 시대 배경을 묘사할 때 자주 등장하는 기계로 자리 잡았다.

주크박스는 일종의 음악 자판기로, 동전을 넣으면 기계 안에 내장된 레코드판 하나를 골라 재생할 수 있는 기기였다. 1930년대를 전후해 등장하기 시작한 이 기기는 오늘날의 시점에서 생각하면 용도가 의아해 보일 수 있지만, 당시 음악을 듣는 환경이 그리 녹록지 않았다는 점을 고려하면 비로소 이해가 가는 지점이 나타날 것이다.

레코드판이라는 당시의 녹음·재생 매체가 마니아급이 아니면 집에 갖출 만한 물건이 아니었다는 점이 첫 번째다. 그 당시에 가정용 음악 재생기는 아주 보편화된 기술이 아니었기 때문에 지금처럼 음반을 구매해 집에서 듣는다는 것 자체가 익숙하지 않았다. 1920년대부터 본격적인 상업 라디오 방송이 시작되면서 듣는 매체도 보편화되었지만, 초기의 라디오 방송은 음악을 들을 만큼의 음질을 낼 수 있는 성질의 것이 아니었다. 이런저런 이유가 겹치면서 주크박스는 고품질의 음악을 싼 가격에 재생할 수 있는 기계로 자리 잡았다.

기계와 매체를 직접 소유하지 않고도 일정 비용을 지불하고 대여하는 주크박스 방식은 뒤이은 기계식 오락기기인 핀볼에도 영향을 주었다. 주크박스와 비슷하게 20세기 중반부터 대중화되기 시작한 핀볼 기계는 제2차 세계대전 이후 본격적으로 플리핑 flipping(공이 특정 위치를 때리면 튕겨내는 방식)과 같은 기술이 도입되며 절정을 맞았다. 스프링으로 구슬을 쏘아 올려 계속 쳐내면서 오래 살아남거나 점수를 올리는 핀볼은 집에 갖춰놓기엔 부담스러운 기계였다. 하지만 주크박스와 마찬가지로 술집이나 카페 같은 공용공간에 한 자리를 차지할 경우 이야기는 달라진다. 음악 감상이건 간단한 놀이건 공용공간에서 대여료를 지불하고 잠시 즐길 수 있는 형태가 이들 기계를 활용한 문화 활동에 최적인 방식으로 자리 잡기 시작했고, 술집이나 카페 같은 공용공간에서의 놀이가 보편화되는 결과를 가져왔다.

그 대여료 지불 형식이 바로 동전투입이다. 호주머니에서 찰랑이던 잔돈 몇 푼쯤은 별도로 큰마음을 먹지 않아도 가벼운 오락거리에 쓰기에 전혀 부담 없는 수준이다. 술집에서 자신이 원하는 음악을 고르고 틀기 위해 술집 주인에게 따로 돈을 내는 일은 별도의 거래라는 번거로움을 동반하지만, 주크박스는 그런 과정이 생략된 기계였다. 핀볼도 플레이하는 데 별도의 돈을 직접 지불해야 한다면 가게 주인도 이용자도 조금은 뻘쭘하리라는 상상을 가능케 한다. 이 두 기계는 자동화된 놀이로서 공용공간에서 비는 시간의 여흥을 가볍고 편안한 지출로 채워주었다. 자동 놀이 기계들은 그렇게 인류 문화에 첫발을 디뎠고, 그 뿌리내림으로부터 마침내 디지털게임 또한 같은 경로의존성을 발휘하며 공용공간에 자리하기 시작했다.

〈퐁〉, 동전투입식 디지털게임기의 시작

서두에서 이야기했던 대로 'Insert Coin'이라는 문구는 아케이드 시대 전자오락실 게임을 상징하는 문구다. 동전을 넣지 않으면 게임을 시작할 수 없었고, 게임기는 다음 게이머를 기다리며 유혹의 문구가 쓰인 영상을 내보낼 뿐이었다. 한국처럼 의자에 앉는 형태로 구성된 오락실에서는 'Insert Coin' 문구가 그 자리에 앉는 권한까지도 부여하고 있다. 아케이드 오락실이라는 공용공간에서는 무료 구경이 가능했지만 의자는 공식적으로 게임플레이어에게만 제공되는 편의 도구였다. 공간과 기기의 대여료를 공식적으로 지불해야만 비로소 게임 공간도 플레이어에게 열리는 구조가 오락실이라는 공간이었다.

'Insert Coin'이라는 문구는 기계식이기는 했지만 공용공간에 설치된 오락 도구라는 면에서 명백하게 선조 격인 핀볼에서 비롯되었다. 아마도 처음 동전투입식 소비양식을 제시해야 했던 기계의 입장에서는 친절하게 '동전을 넣어야 한다고요!'라고 안내할 필요성이 있었을 것이다. 주크박스와 핀볼 등 동전을 넣고 기계를 돌리는 방식의 오락 기계들이 만들어낸 소비양식이었던 'Insert Coin'은 정작 그 말을 만들어낸 기계식 오락장치들이 모두 대중문화 일선에서 물러나면서 아케이드 디지털게임의 대명사로 남게 되었다.

〈퐁〉이 동전투입식 결제를 채용한 것은 그런 선대의 배경 덕분이었다. 〈퐁〉은 처음 등장한 상업 게임이었지만, 이 커다란 기계는 애초에 집에서 플레이할 용도로 만들어진 것이 아니었다. 싱글플레이가 불가능해 게임을 하려면 반드시 두 사람이 있어야 했던 이 게임기는 당연하게도 지인들이 모여 놀 수 있는 편안한 공간을 필요로 했다. 그래서 아케이드 오락실이라는 개념 자체가 없었던 등장 초기에 이 기계는 다른 동전투입식 기계들과 마찬가지로 술집 한구석에 자리를 잡았다. 다이얼처럼 생긴 노브를 돌리며 패널을 움직이고 이를 이용해 화면에서 움직이는 공을 튕겨 상대편 골대에 넣는 단순한 구조였지만, 인류가 한번도 경험하지 못했던 새로운 재미를 주었고 곧 대중적 붐을 일으켰다.

〈퐁〉의 폭발적 인기는 디지털게임이라는 새로운 놀이가 충분한 시장성을 가지고 있음을 증명한 사례였다. 〈퐁〉의 제작사 아타리[2]는 이 게임의 가능성을 보고 당시 막 출시되기 시작한 가정용 콘솔 게임기에 같은 게임을 추가할 것을 검토했고, 다른 회사들도 〈퐁〉과 같은 방식의 놀이기구인 전자식 오락기 시장에 뛰어들었다. 1970년대 말에 이르면 다양한 게임기기들이 쏟아져나오게 되고, 이것들은 더 이상 술집 한구석의 조연에 머무르지 않고 본격적으로 게임을 하기 위해 방문하는 '아케이드 오락실'이라는 새로운 공용공간의 탄생을 이끌게 된다.

한국의 오락실과 동전투입

1970년대에 본격적으로 시작된 디지털게임의 대중화는 한국에도 그리 길지 않은 시간 차를 두고 유입되었다. 상세한 기록이 정리된 것은 아니지만, 한국에서 전자오락 중심의 아케이드 오락실이 태동

---

2   미국의 비디오게임 회사. 1972년에 놀런 부슈널(Nolan K. Bushnell)이 창업했고 세계 최초의 비디오게임인 〈퐁〉을 시작으로 아케이드 게임과 가정용 게임기를 중심으로 PC 게임, 핀볼, 휴대용 게임기를 만들었다.

한 시기를 유추하기 가장 좋은 자료는 "유기장법"이다. 1961년 12월
에 제정된 이 법은 제정 시기상 디지털게임을 대상으로 한 법은 아
니고 당구장과 같은 기존의 오락 및 유흥 시설에 대한 제도를 담은
법이었다. 중요한 것은 1973년에 제정된 "유기장법 시행규칙"인데,
여기에 전자유기시설에 대한 규정으로 "반도체를 이용한 게임"이라
는 표현이 나온다. 이즈음 한국에도 디지털게임이 유통되기 시작했
음을 알 수 있다(남영, 2009).

　　1970년대에서 1980년대에 태어난 이들의 경험은 당시의 디지
털게임에 대한 증언을 담고 있다. 흑백 화면이었지만 색 셀로판지
를 화면에 붙여 색깔을 냈던 게임 〈스페이스 인베이더〉를 플레이했
던 유년기의 게임에 대한 증언들 가운데 흥미로운 부분은, 한국에서
게임기를 본 적지 않은 이들이 북미의 초창기와 마찬가지로 오락실
이 아닌 공간에서 게임기를 보았다는 점이다. 나 또한 어린 시절의
기억을 더듬어보면, 벽돌 깨기 게임으로 유명한 〈브레이크아웃〉을
처음 본 곳이 대중목욕탕의 탈의실이었다. 다 벗은 사람들이 오가는
목욕탕 탈의실에 〈브레이크아웃〉은 화면이 마치 탁자처럼 수평으
로 누워 있는 기기로 설치되어 있었고, 플레이하는 법은 동전을 넣
고 다이얼 형태의 노브를 돌려가면서 공을 튕겨내는 막대를 좌우로
조정하는 방식이었다. 사람들은 게임을 하기보다는 기계 위에 종이
컵을 올려놓거나 하는 식으로 마치 테이블처럼 게임기를 사용했다.

　　한국에서도 디지털게임 도입 초반에는 별도의 오락실이 없었기
때문에 다방과 같은 공간이 게임기들의 설치 장소로 선정되었다.
당시 다방에는 동전을 소비하는 소소한 놀잇거리들이 존재했는데,

실내 흡연이 가능하던 시기 테이블 위의 재떨이 중에는 동전을 넣으면 오늘의 운세를 보여주는 장치가 달린 제품도 있었다.

적어도 1980년대에 이르면 상당수의 오락실이 번화가뿐 아니라 주거지역의 상가에도 등장하기 시작한다. '지능계발'이라는 문구를 쓴 선팅sunting 으로 창문을 가린, 일반적으로 떠올릴 수 있는 한국형 오락실의 프로토타입이 만들어지기 시작한 시기다. 오락실은 디지털게임이 다른 놀이의 부가적인 여흥으로서만이 아니라 독자적으로 구축된 놀이공간으로 자리 잡기 시작했다.

결제와 소비 측면에서 오락실이라는 공간은 1980-1990년대의 유년 세대에게 지대한 영향을 미쳤는데, 노는 일에 돈을 쓰는 행위를 처음으로 경험하는 전문 공간으로서의 의미가 적지 않았기 때문이다. 오락실이 등장하기 이전에 어린이들의 놀이는 대체로 무료 놀이에 가까웠다. 동네마다 공용 놀이터인 공터가 있었고, 대부분 놀이에 딱히 돈을 쓸 일이 없었다. 축구나 고무줄놀이처럼 도구가 필요한 놀이도 꼭 공이나 고무줄을 가지고 있어야 한다기보다는 가지고 있는 사람 하나만 있으면 되는 수준이었고, 가격도 그리 비싼 편은 아니었다. 딱지나 구슬 같은 오늘날의 수집형 카드 게임의 원형으로 볼 수 있는 놀이는 일부 지출을 요구했지만, 반드시 돈을 주고 사지 않아도 플레이가 가능했다.

하지만 오락실은 소비양식의 측면에서 확연한 차이를 보였다. 어린이들에게 처음으로 돈을 내야 플레이할 수 있는 놀이의 대표 격으로 오락실의 경험이 들어온 것이다. 물론 학교 앞 문방구에서 돈을 내고 하는 '뽑기' 같은 놀잇거리들도 있었다. 하지만 '뽑기'가 문방구라는 공간에서 부차적 형태로 기능하는 놀이였던 반면 오락실은 아예 동전을 넣고 게임을 하는 일이 메인인 놀이공간이라는 점에서 큰 차이를 보여주었다.

급속한 경제발전으로 인한 여러 문화의 상업화 흐름 속에서 유년기를 보낸 1980-1990년대의 많은 어린이들에게 오락실은 '돈을 내고 노는 공간'의 의미를 처음 깨닫게 해준 장소였다. 돈을 내고 노는 공간에서의 경험은 굉장히 다채롭게 펼쳐졌다. 이를테면 입장 자체는 무료였던 오락실 공간에서 그저 남의 게임을 구경하며 키웠던 동경의 경험, 수많은 구경꾼의 시선을 뚫고 자리에 앉으면서 동전을 넣는 순간의 즐거움과 같은 것들이다. 단편적으로만 봐도 '돈을 내는 놀이공간'에서는 아주 저차원적 의미에서의 빈부격차 또한 드러나곤 했다.

전문 공간인 오락실 외에 문방구 등에서도 게임을 즐길 수 있었다. 오락실보다 저렴한(오락실이 50원이었다면 이들 문방구용 오락기는 20-30원 선에서 가격대가 형성되었다) 문방구 오락기는 오락실 기기보다 조금 전 세대의 게임이 중심이었다. 또 오락실 의자만큼 편안한 공간이 아닌 문방구 혹은 가게 앞 길바닥 공간에 쭈그리고 앉아야 하는 불편함을 동반하며 지불 가격의 차이가 곧 질적 차이를 만들어 낸다는 사실을 어린이들에게 알려주기도 했다.

동전을 투입하는 행위는 동일해도 투입된 동전의 가치는 오락실에서는 조금 다른 의미로 작동했다. 이 작은 차이는 이후 게임산업의 발전과 다변화를 거치며 오늘날 여러 게임을 분류하는 하나의 기준이 될 정도로 커졌다.

동전투입 결제의 의미

간단한 상상으로 이야기를 시작해 보자. 당신은 1990년대의 어느 시간으로 타임워프time warp를 했다. 1997년 어느 여름날, 당신은 친구와 만나기 위해 약속을 잡았다. 휴대전화가 보편화되지 않았던 당시의 약속은 시간과 장소를 미리 정확하게 정해야 했다. 요즘처럼 약속 장소 근처에 도착해서 "어디야?"라고 물어볼 수 없는 시대였기에, 당신은 약속 장소에 미리 나가서 좀 기다리기로 한다. 먼저 도착한 사람이 심심하지 않을, 또 언제 친구가 와도 바로 나갈 수 있는 인스턴트한 공간으로는 오락실이 제격이다. 실제로 상업지구 중심가에 있는 오락실은 만남의 장소로 꽤 애용되던 공간이다.

자, 이제 당신은 오락실에 들어왔다. 특유의 시끄러운 게임 소리가 주변을 감싼다. 약속 시간까지 30여 분이 남은 상황, 구경만 해도 충분한 시간이지만 자리가 나면 해 보고 싶은 게임이 사방에 깔려 있다. 게임 한 판에 100원짜리 동전 한 개라고 가정해 보자. 이때 당신에게 경제성에 관한 생각이 들어온다. 당신은 자신이 가장 잘하는 게임은 〈스트리트 파이터 2〉라고 생각하지만, 이 게임은 멀티플레이 게임이고 3판 2선승제라서 게임 플레잉타임이 절대값이 아닌 상대 플레이어와의 실력 차이에 의해 결정된다. 기계 앞에 가서 보니 재미는 있겠지만 상대가 그리 만만한 수준은 아닌 것으로 보인다.

두 번째로 실력이 되는 게임은 〈테트리스〉. 이건 어디 가서 빠지지 않지! 경쟁형 게임이 아니니 혼자 앉아서 동전 하나면 충분히 친구가 올 때까지 시간을 때울 수 있을 것 같다. 〈테트리스〉를 하는 것이 좋겠다고 생각할 찰나 저쪽 구석에 있는 〈킹 오브 파이터 97〉 앞에 사람이 없는 것을 발견한다. 평소 같으면 계속 대전^{對戰}이 일어나 초보는 플레이할 엄두도 못 내는데 우연찮게 지금은 하는 사람이 없는 것이다. 이참에 저걸 좀 배워볼까? 하는 생각이 들지만, 앉자마자 바로 다른 사람이 도전해올 확률이 매우 높아 보인다. 나는 어떤 게임을 선택하게 될까?

이 간단한 상상 속에 동전투입 결제로 이뤄지는 오락실의 디지털게임이 갖는 특징이 드러난다. 코인 한 개를 넣어 플레이를 시작하는 오락실의 결제방식에서 1코인의 가치는 매우 폭넓게 움직인다. 앞서 설명한 동전투입 결제들, 이를테면 주크박스의 경우 1코인의 가치는 무조건 한 곡으로 고정된다. 곡마다 재생 시간이 다를 수 있지만 어쨌든 평균이라는 것이 존재하고, 곡마다 이미 정해져 있는 재생 시간은 소비자의 개성에 따라 변화하지 않는다. 껌이나 사탕, 담배 자동판매기도 사회적으로 이미 정해진 물건의 가치만큼이 동전투입에 따라 반영되는 구조다.

하지만 오락실 게임에서 1코인의 가치는 다른 요소들의 개입으로 인해 변동한다. 후술할 콘솔 시대의 영향으로 들어온, 일부 게임에서 1코인당 제한시간을 부여하는 방식을 제외하면, 대부분의 오락실 게임은 동전을 투입하면 게임이 제공하는 기본 횟수―잔기나 생명력 등으로 표현되는―를 부여한다. 플레이어가 부여받은 기회는 '게임 오버'가 될 때까지 동전을 넣은 기계의 조작권을 온전히 사용할 수 있는 방식이다.

동전투입식 오락실 결제를 특징짓는 몇 가지 요소 중 첫 번째는 동전투입 게임기가 어떤 공간에 위치하고 있느냐다. 앞선 상상에서 우리는 주인공이 여러 게임 중 하나를 선택할 때 취향뿐 아니라 자신이 이 게임을 얼마나 오래 또 즐겁게 즐길 수 있을지를 고민하는 과정을 엿보았다. 이때 공용공간이라는 성격이 개입한다. 오락실에 배치된 기기는 내 마음대로 골라 앉을 수 없는 경우가 많다. 이른 아침 가게가 문을 열자마자 달려가는 경우가 아니라면 당시의 인기 게임기 앞에는 언제나 사람들이 장사진을 치고 있었다. 특히 대전형 게임은 설령 긴 줄을 뚫고 자리에 앉았다고 해도 초심자는 상대방의 자비 없는 공격에 3분을 못 버티고 일어나야 하는 경우가 허다했다.

대전이 아닌 싱글플레이라고 해도 공용공간이라는 장소는 초심자로 하여금 쉽게 동전을 넣고 자리에 앉기 힘든 상황을 만들어낸다. 인기 높은 게임에서 내 차례를 받아 자리에 앉으면, 순간적으로 대기하던 이들을 포함한 구경꾼들이 자신의 플레이를 유심히 쳐다보는 시선을 느끼게 된다. 게다가 만약 앞사람이 끝판왕을 보는 데까지 가서 '게임 오버'를 받았다면, 그 사람과 비교하며 자신의 플레이를 구경하는 주변의 시선을 의식하지 않을 수 없다. 그래도 중간급 이상의 실력자라면 큰 주저함이 없겠지만 초보자라면 이런 상황에서 쉽사리 동전을 넣기 어렵다.

그래서 공용공간에서의 동전투입은 혼자만의 행위이기 어려운 여러 상황을 이끌어낸다. 시쳇말로 '쪽팔려서' 동전을 투입하지 못하는 많은 이들의 모습은 이 결제 행위가 단지 플레이어(소비자)와 게임(제공자) 둘만의 관계가 아님을 보여준다. 이는 특히 아케이드 오락실 시대의 후반부인 2000년대 이후 중심이 된 〈펌프〉나 〈댄스

댄스 레볼루션)과 같은 리듬·댄스 장르에서 더욱 두드러졌다. 게임 플레이가 손만을 활용해 이뤄지는 방식을 넘어 체중과 균형을 지탱하는 발을 활용한 입력으로 이어지면서 플레이어의 동작이 더욱 커졌고, 이에 따라 구경꾼의 시선이 좀 더 플레이어에게 향하게 되었기 때문이다.

물론 실력이 좋은 플레이어라면 부끄럽기는커녕 오히려 자랑스러운 순간이 될 수 있다. 대전 플레이에서 연승을 하거나 싱글플레이에서 남들이 쉽게 도달하지 못하는 마지막 스테이지까지 가서 희귀한 장면들을 연출하며 중심에 서 있는 '나'는 마치 오늘날의 e스포츠 선수처럼 순간적으로 오락실 안의 시선을 끌 수 있는 스타 플레이어였다. 언제든 동전을 넣고 구경꾼들의 시선을 끌 만큼의 플레이를 보여줄 수 있다는 자신감은 당연히 자신의 게임 실력에서 나오는 것이었고, 그렇기에 플레이어의 게임 실력은 동전을 넣는 마음가짐에서 중요한 역할을 차지했다.

공용공간에서 동전을 투입한다는 첫 번째 특징에 이은 두 번째 특징이 바로 이 지점, 플레이어의 실력이다. 오락실에서 코인 한 개의 가치는 플레이어의 게임 실력에 의해 내적으로나 외적으로나 크게 요동친다. 단순히 1코인으로 얼마나 오래 게임을 할 수 있는지부터가 차이를 가른다. 50원 또는 100원이라는 현금으로 공용공간에서 얼마나 기계를 사용할 수 있는가는 결국 시간 점유의 문제인데, 고수와 하수라는 실력 차에 따라 1코인의 대여 시간이 다르게 나타날 수밖에 없다.

디지털게임의 재미는 게임이 제공하는 난이도와 플레이어의 숙련도가 적절한 길항관계를 유지할 때 일어난다. 게임이 지나치게 단순하고 쉬우면 플레이어는 도무지 이 도전을 지속할 이유를 느끼지 못하게 되고(이 단계에 이르면 대부분의 플레이어는 그저 점수 쌓기와 같은 게임 규칙 바깥의 새로운 경쟁에 몰입하게 된다), 아예 시도 자체가 불가능해 보이는 어려운 게임을 마주하면 도전할 의지가 꺾인다. 이른바 적절한 난이도 세팅이라는 것은 게임의 재미와 몰입을 만들어내는 데 가장 중요한 요소로 자리한다.

그런데 난이도와 숙련도라는 두 요인 중 숙련도는 플레이어가 게임플레이가 이어질수록 더 잘하게 되는 특성이다. 처음 해 보는 게임에서는 실수가 이어지기 마련이지만, 게임플레이를 지속하면서 서서히 게임에 대한 이해가 깊어진다. 이는 단순한 반사신경과 동체시력이라는 육체적 적응력뿐 아니라 어느 맵map 의 어디에 어떤 아이템이 숨어 있다거나 어느 길로 돌아가면 우회로가 존재한다든가 하는 지식의 측면까지 포괄하는 숙련도다. 〈테트리스〉를 처음 플레이하는 사람은 그저 내려오는 블록을 꼬이지 않게 쌓는 것만으로도 바쁘지만 일정한 숙련도에 이르면 화면 상단에 표기되는 다음 블록을 보면서 플레이하게 되며 한층 원숙해진다.

플레이어의 숙련도가 어느 정도의 경지를 넘어서면 1코인의 가치는 무제한에 가깝게 확장되기도 한다. 이는 특히 1980-1990년대의 고전 아케이드 게임에서 문제를 일으켰는데, 몇몇 게임의 경우 '엔딩'이라는 게 따로 없었기 때문이다. 아예 최종 스테이지 없이 게임을 할수록 같은 스테이지가 반복되면서 적의 수나 이동속도 따위가 점점 더 빨라지는 방식으로 구성된 게임들(〈가라가〉, 〈팩맨〉 등)

혹은 일정 스테이지 이후부터는 동일한 패턴이 무한 반복되는 게임들(〈너구리〉 등)의 경우, 플레이어의 숙련도가 게임이 설정한 난이도를 상회하는 수준에 이르면 사실상 '게임 오버'가 없는 모양새가 된다. 이것은 전국의 여러 오락실에서 공통으로 관찰되는 어떤 상황을 불러왔다.

> 일리단(가명): 초등학교 후반으로 넘어가면 오락실에서 대략 500원정도씩은 했었던 것 같고 그러다 보니까 저절로 잘하게 된 것 같아요. 이제 같은 돈을 가지고 오랜 시간을 하기 위해서 그런 게임들도 많이 플레이했고 또 제가 아케이드 게임도 굉장히 잘해서 나중에는 그 돈을 가지고 하루 종일 있을 수도 있는 정도?
> 필자: 혹시 쫓겨나 본 적도 있으신가요?
> 일리단: 아, 그럼요. 좀 많습니다. 아저씨가 기계 끄고 돈 주고 나가라고 한 적도 있어요.

위 인터뷰는 오락실의 현금결제를 연구하며 만난 한 인터뷰 대상자의 실제 경험담이다. 일리단은 아케이드 게임에서 상당한 숙련도를 가진 실력자로, 동전 한두 개로 종일 오락실에 앉아 있다가 오락실 주인이 동전을 돌려주며 기계 스위치를 끄고 내쫓는 일을 경험해 본 인물이다. 이렇게 오락실 게임의 고수가 주인에게 동전을 환불받고 쫓겨난 일은 비단 한두 명의 일화가 아니라 전국의 많은 오락실에서 전설처럼 회자된 보편적인 이야기다.

이 일화에서 주목할 지점은 코인 투입이라는 아케이드 게임의 결제방식이 앞서 이야기한 공용공간의 대여와 엮이며 만들어내는 갈등이다. 1코인의 대가를 지불하는 공용공간 대여로서의 게임플레이는 고수가 기계를 잡았을 때 업장으로 하여금 두 가지 지점에서 손해를 겪게 한다. 하나는 지금 게임을 플레이하는 고수 당사자와 다음 차례를 기다리는 대기 플레이어 사이의 갈등에서 일어나는 손해다. 오락실의 영업시간은 제한되어 있고 기기는 모자란 상황에서 게임 고수가 1코인의 시간 가치를 무제한 점유하게 되면, 그 게임의 대기자들은 모두 게임할 기회를 잃어버리게 된다.

두 번째가 더욱 중요한데, 고수와 오락실 주인 사이에서 일어나는 갈등이다. 오락실이라는 공용공간은 상가를 임대해 업장을 운영하는 상업시설이고, 업장의 운영비에는 임대료뿐 아니라 기계를 구입하거나 임대하는 비용과 인건비 등이 포함되어 있다. 공간과 기계 수가 제한된 상황에서 오락실의 수입은 단지 기계가 켜져 있는 데서 발생하는 것이 아니라 제한된 영업시간 동안 최대한 많은 동전투입이 이뤄져야 하는 구조였다.

동일 시간 내에 더 많은 동전이 투입되려면 무엇이 필요할까? 코인 한 개로 장시간 플레이가 이루어지면 수익에 마이너스가 나는 것이 분명하다. 고수의 플레이 뒤에서 대기하는 다른 플레이어들의 긴 대기시간은 업장 주인의 입장에서는 고스란히 손해로 다가왔다. 개별 기계들은 끊임없이 데모 플레이와 대기 화면을 송출하며 전기를 쓰고 있고, 구경꾼은 아무리 늘어나더라도 실질적인 수익에는 영향을 미치지 못했다(요즘의 PC방이나 업그레이드된 오락실과 달리 당시 오락실은 별도로 먹거리를 팔거나 코인노래방이 있어 부가 수익을 창출할 수 있는 상황이 아니었다). 1코인의 가치는 '플레이어가 주어진 기회를 다 소진할 때까지'라는 규칙은 이러한 손해를 방지하기 위한 오락실 주인의 강압적인 기계 끄기와 환불이라는 방식으로 손쉽게 깨지곤 했다.

　이른바 회전율이라는 개념으로 묶어볼 수 있을 오락실의 수익구조는 주인의 '기계 끄기'만으로 나타난 것은 아니었다. 오락기의 기판 중에는 난이도를 조절하는 스위치들이 달린 종류도 있었는데, 이를 업장 주인이 조정해 게임의 난이도를 간단하게 변경할 수 있었다. 그런 장치의 존재를 몰랐던 이들도 가끔 체감했을 부분인데, 공산품으로 표준생산과정을 거쳐 나왔을 제품임에도 불구하고 어떤 게임들은 오락실마다 난이도가 매우 다르게 나타나는 현상이 있었다. 대전격투 게임 시대에 이르러 3:3 팀 배틀을 중심 콘셉트로 잡았던 게임 〈킹 오브 파이터〉 시리즈에서 일부 오락실은 주인공 세 명을 골라야 하는 기본 룰 대신 단 한 명의 캐릭터만을 골라야 하는 시스템을 보여주곤 했다. 3:3 팀 배틀의 경우 5판 3선승제 구조지만 1:1 캐릭터 배틀은 3판 2선승이 되어 동전당 시간 점유 측면에서 더 높은 회전율을 가져올 수 있기 때문이었다. 하지만 이런 수법은 주변 다른 오락실과의 시장 경쟁 상황이 존재했던 관계로 항상 채용되는 방식은 아니었다.

　업장 수익에 직결되는 회전율 문제는 좀 더 구조적 측면에서 살펴보면 또 다른 관계에서의 수익 문제와 연결되었음을 보여준다. 바로 게임 제작사와 오락실 업장, 최종 소비자라는 삼각관계에서 드러나는 수익 이슈다. 오락실 업주와 소비자의 관계에서 드러난 1코인의 가치가 변동하는 문제는 업주로 하여금 오락실에 어떤 기계를 놓을 때 수익이 좋을지 계산하게 만들었다. 이미 게임기기들이 경쟁하고 있는 오락실 게임기 B2B [Business-to-Business] 시장에서 게임 제작사들은 업장의 회전율 문제를 게임 제작 단계에서부터 고려하지 않을 수 없는 상황에 놓였다. 동전투입식 결제라는 환경은 그렇게 세 번째 특징으로 접어들면서 게임 바깥의 경제 이슈뿐 아니라 게임 텍스트 안쪽의 문제에도 영향을 미치기 시작했다.

여기에도 몇 가지 분류가 존재한다. 가장 쉽게 만나 볼 수 있는 사례는 횡스크롤·종스크롤 게임[3]에서 등장하는 보스 스테이지 [Boss Stage][4]의 난이도다. 앞서 언급한 대로 많은 게임들은 플레이어의 숙련도가 게임을 진행하면서 점차 향상되는 흐름에 맞추어 난이도 또한 후반으로 갈수록 어려워지는 구조를 유지해 플레이의 적절한 긴장감을 만들고자 한다. 그러나 이 과정이 너무 부드럽고 자연스럽게 갈 경우, 게임으로서의 재미는 훌륭할 수 있겠지만 결국 플레이어가 무난하게 모든 과정을 마치는 결과로 이어져 오락실의 수익과 회전율에 악영향을 미치게 된다.

적절한 플레이를 위한 난이도의 부드러운 우상향 그래프는 그래서 이른바 '1라운드 보스'라고 불리는 급격한 난이도 상향 구간에 이르러 꺾이게 된다. 비행 슈팅, 벨트스크롤 액션 등에서 초반부에 적당히 가벼운 적들을 상대하며 게임을 진행하다 보면 1라운드의 마지막 부분에서 기존 패턴으로는 쉽게 상대하기 어려운, 초심자의

---

3   길게 이어지는 게임 스테이지에서 플레이어 캐릭터가 이동할 때 화면이 좌우로 움직이는 방식이 횡스크롤, 아래에서 위로 이동하는 방식이 종스크롤이다.

4   게임에서 각 회차를 끝내는 최종 보스가 등장하는 스테이지를 말한다.

입장에서는 갑작스러운 절벽과도 같은 난이도를 선사하는 '1라운
드 보스'와 마주하게 된다.

　벨트스크롤 액션 게임[5]의 기본을 충실히 따르는 인기 고전 아케
이드 게임 〈파이널 파이트〉를 예로 들어 보자. 게임은 초반에 간단한
패턴을 가진 적들과의 전투를 연출한다. 기본 기술인 펀치와 점프
등으로 무리 없이 진행할 수 있는 수준이며, 짧은 첫 스테이지에서
도 후반부로 갈수록 조금씩 적의 수가 늘어나거나 사용하는 공격 패
턴이 다양화되는 등 서서히 난이도를 끌어올린다. 그러나 첫 스테이
지 마지막에 플레이어를 기다리는 보스는 지금까지 거쳐온 적들보
다 20배는 높은 체력을 들고 나온다. 공격 패턴 또한 초심자로서는
쉽게 예측하기 어려운 경로의 점프 공격, 체력이 좀 빠졌다 싶으면
갑자기 뒤로 물러나며 다시 일반 적들을 불러오는 기술 등을 보여주
며 플레이어로 하여금 당혹스러운 난이도 상승을 체감케 한다.

　급격한 난이도 상승을 보여주는 보스 스테이지가 비단 아케이
드의 동전투입식 결제에서만 나타나는 것은 아니다. 이는 그 자체로
게임에서 '이 전투가 매우 중요한 분기점이 된다'는 연출적 요소이
기 때문이다. 그러나 이런 연출적 요소뿐 아니라 아케이드 게임에서
초반부에 어지간한 실력이 되지 않는 초심자에게 닥쳐오는 '게임 오
버'의 위기는 명백하게 기기와 업장의 회전율에 영향을 주는 요소로
기능한다. 1코인으로 사는 것은 플레이 타임이 아니라 기회의 횟수

5　컨베이어벨트처럼 화면이 좌우로 흘러가는 게임이지만 횡스크롤과 달리 멘트로
구성된 화면 안에서 평면의 깊이가 그려지는 게임들을 말한다. 〈파이널 파이트〉 〈더블
드래곤〉 등이 대표적이다.

인데, 개별 플레이어마다 숙련도가 다르므로 난이도를 상승시켜 일
정 실력 이하의 플레이어를 잘라내는 것이다. 그러므로 무난하게 진
행할 수 있는 게임은 아케이드 오락실의 경제적 지형, 즉 코인 투입
의 회전율이 업장의 수익에 직결되는 환경 속에서는 살아남기 어렵
다. 결제방식의 특징이 특정 플랫폼을 중심으로 이루어지는 디지털
게임의 장르 혹은 텍스트 내적 측면에 영향을 줄 수밖에 없는 부분
이다.

　　동전투입식 결제라는 양식이 게임에 미친 영향 중 가장 큰 변화
를 꼽으라면 1990년대 이후 오락실 게임의 중심을 차지하기 시작한
대전격투 게임의 붐을 들 수 있다. 〈스트리트 파이터 2〉라는 걸출한
대전격투 게임의 등장은 컴퓨터가 제시하는 도전적 난이도의 한계
를 넘어서는 과정에 중심을 두었던 기존 게임들이 주로 싱글플레이
또는 2인 이상의 코옵CO-OP 협동 플레이로 게임을 풀어나갔던 것과
달리 두 플레이어가 대결하는 PVPPlayer vs Player를 일반화시키면서
오락실의 풍경을 완전히 바꿔놓았다.

　　결제라는 양식을 통해 바라보더라도 이는 업장 회전율을 크게
향상시킨 변화다. 대전격투 게임기 두 대가 서로 연결된 상태고 한 사
람이 싱글플레이를 진행할 때 반대쪽 자리에 누군가 와서 동전을 넣
으면 대전이 성사된다. 이때 기기마다 동전 한 개씩 총 두 개의 동전
이 들어가며 두 사람이 플레이하게 되는데, 여기까지는 일반 싱글플
레이, 코옵 방식과 회전율 면에서 별 차이가 없어 보인다. 오히려 대
전에서 승리한 플레이어는 앞서 이야기한, 자신의 숙련도에 기대어
1코인의 가치를 무한대로 확장할 수 있는 기댓값을 갖는 자리가 된다.

대전격투 게임에서 동전투입이 갖는 의미는 기존의 싱글플레이와 오락실 회전율 측면에서 몇 가지 중요한 차이를 드러낸다. 첫 번째는 대전격투 게임에서 기본적으로 상정하는, 멀티플레이의 3판 2선승이라는 구조가 갖는 합리적이고 납득 가능한 선에서의 '짧은 플레이타임'이 발생시키는 회전율 향상이다. 〈스트리트 파이터 2〉에서 1라운드의 시간은 최대 99초로 표기되지만, 타이머는 실제 초 단위 시간보다 빠르게 흐르며 시간을 다 채우기 전에 KO로 라운드가 끝나는 경우가 대부분이다. 연승이 이어지면 길어야 2분이고 세 판째를 가게 돼도 3-4분 안에 동전 하나는 효용을 다하게 된다.

두 번째는 코인 가치의 상대성이다. 플레이어의 실력에 의한 코인의 가치 차이가 컴퓨터 스크립트라는 절대값을 기준으로 측정되었던 싱글플레이와 달리, 대전격투 게임에서는 두 플레이어의 실력 차이라는 상대값을 기준으로 측정된다. 쉽게 말해, 둘 다 고수의 반열이라고 해도 코인 투입에 의한 기기 점유 시간 자체는 승자에게만 보장되는 방식이라는 것이다. 싱글플레이 게임이라면 오락실 방문자 중 고수의 비율이 늘어감에 따라 점차 오락실의 회전율이 저하해 결국 오락실 업주는 새로운 기기를 들여놓는 등의 방식으로 회전율 개선을 강구해야 했을 것이다. 그러나 대전격투 게임의 멀티플레이는 굳이 기기를 교체할 필요없이 지속적인 플레이어 간의 대결을 통해 코인 회전율을 고정시킬 수 있었다. 이 지점은 〈스트리트 파이터 2〉가 오락실에서 가장 많은 공간을 차지하는 기기가 된 데에도 적지 않은 기여를 했다. 실제 게임의 인기가 대단해서 여러 대를 갖다놓아도 수요를 다 감당하기 어려웠지만, 기기 자체의 회전율이 높을 수

밖에 없었던 장르적 특성도 존재했던 것이다.

　공용공간의 기기 대여로 시작된 최초의 디지털게임플레이가 '동전투입식 결제'라는 방식의 강한 영향력 아래 놓여 있었음을 부정하기는 어렵다. 특히 게임 제작사, 오락실 업주, 게임플레이어라는 세 관계 속에서 이루어지는 게임 이용과 소비에 관한 연결망들은 한편으로는 오락실이라는 게임 공간에서 벌어지는 게임-플레이어 간의 길항을 단순히 게임 텍스트 내의 플레이 문제뿐 아니라 현금의 가치를 놓고 벌이는 길항으로까지 확장시켰다.

　1코인으로 기계를 종일 붙잡고 앉아 있는 아이를 쫓아내는 오락실 업주의 모습에서 우리는 오락실과 플레이어가 각각 난이도와 숙련도를 사용해 벌인 1코인의 가치를 향한 갈등을 본다. 그리고 이 갈등은 대전격투 게임이라는 새로운 장르의 유행 속에서 그 주체를 컴퓨터-업주 대 플레이어-소비자의 관계에서 플레이어 대 플레이어로 이동시키면서 회전율 차원에서 훨씬 더 유용한 상황을 만들어냈다. 이를 정리하면, 기업이 직접 서비스를 제공하던 시대를 넘어서 기업은 단지 플랫폼만 제공하면서 그 플랫폼의 사용료를 이윤으로 취하는 방식으로 이동했다고 설명할 수 있다.

　이런 변화는 게임 외적인 것에만 머무른 것이 아니었다. 앞다퉈 이어진 대전격투 게임의 추가 발매와 유행, 그에 맞춘 싱글플레이의 난이도 조정과 같은 게임 텍스트 내의 여러 요소에 대한 조정 작업이 함께 이루어졌던 것이 아케이드 오락실 시대에 동전투입 결제방식과 연결된 디지털게임플레이였다. 초창기의 디지털게임은 콘텐츠 내적 측면에서 결제방식과 떼려야 뗄 수 없는 사이였지만, 이는 다른 게임 공간, 이를테면 한국에서 1980년대 중후반 이후 열리기 시작한 콘솔 게임과 PC 게임의 시대에서는 전혀 다른 의미를 만들어내기 시작했다.

3장

가정용 콘솔 게임과 PC 게임

아케이드 오락실이라는 공공장소를 중심으로 확산된 디지털게임 문화는 1980년대부터 가정용 게임이라는 새로운 변화를 맞이한다. 거실에 있는 TV에 연결하는 콘솔 게임기와 서서히 보급되기 시작한 개인용 컴퓨터^{PC}에서 게임플레이가 가능해지면서 디지털게임은 또 다른 형태의 대중화를 맞았다. 이때의 결제방식은 아케이드 시절과는 완전히 달랐다. 동전을 넣으면 사용 권한을 확보할 수 있었던 아케이드 오락실의 결제방식이 일종의 기기 대여에 가까웠다면, 콘솔/PC 게임 시대에는 기계와 소프트웨어를 직접 구매하는 형태로 큰 변화가 일어난다. 그리고 이런 변화는 단지 결제방식의 변화에 머무르지 않고, 디지털게임의 이용 형태와 게임 장르에도 적지 않은 영향을 미쳤다.

소형화된 컴퓨터, 개인화되는 컴퓨터 사용

본격적인 디지털게임의 대중화는 아케이드 오락실 게임의 확산 뿐 아니라 가정용 텔레비전에 연결해 플레이할 수 있는 기기, 즉 콘솔 게임의 확대로도 이루어졌다. 1972년은 〈퐁〉의 출시 연도면서 동시에 최초의 가정용 콘솔 게임기 '마그나복스 오디세이'가 출시된 연도이기도 하다. 컴퓨터 기술이 발전하고 과거처럼 거대한 장비가 아닌 소형화된 부품을 사용한 작은 규모의 컴퓨터로도 충분한 연산 처리가 가능해지면서, 전자기기는 좁은 공간에도 설치할 수 있는 기기로 변모했다.

가정용 게임기의 등장은 전자기기의 이러한 소형화·개인화의 흐름에 더해 텔레비전의 보급이 결합하며 나타난 흐름이었다. 컴퓨터게임을 구현하기 위해서는 시각 정보를 출력할 수 있는 장비인 모니터, 즉 디스플레이가 필수였는데, 오락실에 설치된 기기들은 디스플레이 장치를 포함한 기기였지만 덩치가 커서 가정에서는 놓기가 어려웠다. 그러나 이미 보급된 가정용 텔레비전을 외부출력장치로 연결할 수 있다면 게임기 본체와 입력장치만으로도 충분히 집에서 플레이할 수 있었다.

전자기기의 소형화가 가져온 또 하나의 흐름은 컴퓨터의 개인화였다. 1970년대부터 트랜지스터와 집적회로 소형화 기술로 유의미한 발전을 이룩한 컴퓨터는 PC라고 불리는 오늘날의 개인용 컴퓨터로 발전했다. 개인용 컴퓨터라기보다는 소형화된 마이크로 컴퓨터로서의 입지를 가졌던 '알테어 8800' Altair 8800이 1974년에 출시되었고 1976년에는 애플의 'APPLE I'이 등장했다. 본격적으로 오늘날 우리가 떠올리는 PC의 모습을 완제품 형태로 출시하며 대중화를 이 끈 제품은 애플이 1977년에 출시한 'APPLE II'인데, 이는 입력장치 로서의 키보드와 출력장치로서의 모니터를 포함한 완제품 PC라는 개념을 처음으로 제시하며 PC 대중화의 길을 열었다.

대형 컴퓨터에서도 짬을 내 놀거리를 찾던 인류가 작아진 컴퓨 터에서 그러지 않을 리 없었다. 작아진 컴퓨터를 이용해 인류는 아 케이드라는 공간을 넘어 집 안에서 새로운 놀거리를 만들려고 궁리 했다. 그리고 아케이드와 함께 초창기 디지털게임의 쌍벽을 이룬 또 하나의 플랫폼으로서 가정의 콘솔과 PC가 새로운 영역을 개척하기 시작했다.

한국에서의 콘솔과 PC

북미와 일본에서 선풍적 인기를 끌며 새로운 놀이도구로 자리 잡은 콘솔 게임기 그리고 또 다른 게임 플랫폼으로서의 위치를 확보 하기 시작한 PC는 폭발적으로 성장한 경제력을 바탕으로 중산층이 두터워진 한국에서도 북미와 일본의 영향을 받았다. 아케이드 게임 과 함께 1980년대 한국 게임문화의 중심으로 자리한 콘솔과 PC 게 임은 그럼에도 한국의 독특한 상황을 반영하며 색다르게 토착화됐 고 그 여파는 지금까지 영향을 미치고 있다.

한국에서 콘솔 게임은 1980년대 초반까지는 공식 수입이 이루어지지 않았다. 그러나 알음알음 해외 출장 등을 통해 들여온 소규모 게임기를 만나는 것은 어려운 일이 아니었다. '아타리 VCS', '닌텐도 패미컴' 등이 알 수 없는 경로를 통해 들어왔고, 세운상가 등을 중심으로 닌텐도 패미컴의 복제품이 유통되는 상황이었다. 비슷한 시기에 개인용 컴퓨터로는 일본의 MSX 표준에 맞춘 8비트 컴퓨터들이 수입되거나 또는 해당 규격에 맞춰 국내 생산이 이루어지면서 초창기 PC 보급이 이루어졌다(윤형섭 외, 2012).

본격적으로 콘솔과 PC가 정식 유통된 시기는 1980년대 중후반부터다. 대우전자의 MSX 기반 게임기 '재믹스'가 1985년부터 유통되었고 1989년에는 삼성전자가 '세가 마스터 시스템'을 기반으로 한 '삼성 겜보이'를 출시하며 상당한 인기를 끌었다. 그리고 이 무렵 게임기뿐 아니라 PC 또한 새로운 대중화의 물결에 가닿았는데, 이른바 교육용 PC 사업이 그것이다.

1980년대 초반부터 이어져 온 컴퓨터 교육에 대한 열망은 1980년대 후반에 본격적인 정부의 계획·발표를 통해 퍼져나갔다. 자녀에게 미래의 핵심 기술을 미리 교육해야 한다는 부모의 열망은 경제성장이라는 과실에 기반하여 가정용 PC의 도입을 이끌었으나 정작 교육의 당사자인 어린이들에게 가정의 PC는 교육 목적으로 도입된 기계로 보이지 않았다. 이는 명백하게 '게임이 되는 기기'로 인식되었다(《한겨레》, 1989).

콘솔과 PC는 둘 다 집에서 게임이 가능한 환경을 만드는 데 일조했는데, 이는 먼저 한국에 정착한 디지털게임 공간인 오락실의 위상과도 엮이는 부분이 있었다. 오락실은 도입 초기부터 불량한 공간으로 인식되었기 때문이다. 불량배들과 담배 연기 가득한 오락실에 가느니 집에서 게임을 하는 것이 낫다는 인식이 콘솔 게임기를 구매하는 부모들에게 존재했지만, 게임 자체를 부정적으로 보는 부모들도 교육 목적의 PC 구입은 허용할 수 있다는 입장이었다. 물론 두 경우 모두 다 아이들에게는 집에서도 게임이 가능하다는 결론으로 이어졌다는 점은 변함이 없다.

　이때부터 가정에서의 게임 환경이 본격화되었지만 교육이라는 목적과 오락이라는 목적으로 차별화된 PC와 콘솔 게임기는 도입 초반부터 보급률의 차이를 낳았다. 한국의 디지털게임 초창기에 서구에 비해 상대적으로 PC 게임의 비중이 높고 콘솔 게임의 비중이 적은 데는 이러한 사회적 인식이 존재했다. 물론 오락실 이용률도 떨어지지 않았다. 오락실 업장은 엄연히 국가가 허용한 사업이지만 동시에 학교와 학부모가 학생의 머리채를 잡아끌고 나올 수도 있는 기묘한 공간이었다. 그래서 좀 더 큰 위험을 안고 오락실을 이용하거나 안전하게 집에서 PC를 이용해 부모님의 눈을 피해 틈날 때마다 게임을 하거나 하는 선택이 이루어졌다. 그러나 상대적으로 PC와 콘솔에 대한 접근이 점점 편리해지고 또 후술하는 바처럼 오락실에서는 접할 수 없는 장르들이 PC와 콘솔로 개발되면서 게이머들은 새로운 게임플레이에 눈뜨게 된다.

게임 이용, 대여에서 구매로의 전환

오락실에서 PC와 콘솔이라는 새로운 게임 환경으로의 전환은 결제 측면도 완전히 다른 형태로 발전시켰다. 오락실에서 하는 게임이 동전투입으로부터 시작되는 공용공간에서의 기기 대여를 기반으로 이루어진 반면, PC와 콘솔로 하는 게임플레이는 기기 자체를 개인이 소유한 상태에서 이루어지기 때문에 추가로 대여료가 발생하지 않는다. 물론 이것은 일단 기기 자체를 구매해야 하기 때문에 절대 공짜는 아니다.

기기 가격 또한 만만치 않았다. 1986년 7월 23일 자 〈경향신문〉 광고에 실린 대우 '재믹스'의 권장가격은 7만 원, 조이스틱은 1만 1000원이다. 지역마다 조금씩 다르겠지만 1987년의 짜장면 가격이 대략 600-700원대였던 점을 생각해 보면, 조이스틱을 포함한 기기 전체를 구매하는 데 짜장면 한 그릇 값의 약 120배 수준을 지불해야 했다. 2021년 출시된 콘솔 게임기 '플레이스테이션 5'의 가격이 60만 원대고 같은 시기 짜장면 가격은 5천 원대(한국소비자원, 2021년 5월)인 것과 비교해 보면, 단순 비교만으로는 다른 소비에 비해 가격대가 크게 차이 나는 것으로 보이지는 않는다.

대여에서 구매로의 변화가 가져온 영향력은 결코 작지 않았다. '재믹스'를 활용해 게임 하나를 꾸준히 플레이하는 경우 들어가는 초기 비용은 기기 가격이 대략 8만 원 선이고 여기에 롬팩Rom pack(컴퓨터용 저장장치) 카트리지를 추가하면 1-3만 원대의 추가 비용(오영욱, 2021)이 발생해 게임 타이틀 한 개를 플레이하는 데 대략 10만 원 정도의 비용이 든다. 전기료는 크게 들지 않으니 잠시 접어두자.

만약 같은 게임이 오락실에도 있다면 어떨까? 당시의 표준 오락실 가격인 1코인=50원을 기준으로 생각해 보면, 10만 원이면 대략 게임을 2천 판 플레이할 수 있다. 1코인을 넣어 5분 정도 플레이할 수 있다고 가정하면, 기기 구매비만큼 오락실에서 게임을 한다면 대략 166시간의 플레이 타임을 갖게 될 것이다. 게임을 할수록 숙련도가 향상될 테니 실제로는 이보다 더 길게 할 수도 있겠지만, 인기 게임의 경우 대기 시간도 발생하고 오락실로 오가는 시간 등의 요소까지 모두 더해 대략 이 정도의 비교가 가능할 것이다. 그렇다면 이 단순 비교 속에서 가정용 콘솔의 가치는 게임 하나를 166시간 이상 플레이할 경우 의미 있는 것일까?

지나치게 단순한 비교라서 이야기하기 어려운 부분이 많은데 조금 더 확장해 보면 흥미로운 점들을 발견할 수 있다. 기기 값인 고정비 8만 원의 효용을 늘리는 방법은 더 많은 게임 카트리지를 보유하는 것이다. 하나의 게임만으로 질릴 수 있는 게임플레이는 카트리지 보유량을 늘림으로써 더욱 효율화된다. 게임 타이틀마다 1-3만 원대의 추가 비용을 지불하면 이제 콘솔 게임기는 '오락기'의 역할을 넘어 본격적으로 '오락실'의 대용품으로 기능하게 된다. 게다가 줄을 서거나 눈치를 봐야 하는 공용공간이 아니므로 기기와 게임플레이 환경을 온전히 혼자 점유할 수 있는 편안함까지 포함된다.

또한 카트리지 대여 및 교환 서비스와 불법 개조 및 복제 카트리지가 성행해 카트리지 비용은 더 저렴해졌다. 정품 게임 타이틀은 저렴하다고 하기는 어려운 수준이었고 또 금세 질려버릴 수 있기 때문에, 게이머들은 친구끼리 교환하거나 아예 몇천 원이면 카트리지를 교환해주는 가게를 통해 타이틀을 다양화했다. 더불어 정품 타이틀뿐 아니라 이른바 '합팩'이라 불리는, 카트리지 하나에 게임 타이틀 수십 개가 들어 있는 불법 개조 롬팩 또한 시중에 유통되는 상황이었다. 이런 경로를 통해 게임 비용은 더욱 낮아질 수 있었다.

물론 이런 변화가 가격 면에서 반드시 콘솔/PC 게임의 압도적 유리함을 제공했다고 말하기는 어렵다. 여기에는 더 많은 변수가 개입하기 때문이다. 이를테면 앞에서도 언급한 대로 콘솔이나 PC를 갖출 수 있느냐 없느냐의 대전제가 있다. 집안 형편상 기기를 구매할 상황이 되지 않거나 혹은 경제력을 쥔 부모님이 게임기나 PC 구입을 반대하는 경우라면 어쩔 수 없이 아케이드 오락실을 선택해야 했다. 몰래 산다 치더라도 콘솔 게임기는 숨길 만한 크기도 아니었고 텔레비전에 연결해 게임을 해야 한다는 상황 자체가 공개적이라 한계가 있을 수밖에 없었다.

다만 이러한 결제방식의 변동은 어떤 것이 더 저렴하냐의 문제를 떠나 게임플레이 자체에 영향을 주었다. 기기와 공간을 대여하는 방식에서는 불가능했던 플레이가 가능해짐으로써 콘솔/PC 게임은 조금 다른 형태로 발전하기 시작했다.

결제방식의 변화가 플레이의 변화를 이끌다

첫 번째로 발견할 수 있는 변화는 긴 호흡의 게임들이 기지개를 켜기 시작했다는 점이다. 앞서 이야기한 대로 공용공간에서의 플레이는 업장 수익을 위한 회전율에 의해 제한받았다. 엔딩 없이 무제한으로 반복되던 초창기 게임들은 서서히 나름의 서사를 가진, 다시 말해 엔딩이 있는 게임의 형태로 변화했다. 엔딩의 존재는 높은 숙련도의 고수라 할지라도 길어야 한 시간 근처에서 코인의 효용이 다하는 플레이 시간의 한계로 나타났다. 이러한 플레이 제한은 오락실 같은 공용공간이 아닌 콘솔이나 PC처럼 완전히 개인화된 플레이 기반에서는 무의미해진다. 다른 사람 눈치 볼 필요 없이 오로지 자신만이 자신의 기기로 원하는 만큼 플레이를 지속할 수 있기 때문이다.

별도의 시간제한이 없어진 이런 상황은 컴퓨터 기술의 발전과 맞물리며 긴 호흡의 플레이가 가능한 게임들의 출현을 불러왔다. 1987년 닌텐도에서 처음 출시한 〈젤다의 전설〉은 콘솔 게임으로 저장(세이브) 기능을 본격 활용하여 긴 플레이 타임이 가능함을 보여준 사례였다. PC 게임에서는 1970년대부터 TRPG Tabletop Role-Playing Game를 컴퓨터로 옮겨오는 방식으로 이루어진 CRPG Computer Role-Playing Game 장르가 북미를 중심으로 발전했고, PC 보급의 보편화와 함께 언어의 장벽이 높은 장르임에도 불구하고 조금씩 한국에서도 플레이어들을 만들어가기 시작했다. 플레이 한 번으로 게임 오버에 이르지 않는, 혹은 설령 게임 오버가 되더라도 그 시점에서 다시 이

어서 플레이가 가능한 설정이 게임에서 다뤄지기 시작한 시점의 도
래는 동전투입이 아닌 다른 결제방식의 보편화와 맞물리는 것이었
다.

긴 호흡의 게임들도 동전투입식 게임으로 간혹 등장했다. 개인
적 경험으로는 1998년경 오락실에 비치된 코에이koei 사의 전략 시
뮬레이션 게임 〈삼국지 3〉을 실제로 플레이해 본 적이 있다. 100원
에 5분으로 시간제한을 주는 방식이었는데, 〈삼국지 3〉은 천하통일
까지 긴 시간의 플레이를 요구했다. 100원으로 얻는 5분의 플레이
시간으로는 거의 아무것도 하지 못하기 때문에 이용자들은 대략 1만
원 정도를 동전 100개로 바꿔 쌓아놓고 플레이하곤 했다. 주로 30대
이상의 이용자들이 많았던 오락실의 〈삼국지 3〉은 키보드와 마우스
가 달린 조금 독특한 방식이었고, 이를 플레이하는 '아저씨'들은 아
예 1만 원을 내고 동전을 담는 플라스틱 통과 재떨이, 자판기 커피를
함께 받아 테이블에 올려놓고 하릴없이 게임을 하곤 했다.

문제는 저장 파일이었다. 하루 안에 플레이가 끝나지 않는 경우,
저장해놓고 다음날 다시 오락실에 가면 내 자리에 다른 사람이 앉
아 있는 경우가 허다했다. 저장 파일을 이어서 할 수 없다는 것은 결
국 공용공간의 대여 방식으로는 구현할 수 없는 플레이가 존재함을
의미했고, 이는 콘솔과 PC 플랫폼이 보편화되면서 비로소 가능해진
플레이였음이 드러나는 사례다.

아케이드 오락실이라는 플랫폼 밖에서 긴 호흡의 게임들이 등
장하면서 오락실의 게임은 더욱 간편한 엔터테인먼트로 자리 잡았
다. 이는 원래부터도 아케이드 오락실의 속성이었지만 오락실 외의

장소에서도 게임플레이가 가능해지면서 더욱 두드러졌다. 아케이드 게임은 더 짧고 강렬한 플레이 체험을 주는 방향으로 별도의 사전 지식이나 노하우가 두텁지 않아도 쉽게 입문할 수 있는, 소위 말해 '튜토리얼' tutorial [1]이 짧고 간단한 게임들을 중심으로 구성되었다.

반면 PC와 콘솔은 초반의 튜토리얼이 충분히 두터워도 문제가 되지 않는 게임들이 출현할 수 있는 배경이 되었다. 오늘날의 많은 콘솔/PC 게임들이 몇 가지 초반 튜토리얼을 거치면서 게임을 전반적으로 파악하는 플레이를 구현한 것이 좋은 예다. 이를테면 인기 스포츠 게임 〈NBA 2K〉 시리즈는 발전을 거듭하면서 농구의 핵심 기능인 슛이 버튼 외에도 패드의 오른쪽 스틱을 움직이는 형태로도 자리 잡기 시작했다. 이는 직관적이기보다는 튜토리얼과 연습장 모드에서 꾸준히 연습해야 손에 붙는 기능이다. 아케이드 오락실에서는 두 개의 스틱을 갖춰야 하는 하드웨어적 측면을 떠나 동전 하나를 넣고 돌아가는 회전율 시스템 때문에라도 그런 튜토리얼을 길게 붙일 수 없다.

그러나 이것이 모든 오락실 게임에 공통으로 적용되는 것은 아니다. 대전격투 게임의 경우 싱글플레이로 시작하면 초반에 간단한 버튼 기능을 소개하는 튜토리얼이 제공된다. 물론 이 튜토리얼은 수많은 등장 캐릭터들의 개별 기술을 다 설명하지는 않는다. 이는 보통 게이머 커뮤니티에서의 입소문이나 관련 잡지 등을 통한 제3의 채널을 통해 공유되곤 했다. 다만 여기서 아케이드 오락실이 하드코

---

[1] 소프트웨어나 하드웨어를 움직이는 데 필요한 사용 지침 따위의 정보를 알려주는 시스템.

어 유저와 인스턴트 유저로 이용자가 갈라지기 시작하는 시점을 맞았다는 점을 함께 고려해야 한다. 대전격투 게임은 1990년대 후반에 이르면 서서히 이른바 '고인물'이라고 불리는 소수의 고숙련자그룹을 중심으로 플레이되는 경향이 강해지기 때문이다.

오락실이 점점 간편한 형태의 플레이로 자리 잡고 콘솔/PC 게임이 상대적으로 긴 호흡의 개인 플레이를 만들어가기 시작하는 경향은 서로 겹치는 부분도 있었지만 플레이 타임 측면에서 각기 다른방향으로 발전하기 시작했다. 저장을 해가며 장시간 플레이를 이어가는 게임들이 PC와 콘솔을 통해 퍼져나가기 시작했다. 반면 아케이드 오락실의 게임은 제한된 시간과 기회 안에서 압축적으로 플레이를 해나가는 형태에 집중되었다. 짧은 플레이 타임이지만 지속적으로 반복해도 물리지 않는 형태의, 좀 더 간편한 게임들을 중심으로 오락실의 게임은 발전해나갔다. 그리고 이런 분화는 플레이어의숙련도와 결제방식이 맞물리는 지점에서 더 많은 의미 변화를 이뤄낸다.

두 번째 변화는 숙련도와 결제가 관계 맺는 방식이다. 앞서 이야기한 것처럼 플레이어의 숙련도는 아케이드 오락실이라는 공간에서 단지 게임 안의 플레이뿐 아니라 게임 밖의 경제구조에서도 상호작용의 요소로 개입하고 있었다. 고수의 1코인은 하수의 1코인과다른 가치를 가졌고, 숙련도가 높을수록 오락실의 기기를 점유할 기회는 점점 커졌다. 그러나 콘솔과 PC라는 개인 소유의 플랫폼 안에서 펼쳐지는 게임플레이에서 숙련도는 게임 바깥에서 가졌던 이점을 상실한다.

　　실력이 좋으면 코인 한 개로 원하는 만큼 혹은 온종일 오락실의 기기를 사용할 수 있었던 강점은 콘솔과 PC에서는 딱히 발휘되기 어려운 상황을 맞았다. 싱글플레이 게임보다 개인의 숙련도가 현금 가치에 보다 강렬하게 연결되던 대전격투 게임을 생각해 보면 이는 더욱 두드러진다. 1코인의 가치가 무한으로 수렴하던 고수의 대전 격투 게임플레이는 코인의 존재 자체가 무의미해지는 콘솔 및 PC에서는 상대적으로 빛을 잃게 된다.

　　그러나 이런 변화를 가지고 고수의 숙련도 자체를 무의미하다고 해석하는 것은 곤란하다. 여기서 변하는 것은 단지 게임 텍스트 바깥에서 일어나던 상호작용의 무의미화이기 때문이다. 콘솔 및 PC에서는 게임 텍스트 자체가 제공하는 난이도에 대항하는 플레이어의 숙련도에 변함이 없으며 오히려 더 편리하고 효율적인 숙련도 향상의 계기를 가져온다. 기기를 개인이 독점하고 원하는 때 원하는 만큼 플레이할 수 있는 개인화된 콘솔/PC 환경은 공용기기를 이용해 숙련도를 향상할 수 있었던 시절보다 훨씬 편리한 상황을 제공한다. 이로 인해 개인의 게임 숙련도는 훨씬 빠르게 성장할 수 있었다.

　　이렇게 되면서 디지털게임에서 결제, 즉 소비는 또 한 번 흥미로운 변화를 맞게 되는데, 바로 '플레이어가 구매하는 게임 소프트웨어의 가치가 무엇에 의해 결정되는가'라는 점이다. 사실 이 이야기는 좀 우문현답일 수밖에 없는데, 누구든 게임 소프트웨어를 구매할 때 최우선으로 염두에 두는 가치는 '재미있는 게임'이기 때문이다. 다만 앞서 오락실에서 설명했던 대로 물리적 시간과 숙련도에 기반한 플레이의 연관성을 고려한다면, 콘솔/PC 시대에 구매 방식으로 전환한 게임 결제는 새로운 가치를 하나 더 고려 요소로 추가하게 되는데 바로 '게임을 사서 얼마나 재미있게 할 수 있는가'라는 플레잉타임의 가치다.

1년에 2만 원을 게임팩 구입에 쓸 수 있는 친구가 있다고 가정해보자. 그 2만 원이 세뱃돈이든 한 달에 2천 원씩 모은 돈이든 상관없이 매장에 가서 게임팩을 고를 때 그의 머릿속에는 이걸로 1년을 해야 한다는 계산이 서게 된다. 롬팩 하나를 사서 얼마나 오래 할 수 있는가? 도입 초창기에는 주로 저연령대에 집중된 게임문화였기 때문에 가용 금액 대비 플레이 타임의 효용은 적은 비용으로 가성비를 뽑아내기 위한 중요한 요소로 고려될 수밖에 없었다. 2020년대에도 완전히 없어진 것은 아닌 싱글플레이 중심 게임에서 가격 대비 플레이 타임의 비율은 게임에 대한 소비에서 쉽게 떨어지지 않는 요소다.

구매한 게임의 플레이 타임이라는 틀 안에서 게이머의 숙련도는 조금 기묘하게 작용했다. 오락실에서 1코인의 가치를 늘리는 데 기여하던 플레이어의 숙련도가 게임팩을 구매한 상황에서는 반대로 작용할 여지를 갖게 된 것이다. 새로 산 게임을 플레이하며 점점 숙련도가 향상되는 게임 소유자로서의 게이머에게 새로 산 게임팩은 숙련도가 향상되어 적정 난이도를 넘어서면 금방 질리는 게임으로 변하기 시작햇다. 플레이 타임이라는 가치 측면에서 플레이어의 숙련도가 오락실과는 정반대 방향으로 나타난 것이다. 똑같은 게임팩을 구매한 고숙련자와 저숙련자는 같은 금액을 지불했지만, 플레이 타임 측면에서의 가성비는 저숙련자에게 훨씬 유리하게 작용했다. 이 문제는 게임팩 한두 개만으로는 콘솔 게임기의 의미를 충분히 유지하기 힘든 요인이 되었다. 콘솔 게임기는 단지 초기에 기기와 게임팩 몇 개를 구매하는 정도만으로는 반영구적 효용을 유지하기 어려웠다. 오락실 게임과의 비용을 상대적으로 측정하는 것은 어렵지만, 숙련도 향상으로 인해 게임이 금세 식상해지고 이를 보완하기 위해 다시 새로운 게임 타이틀을 구매하는 방식으로 계속해서 지불이 이루어져야 하는 구조가 콘솔/PC 게임에 나타났다.

　　물론 이 문제로 게임의 재미라는 폭넓은 개념을 다 설명할 수는 없다. 게임의 재미와 그에 따르는 가치를 단순히 플레이 타임 하나만으로 측정할 수 있는 것은 아니기 때문이다. 1회성 플레이만을 제공하는 게임이더라도 충분히 즐거운 경험을 하게 되면 그 자체로 지불에 대한 만족도는 채워진다. 그러나 단순화할 수 없음에도 불구하고 이 반복에 의한 숙련도 향상과 그로 인해 발생하는 난이도–숙련도 길항관계의 붕괴가 아케이드 시절의 동전투입식 결제보다 훨씬 중요하게 콘솔/PC 시대의 게임 구매 방식에 다가왔음을 부인하기는 어렵다.

　　다른 매체에서도 비슷한 사례를 생각해 볼 수 있는데, 영화의 경우다. 극장에서의 영화 관람은 결제방식 측면에서 보면 오락실과 같은 형태로, 일정한 대여료를 내고 공용공간인 상영관의 좌석을 주어진 시간 동안 점유한다. 그러나 DVD 플레이어 같은 기기와 영화 타이틀을 구매해 가정에서 영화를 즐기는 경우는 콘솔/PC 게임과 같은 구매와 소유의 형태가 된다. 소장이라는 방식이 가져오는 관람의 차이 또한 게임에서 나타나는 것과 비슷한 형태를 보이지만, 여기에

없어 게임은 난이도–숙련도 길항이라는 플레이 본연의 성격 덕분
에 영화와는 또 다른 방식으로 결제방식으로부터 영향받고 있음을
알 수 있다.

결제방식의 차이가 만든 장르와 문법의 변화

아케이드 오락실 게임과 콘솔/PC 게임이라는 두 부류를 묶어서
생각하는 것은 쉽지 않다. 결제방식의 차이는 각각의 플랫폼에 출시
되는 게임의 장르와 성향을 구분하는 경향이 있지만, 그렇다고 해서
오락실 시대의 게임들이 반드시 특정 플랫폼에서만 출시되는 것은
아니기 때문이다.

그러나 몇 가지 특징은 디지털게임 초창기의 장르 분화에서 결
제방식이 끼친 분명한 영향을 보여준다. 아케이드 오락실 게임들의
평균 플레이 시간, 콘솔/PC 게임들이 보여주는 세이브/로드를 통해
초장超長시간의 서사를 갖는 게임플레이는 어떤 플랫폼인지를 떠나
어떤 결제방식을 통해 게임을 플레이하는지가 장르에 명백한 영향
을 미치고 있음을 보여주는 단서들이다. 오락실용으로 출시되는 게
임과 콘솔/PC용으로 출시되는 게임은 그 결제방식의 차이가 고려
된 결과물을 보여준다. 오늘날에는 아케이드 오락실용 게임 타이틀
이 과거보다 크게 줄어들어 직접 비교는 어렵지만, 좀 더 맥락을 확
장해 보면 결제방식이 만드는 게임 텍스트의 차이는 현대의 온라인
게임에서도 드러난다.

콘솔/PC 게임에서 보기 어려웠던 특정한 양식들이 모바일 온라인 게임에서 공통으로 나타나는 원인에는 모바일 특유의 기기 성향에 의한 부분들도 있겠지만, 그 결제방식의 차이가 좀 더 결정적일 것이다. 후술하겠지만, 게임 안에 직접적으로 영향을 미칠 수 있는 현금 개입이 보다 자유로워졌고, 그것이 매출 유발에도 훨씬 유리하다고 시장이 판단했을 때, 모바일 기반의 디지털게임에 현금결제가 영향을 미칠 수 있는 여러 방식이 적극 도입되기 시작했다.

비단 디지털게임뿐 아니라 자본주의 이후 출현해 이어지는 거의 모든 매체가 그 상업적 유통방식으로부터 매체의 표현형에 영향을 받았다는 사실을 부인하기 어렵다. 그중에서도 특히 디지털게임은 플레이어의 피드백이 플레이라는 좀 더 독특한 지점에서 상像을 만든다는 점 때문에 좀 더 강하게 결제방식의 영향력 아래 놓이며, 이런 특징은 오늘날 변화한 결제양식에서 현질이라고 부르는 새로운 형태를 부각시켰다.

아직 현질을 본격적으로 이야기하기에는 갈 길이 멀다. 다음 장에서는 오락실을 지나 형성된 구매로서의 게임이 전혀 다른 요인에 의해 한국 사회에서 무너진 이야기를 살펴볼 것이다.

4장

불법복제 시대와 정품 유통

디지털게임이 필연적으로 상업적 기반을 딛고 설 수밖에 없었음을 앞에서 계속 이야기했지만, 정작 1990년대 한국의 게임 환경에서 상업적 기반은 일반적인 유통-소비망의 구성과는 매우 동떨어진 방향으로 이루어지고 있었다. 기기 대여 방식의 아케이드 게임은 그나마 나았지만, 가정용 및 개인용으로 활용된 게임 플랫폼인 콘솔과 PC, 그중에서도 특히 PC에서는 게임 소프트웨어 유통이 사실상 생산자에게 아무런 이익을 가져다주지 못하는 불법복제 시대가 오랫동안 이어졌다. 이 장에서는 한국에서 오랫동안 초창기 디지털게임 플레이를 지배하며 게임을 '무료로 하는 것'으로 인식시키는 데 적지 않은 영향력을 미쳤던 불법복제 시대를 되짚어보고, 이 사회적 경험이 오늘날 현질이라는 개념에 미친 영향들을 살펴보고자 한다.

초창기 PC와 콘솔의 불법복제 양상

디지털게임의 초창기를 장식한 아케이드 게임기는 기계 한 대가 게임 한 개를 제공했다. 하드웨어와 소프트웨어의 구분이 뚜렷하지 않았던 아케이드 게임기와 달리, 가정용 콘솔 게임기부터는 게임 카트리지라는 소프트웨어 패키지를 교체하면 하나의 기기로 다양한 게임을 플레이할 수 있는 하드웨어와 소프트웨어의 분리가 일어났다. 범용 게임기로서의 콘솔 게임 플랫폼을 가능하게 한 이 분리는 그러나 동시에 기존에는 잘 인식되지 않았던 어떤 지점을 드러냈는데, 바로 소프트웨어의 가치와 이를 보호하기 위한 저작권이라는 개념이었다.

아케이드 오락실 시절에도 기기 자체의 기판을 통째로 불법복제하는 일들이 없지는 않았지만, 하드웨어와 소프트웨어가 분리되는 상황에서 소프트웨어 복제는 훨씬 더 쉬워졌다. 초창기 콘솔 게임기는 기기 자체도 정품보다 먼저 닌텐도 등의 제품을 복제한 기기들의 유통을 통해 선보인 바 있었고, 여기에 사용되는 게임 카트리지 또한 불법복제로 제작된 제품을 찾기 어렵지 않았다.

PC 기반 게임에서 불법복제 이슈는 더욱 심각해졌다. 별도의 저작권 관련 보호가 전무했던 한국의 상황에서 PC의 저장매체로 사용되었던 플로피디스크는 디스크드라이브 두 개만 있으면 너무도 쉽게 복사가 가능했기 때문이다. 1980년대 후반 널리 보급된 16비트 IBM-PC 호환기종은 두 개의 5.25인치 플로피디스크 드라이브를 장착한 경우가 많았고, 원본 디스켓과 공디스켓을 각각 드라이브에 넣은 뒤 A드라이브의 내용을 B드라이브로 전부 복사하는 명령어 한 번이면 손쉽게 복사가 이루어졌다.

　손쉬운 복사가 가능한 환경은 전문 기술이 없는 일반 게이머도 게임을 복사해 유통시킬 수 있는 상황을 조성했다. 친구가 재미있는 게임 하나를 가지고 있으면, 그냥 가서 복사해달라고 부탁 한 번 하는 것이 게임 소프트웨어를 구하는 가장 쉽고 빠른 방법이었다. 당시 교육용 PC라는 목적하에 보급된 가정용 PC의 주 사용자층이었던 유소년들에게 손쉬운 복사 기능은 롬팩을 돈을 주고 사거나 교환해야 했던 콘솔 게임기에 비해 훨씬 저렴한 비용의 게임 플랫폼으로 PC를 보게 만드는 역할까지 수행했다.

　개인 간의 게임 복사는 차치하더라도, 쉬운 복사는 소프트웨어 저작권에 대한 제도적 보호가 없었던 한국의 PC 게임 시장에서 아예 유통의 중심이 되는 현상까지 만들어냈다. 이른바 '복사집'으로 불리던 게임 유통방식이다.

　1980-1990년대를 풍미한 '복사집'은 당시 PC 게임 유통의 정석처럼 돌아갔다. 게이머들은 최신 게임 잡지 등에서 소개하는 신작 게임 발매 소식을 보고, 어떤 게임이 재미있을지를 상상하며 컴퓨터 매장을 방문했다. 도시의 주요 상권 중심부에 위치한 컴퓨터 매장들은 PC 판매 외에도 신작 게임들을 유료로 복사해주는 서비스를 운영하고 있었다. 이 방식은 오늘날에는 상상도 못할 정도로 공개적이었는데, 아예 테이블이 마련되어 있고 손님들이 거기 앉아서 A4 바인더에 꽂힌 게임 리스트를 훑어보면서 "이거 해주세요"라고 요청하는 식이었다. 복사비는 5.25인치 플로피디스크 한 장에 대략 1천

원에서 2천 원 정도로 형성되었고(지역에 따라 가격 편차가 컸다), 복사를 받을 공디스켓은 본인이 직접 가져가야 했다.

초창기에 디스켓 한두 장으로도 돌아가던 게임들이 점차 고용량으로 발전하면서 디스켓 개수 또한 늘어났다. 1989년에 출시된 PC 기반 어드벤처 게임 〈인디아나 존스 3〉은 5.25인치 디스켓 여섯 장이라는 충격적 용량을 자랑했고(고용량이라고는 하지만 5.25인치 디스켓 한 장이 360kb였다는 점을 생각하면 오늘날의 기준에서는 역으로 충격적인 저용량이기도 하다), 이는 〈인디아나 존스 3〉을 복사 받으려면 6천 원이 들어간다는 이야기이기도 했다.

복제 vs 복제방지

불법복제 문화가 한국의 현상만은 아니었다. 미국에서도 디스켓으로 발매되는 게임들은 마찬가지로 손쉬운 복제가 가능한 환경 아래 놓였고, 제작사와 유통사에 이윤이 돌아가지 않는 복제가 성행했다. 재미 삼아 게임을 만드는 것이 아닌, 게임을 제작하고 유통하고자 하는 기업에게 불법복제는 매우 큰 위협이었다. 결국 이를 타개하기 위한 여러 방법들이 고안되기 시작했다.

방지책은 크게 두 가지로 시도되었는데, 첫 번째는 기술적인 방법이었다. 이른바 디스크 락lock 이라는 복제방지 기술들이 정품 소프트웨어 디스켓에 적용되기 시작했다. 가장 널리 알려진 방식은 정품 디스켓의 섹터sector [1]에 복사 방지 체크 섹터를 추가하는 것이었다. 특정 섹터에 컴퓨터가 아예 읽어낼 수 없는 영역을 만들어두고, 게임 실행 후 그 영역에서 에러가 나면 정상으로 인식해 게임을 실행하고 에러 없이 읽어들이면 복제품으로 판단해 게임 실행을 중지시켜버리는 방식이었다.

이는 PC에서 제공하는 디스크 복사 프로그램이 파일 단위로 수행된다는 점에서 착안한 방식이었다. A드라이브의 정보를 B드라이브로 복사하라고 명령을 내리면, 컴퓨터는 A드라이브의 파일들을 하나씩 메모리에 읽어들인 뒤 그 내용을 그대로 B드라이브에 기록하는 방식으로 복사를 수행했다. 그러나 디스크의 특정 영역에 일종의 고장을 내버리는 방식이 적용된 디스켓을 복사하면, 파일 단위로 내용을 읽어들이는 복사 명령은 섹터 단위에서 이루어진 변형을 체크하지 못해 B드라이브에 해당 내용을 옮겨 심지 못한다. 이렇게 하여 복사한 디스켓으로는 게임플레이가 불가능하도록 했다. 여기에 덧붙여 디스크의 내용과 무관한, 디스크의 메타 정보를 보관하는 영역에 고의로 에러를 내는 등 파일 단위보다 낮은 단위에서 이루어지는 데이터 조작을 통해 무분별한 복사를 막으려는 기술들이 도입되기 시작했다.

이런 복사 방지책은 개인 간의 게임 복제를 막아내는 데는 효과가 있었다. 일반 게이머들이 이러한 복제방지 기술의 원리까지 이해하고 파훼하는 일은 쉽지 않았기 때문이다. 그러나 전문적으로 게임 소프트웨어 복사를 업으로 삼는 이들까지 막아내지는 못했다. 두 개

1 디스크에 데이터를 저장하는 기본 단위로 미리 설정된 데이터 저장 구역.

의 디스크드라이브 사이에서 이뤄지는 복사를 파일 단위가 아닌 섹터 단위로 처리할 수 있는 전용 확장카드[2]를 끼운 복사집의 '만능 복사 컴퓨터'는 어지간한 복제방지 장치를 손쉽게 뛰어넘었다.

주로 청소년층이 많았던 구매자(정확히는 복사자일 것이다)들은 정확한 작동 방식은 몰랐지만 어딘가에서 특별한 기계로 복사가 되지 않아 유통이 어려웠던 게임을 복사해준다는 소식을 듣고 환호하며 입소문을 냈다. 불법이었지만 유통산업으로 자리했던 복사집들 사이에서 복제방지 장치를 풀어주는 기술은 복사비를 두 배로 책정할 근거를 만들어주었다.

플로피디스크라는 물리적 매체의 복사 자체를 막고 또 그것을 파훼하는 기술적 측면에서의 복제방지 장치 밖에서 또 다른 방식을 통한 복제방지가 적용되었는데, 그것은 바로 패스워드 방식이었다. 몇몇 게임들은 복사는 잘 되지만 막상 게임을 실행하면 게임 초반 또는 특정 시점에 패스워드를 넣으라는 화면을 띄웠다. 패스워드를 제대로 입력하지 않으면 이후 바로 게임이 종료되는 방식이었는데, 정식 유통되는 정품 패키지를 구매해야만 패스워드를 확인할 수 있었다. 단순히 소프트웨어 복사만으로는 게임을 플레이할 수 없게 만드는 방책이었다.

패스워드 처리 방식은 매우 다양했는데, 동봉된 게임 매뉴얼에 적힌 꽤 긴 난수표로 된 암호를 그대로 옮겨 적는 형식이 대표적이었다. 〈인디아나 존스〉, 〈원숭이섬의 비밀〉 등 1990년대 PC 어드벤

2   컴퓨터의 확장 슬롯(slot)에 연결되어 컴퓨터의 기능을 확장하는 카드 형태의 하드웨어 장치.

처 게임의 명가로 군림했던 루카스아츠 사의 게임들이 그런 패스워

드 방식이었는데, 게임이 워낙 인기가 많다 보니 복제도 성행해서

암호표 또한 상당히 공들여 만드는 과정을 보여주었다.

〈인디아나 존스 3〉은 매뉴얼에 난수표가 적혀 있었고 게임 실행

시 몇 페이지 몇 열 몇 행 암호를 입력하라고 요구하는 방식이었다.

여기에 또 하나의 최신 기술이 추가되었는데, 암호표가 빨간색과 파

란색 두 가지 색으로 인쇄되어 있어서 동봉된 빨간 셀로판지를 눈에

대고 봐야 암호를 읽을 수 있었다. 복사 기술이 좋아진 오늘날에는

이해가 잘 가지 않는 부분이지만, 당시 흑백 복사만 가능했던 대부

분의 복사기에서는 붉은 글자와 푸른 글자가 섞여버렸기 때문에 복

사본으로는 암호를 알 수 없는 획기적 방식이었다.

암호표 기술은 좀 더 흥미롭고 재미있는 형태로 게임 밖의 콘텐

츠가 되기도 했다. 〈원숭이섬의 비밀〉에 동봉된 암호표는 아예 종이

로 된 세 개의 휠을 게임에서 제시한 정보대로 돌렸을 때 휠 사이 빈

칸에 나오는 텍스트를 확인해 입력하는 방식이었다. 〈미래전쟁〉이

라는 어드벤처 게임은 컬러복사가 어려웠던 시절임을 감안해 정품

게임 내의 컬러 이미지를 흑백으로 보여준 뒤, 그중 한 부분이 원래

무슨 색인지를 맞추라는 문제로 복제품을 걸러내고자 했다. 1990년

대 PC 액션 게임의 걸작으로 꼽히는 〈페르시아의 왕자〉의 경우 1스

테이지는 복제품도 무리 없이 진행할 수 있지만 2스테이지로 넘어

가는 지점에서 제공된 매뉴얼 안의 텍스트를 기반으로 맞는 알파벳

이 적힌 물약을 제대로 마셔야 하는 암호 체계를 사용했다. 일종의

셰어웨어shareware[3]처럼 복제품이 돌더라도 1스테이지의 맛은 보여

주되 더 플레이를 진행하기 위해서는 정품을 구매하라는 요구였다.

그러나 이 방식도 완벽한 불법복제의 방패막이가 되지는 못했다. 게이머들이 이 장애물을 넘어서는 방법은 다채롭고도 상상을 초월했다. 코드북 형태의 암호책은 아예 손으로 일일이 베껴 쓴 복사본이 돌았고, 〈원숭이섬의 비밀〉이 보여준 종이로 만든 휠 방식 암호표도 두꺼운 판지에 대고 그려내는 방식으로 유통되었다. 좀 더 시간이 지나면 아예 해킹을 통해 게임이 패스워드를 요구하는 순간만 건너뛰도록 만들어진 크랙 버전crack version[4]이 복제되면서 암호 체계 자체가 무용지물이 되기도 했다.

복잡하고 귀찮을 정도의 암호 체계가 도입되고 또 그것을 넘어서려는 시도가 지속해서 이어졌던 1990년대 PC 게임의 풍속도는 당시의 게임 소프트웨어 이용 문화가 어떠했는지를 드러내주는 좋은 사례로 꼽힌다. 게임 소프트웨어가 돈을 주고 구매할 이유가 없는 물건으로 여겨졌다는 의미다. 유료 대여 방식의 아케이드 오락실과는 다른 형태로서, 게임을 구동할 수 있는 플랫폼과 소프트웨어를 직접 구매해 소유하는 방식으로 변화한 콘솔/PC 게임에서 기기 판매는 정식 유통망으로 이루어졌지만 소프트웨어는 그와는 별개의 것으로 취급받았다. 어느 누구도 게임 소프트웨어를 돈을 주고 사야 한다는 인식을 갖추지 못했던 것이다.

근본 원인을 들자면 앞에서도 다룬 것처럼 소프트웨어라는 무

3　정해진 기간 동안 시험 삼아 사용해 보고 마음에 들면 일정한 요금을 지불하는 소프트웨어로서 자유롭게 사용하거나 복사할 수 있도록 시장에 공개한 것.

4　정품 게임에 걸려 있는 복사 방지책을 해킹을 통해 풀어낸 버전.

형의 생산물을 상품으로 인식하지 못한 시대 상황과 그런 시대 상황에 소프트웨어 구매 개념을 안착시키지 못한 제도의 미비함을 이야기할 수 있을 것이다. 그러나 설령 소프트웨어에 대한 강력한 규제와 계도가 성립했다 하더라도 그런 변화가 이용자 문화 전반에 바로 정착하기는 어려웠다는 현실적인 문제도 함께 고려해야 한다.

당장 동전투입식 오락실 시절에도 무료 게임에 대한 비합법적 시도들이 적지 않았다는 점을 출발점으로 삼아볼 수 있을 것이다. 지역마다 다르지만 일명 '딱딱이'라고 불린, 동전을 넣지 않아도 결제가 가능한 회피법들이 오락실 결제에 존재했다. '딱딱이'는 가스레인지의 전기식 점화기를 떼어내 금속으로 된 오락기의 동전투입기에 대고 스위치를 눌러 불꽃을 발생시키면 그 전기 충격으로 기기가 코인이 입력됐다는 신호를 보내어 게임플레이가 가능해지는 방식이었다.

이 외에도 10원짜리 동전 둘레에 절연테이프를 감아 크기를 키워 100원으로 인식하게 만든다든가 동전에 구멍을 뚫어 가는 끈을 꿰어서 동전을 넣었다가 다시 빼면 플레이가 된다는 도시 전설이 지금도 오락실 시대 게이머들 사이에서 회자되는 것을 보면(물론 이 중 실제로는 실행되지 않는 부분이 많았다. 시대별로 동전투입 감별 방식도 조금씩 달라졌기 때문이다) '무료로 하는 게임'에 대한 열망은 결제방식을 가리지 않고 존재했음을 알 수 있다.

무료 플레이에 대한 열망은 소프트웨어 복제가 손쉬워진 PC 게임의 보편화를 맞이하며 만개했다. 누구나 손쉽게 게임 소프트웨어를 복사할 수 있게 된 기술 환경이 무료를 향한 열망과 결합하면서 게임 복제는 폭발적으로 증가할 수밖에 없었다. PC는 고가의 전자 제품이었지만 그 구매는 '교육용 PC'라는 명목 아래 주로 부모 세대의 지불로 이루어졌고, 교육용 PC라고 하지만 디스켓 한 장만 바꿔 넣으면 바로 게임기가 되는 이 장비는 오락실과 달리 더 이상 동전을 넣지 않아도 되는, 그것도 게임 한두 개가 아니라 넉넉하게 공디스켓만 마련하면 친구와 지인으로부터 손쉽게 여러 게임을 복사받을 수 있는 '프리 게임 머신'으로 더욱 의미 깊었다.

하드코어 이용자들은 여전히 최신의 인기 게임을 가져오기 위해 나름의 유료 서비스인 복사집에 찾아가 유료 복사를 받아왔지만 간단하게 게임을 즐기는 게이머들은 그저 컴퓨터학원(1990년대에는 초등학생도 전산 개론과 프로그래밍을 배워 정보처리기능사 자격증을 따는 것이 유행했고, 동네 보습학원 중에서도 컴퓨터학원은 상당한 비중을 차지했다) 친구들이나 선생님을 통해 게임을 복사 받는 정도로도 충분한 무료 게임 환경을 만들 수 있었다.

그러나 언제까지 소프트웨어가 공짜일 수는 없었다. 모두가 게임 복사를 당연하게 받아들이던 시절은 정품 게임이 유통되기 시작하면서 조금 다른 감정 구조를 여러 게이머 사이에 만들어냈다.

정품화 시도와 좌절

게임 소프트웨어 시장의 가능성이 보이고 저작권에 대한 개념이 자리 잡으면서 정식 라이선스를 받은 정품 게임 시장에 대한 시도가 1990년대 들어 본격화되었다. 동서게임채널, SKC, 쌍용정보통신 같은 회사들이 그동안 불법복제를 통해 유통되던 시장에 뛰어들어 해외 게임 유통사로부터 정식 라이선스를 확보해 판매망을 구축하기 시작했다.

당시 기업들은 게임 소프트웨어 시장을 나쁘게 전망하지 않은 듯하다. 삼성이나 현대 등 대기업들도 선발주자들의 뒤를 따라 잇달아 게임 시장에 뛰어들었고(〈동아일보〉, 1996), 초창기의 PC통신과 잡지 등에서 형성된 여론도 무분별한 불법복제가 만드는 폐해에 대한 자성의 목소리가 높아지고 있었다. 특히 이 시기부터 서서히 등장한 국산 자체 제작 게임들은 소프트웨어 저작권 문제에 대한 보다 높은 관심을 불러일으켰다. 장래가 유망해 보이는 시장이지만 불법복제가 이어질 경우 제대로 된 수익을 일으키기 어렵고, 이에 따라 국산 게임의 제작 환경이 위협받을 것이라는 우려도 있었다.

그러나 고착된 소비문화는 쉽게 변화하지 않았다. 정품에 비해 20분의 1 정도인 낮은 복사비를 통해 유통되던 게임을 경험한 게이머들에게 정품 구매는 도덕적 호소 이상의 가치를 주지 못했다. 정품 소프트웨어 유통업체들은 제값을 주고 사는 물건의 의미를 정착시키기 위해 다방면으로 노력을 기울였다. 이를테면 정품 소프트웨어 패키지 안에 게임 내에서 사용되는 지도로 만든 손수건 같은 특전을 포함시키는 등의 직접적 혜택을 주거나 불법 소프트웨어 근절 캠페인 같은 활동을 펼친 것이 대표적이다. 더불어 정부 차원에서도 조금씩 단속과 함께 불법복제에 대한 법적 제재 절차가 이루어지기 시작했다. 1992년에는 처음으로 게임 소프트웨어 불법복제로 이익을 얻은 이가 실형을 선고받은 판례가 나오기도 했다(〈경향신문〉).

정품 소프트웨어 이용에 대한 의식도 점차 올라가고 제재와 단속도 강력해졌지만, 익숙해진 불법복제 문화는 더욱 발전한 데이터 기술과 함께 사라지지 않고 유유히 이어졌다. 디스켓 한 장에 2MB를 넘지 못했던 시절을 넘어 하드디스크가 보편화되고 CD-ROM이라는 700MB 단위의 저장매체가 등장하면서, 1990년대 후반 들어 불법복제는 고용량의 게임을 보다 간편하고 빠르게 복제할 수 있게 되었다. 이 무렵의 분위기를 잘 보여주는 것이 한국 게임 소프트웨어 유통의 중심지였던 용산 전자상가에 관한 소회들이다. 상인들은 용산역에서 터미널 상가로 이어지는 긴 연결 통로에 좌판을 펴고 불법복제 게임 CD들을 팔곤 했는데, CD 한 장에 게임 수십 개가 들어 있어 정품보다 훨씬 저렴하게 게임을 구할 수 있는 루트로 유명했다. 정품 소프트웨어 매장이 바로 안쪽에 존재하는 상황임에도 불구하고 불법복제 CD 판매는 상당한 규모로 이루어지고 있었다.

이즈음부터 보편화된 PC통신을 통한 복제도 손쉬운 불법복제를 가능케 한 요인 중 하나였다. 전화 회선으로 네트워크에 연결하는 모뎀을 활용하여 게시판에 접속해 파일을 내려받는 방식으로 PC통신을 통한 게임 복제가 이루어졌다. 파일을 내려받는 동안의 통신요금[5]이 나가긴 했지만, 5.25인치 디스켓 두 장 분량의 게임이라면

---

5   전화요금은 여러 차례 방식과 요금이 바뀌었지만, PC통신이 보편화된 1990년대 초반에는 3분당 20~40원 수준의 과금이 이루어졌다. 인터넷 등지에서 자주 볼 수 있는 '전화요금 10만 원 넘게 나와 쫓겨났다'는 식의 이야기가 다 이 시절의 전화요금에 기반한 이야기다. 이후 PC통신 이용량이 늘면서 심야 정액제 등이 생겼다.

대략 700KB 정도의 용량으로, 초창기에 가장 보편적인 통신 속도였던 2400BPS bites per Second (초당 바이트 전송 수) 모뎀을 기준으로 대략 5분 내외에 내려받을 수 있었다. 별도의 공디스켓이나 '복사집' 방문에 필요한 교통비 등이 다 빠진, 1천 원 이하의 저렴한 비용으로 원하는 게임을 얻을 수 있는 경로가 된 것이다.

　기술 발전은 제도와 문화보다 더욱 강렬하게 일상적 불법복제에 영향을 미치며 게임 소비의 패턴을 변화시켰다. 다만 불법복제가 당연하고 유일한 게임 유통 경로로 여겨지던 시기와 달리 이 무렵부터 불법복제는 공개적이 아닌 암암리에 해야 하는 것으로 변화했다. 사람들은 정품이란 존재를 알면서도 불법복제를 이용하는 이들을 향해 '복돌이'라는 멸칭을 붙이기도 하고 공개적으로 불법복제 게임을 이용하는 사람들에게 비난을 쏟아내기 시작했다.

와레즈, P2P, 잡지 번들

　하지만 공개적인 담론장과 실제 소비자의 욕망이 언제나 같이 움직이는 것은 아니다. 1990년대 후반을 지나 21세기에 이르러 기술은 더욱 발전해 전화선을 아득하게 능가하는 전송속도를 가진 초고속 인터넷망이 전국 단위로 보급되어 고용량의 게임도 훨씬 빠르게 내려받을 수 있게 되었다. 게다가 인터넷 이용요금도 월정액 방식으로 정착되면서 대용량 게임을 내려받아도 추가 요금이 발생하지 않게 되었으니 불법복제는 그늘지고 습한 곳에 곰팡이 퍼지듯 더욱 빠르게 번져나갔다. 와레즈warez[6]라 불리는 불법 다운로드 전문 사이트가 우후죽순처럼 생겨나면서 최신 게임 소프트웨어 검색도 손쉬워졌고, P2PPeer to Peer, Person to Person[7] 기술이 도입되면서부터는 아예 개인 간의 파일 업/다운로드도 편리하게 이용할 수 있게 되었다. 게임 커뮤니티 게시판에서는 여전히 '복돌이'에 대한 성토가 높았지만, 그보다 기술에 의한 편의성이 더 크게 영향을 미치며 불법 다운로드는 변함없이 이어졌다.

이 당시의 불법복제 문제는 단지 기술적 배경만을 갖고 있는 것은 아니었는데, 또 다른 대표적 원인이 1990년대 후반에서 2000년대 초반까지 이어진 주요 컴퓨터/게임 잡지들의 번들 무료 소프트웨어 제공 붐이었다. 인터넷의 보편화로 인해 특정 영역의 정보에 특화된 매체였던 잡지는 퇴조 일로였고 이는 컴퓨터/게임 분야 잡지에서도 다르지 않았다. 보다 방대하고 즉각적인 정보를 얻을 수 있는 온라인 커뮤니티에 밀려 잡지 구독자 수는 서서히 줄어가는 추세였다. 2000년대 초반까지 잡지들은 게임뿐 아니라 미용과 패션 영역에서도 잡지 자체의 콘텐츠 판매 이상으로 독자들의 구매를 이끌어낼 수 있는 방편으로서 '부록'에 집중했다. 미용과 패션 영역에서 인기 화장품 견본이나 특별한 디자인의 소품 같은 부록이 잡지의 판매량을 받쳐주었다면, 게임 잡지에서는 그 역할이 정품 게임

---

6   컴퓨터 소프트웨어, 영화, 음악, 사진 등 저작권이 있는 저작물을 불법으로 취득·양도·교환하는 행위나 그러한 행위가 이루어지는 인터넷상의 가상공간을 의미하는 속어.

7   개인과 개인 또는 단말기와 단말기 간의 정보·데이터 교환을 말한다.

의 번들^{bundle} 형태로 나타났다.

처음에는 간단한 데모 게임^{demo game8}을 수록하는 정도였으나 1990년대 후반에 이르러 여러 잡지사가 본격적으로 정품 게임이 담긴 CD-ROM을 부록으로 제공하면서 치열한 부록 경쟁이 시작되었다. 이는 매우 효과적이었는데, 앞서 언급한 대로 정품 이용에 대한 도덕관념은 있지만 정품 게임 소프트웨어의 가격이 만만치 않아 갈등하던 상황에서 '잡지를 사면 정품 게임을 주는' 방식이 게임 이용자들의 구미를 확 끌어당겼기 때문이다. 시장의 반응이 확인되자 처음 월 1종에 그쳤던 잡지 부록의 번들 게임은 이제 잡지 한 권에 부록으로 여러 개의 정품 게임이 제공되는 출혈경쟁의 시대를 맞았다.

더욱 쉬워진 복제 기술, 정품 게임이 부록이란 이름을 달고 무료로 뿌려지던 이 시기는 정가를 지불하고 게임을 구입하는 것이 자리 잡기에는 여러모로 어려운 시절이었다.

무료 게임 시대의 영향

불법복제를 통한 게임 이용은 이 책의 중심 주제인 게임에 대한 소비나 결제 문제와 직접 맞닿아 있는 사안은 아니다. 그러나 불법복제가 만연했던 초기 PC 게임 문화가 오늘날의 중장년층 게이머들에게 별 영향을 끼치지 않았다고 말하기도 쉽지 않다. 물론 그 영향

8　간단한 예시 게임을 체험해 보고 마음에 들면 정식 구매를 하도록 이끄는 방식의 무료로 배포되는 게임을 말한다.

이라는 것은 단순히 특정 세대가 '게임은 공짜'라고 인식하고 있다는 식으로 뭉뚱그릴 수 없는 문제다. 조금 더 세심하게 불법복제 시기의 게임 소비와 결제 문화를 생각해 볼 필요가 있다.

앞선 장에서 우리는 게임의 결제방식에 나름의 구분이 있음을 확인했다. 오락실 시절에 게임은 플레이 기회 자체에 돈을 내는, 공용공간의 대여 방식이었다. 그리고 경제가 발전하고 사회가 변화하면서 가정에서 개인용 콘솔 기기와 PC를 활용할 수 있게 되자 기기와 소프트웨어의 구매라는 형식으로 게임 결제가 새로운 양상을 얻게 되는 과정을 지켜보았다.

이 두 개념은 시간 순서대로 상호 배타적이지 않으면서 게임 결제의 여러 양상을 보여주는 형태로 나타났다. 그리고 둘 모두로부터 벗어난, 불법적 방식을 활용한 무료 게임의 도전이 있어 왔다. 오락실에서는 '딱딱이'나 가짜 동전을 활용하는 방식으로, 콘솔에서는 불법으로 복제된 카트리지와 카트리지 교환과 같은 방식으로 무료 게임은 게임플레이의 전제였던 결제라는 테두리 밖에서 알음알음 이루어졌다. 그리고 이는 PC 게임의 영역에 들어서면서 쉬운 복제가 가능한 기술적 기반에 힘입어 복사집이라는 새로운 유통 형태를 만들었고 네트워크의 발전을 타고 더욱 가속화되었다.

PC 게임의 대두와 그로부터 시작된 불법복제의 일상화는 음지에서 암암리에 행해지던 결제 바깥을 통한 게임플레이를 보편적인 무언가로 게이머 대중 전체에게 인식시키는 계기를 마련해주었다. 정식 유통 경로가 부재했던 1980년대부터 이루어진 복제를 통한 게임 유통은 사회 전반에 소프트웨어 저작권에 대한 인식이 부재했던 시기에 매우 자연스럽게 뿌리내렸고, 이는 단순히 '저작권을 지켜야 게임산업이 산다!'는 캠페인으로는 넘어설 수 없는 저렴함과 편리함으로 오랫동안 한국의 게임플레이에서 적지 않은 비중을 차지했다. '게임을 왜 돈 주고 사요?'라는 말이 자연스럽게 나올 수 있었던 것은 개인의 도덕성 부재가 아니라 그것이 자연스러웠던 시절의 맥락이 계속 살아남아 있기 때문이다.

한국에서 오늘날의 현질을 이야기할 때도 이 맥락은 여전히 유효하다. 뒤에서 더 자세히 설명하겠지만, 모바일 네트워크 게임들이 가장 일반적으로 취하고 있는 결제 형태가 1차적으로는 '프리투플레이'다. 무료로 게임을 즐길 수 있다는 점에 대한 강조는 1980-1990년대 불법복제 시대를 거치면서 정착된, 게임은 무료로 하는 무언가라는 인식으로부터 동떨어져 있지 않다. 현질이라고 불리는 게임들은 (아닌 경우도 간혹 있지만) 대체로 게임을 시작하는 것 자체는 무료인 '프리투플레이'를 기반으로 하고 있다. 이런 형태는 월정액, 구매, 대여와 같은 다른 형식보다 모바일이나 PC 게임 영역에서 압도적으로 높은 비율을 보인다. 그리고 그 무료 게임을 통해 낮아진 진입장벽 뒤에서 게임회사는 보다 본격적인 매출 확보를 위해 인게임[9] 결제를 제시한다. 이는 기존과는 또 다른 수익 기반을 찾아낸 것인데, 무료 입장이라는 진입 시점이 제공한 공평함이라는 토대 덕분에 진입 이후의 인게임 결제는 그 문제점이 더 도드라져 보였다. 불법이었던 무료 플레이는 초창기에는 보편적이고 대체 불가능하다는 이

유로 암암리에 그리고 전반적으로 이루어졌고, 오늘날에 이르면 무료 플레이는 역으로 무료라는 점을 마케팅 포인트로 삼아 상업 게임 제작사들이 자사의 게임을 홍보하는 합법적 수단으로 변모했다.

합법적 무료 플레이는 인게임 결제의 의미 또한 다르게 만들었다. '너희는 무료로 즐기잖아. 하지만 게임사도 먹고살아야지. 그 비용은 우리 유료 결제자들이 대는 것이니 이 정도 혜택은 당연한 거야' 같은, 커뮤니티에서 자주 볼 수 있는 무료 이용자와 유료 이용자의 인식은 '프리투플레이'와 '현금결제'라는 두 게임플레이 양식이 각각의 방식을 선택하는 이용자들로 하여금 '돈을 내는' 행위로부터 가져갈 수 있는 이점을 인식하게 만들었다. 그렇기에 불법복제 시대에 보편화된 '무료 게임'의 경험은 현질을 이야기할 때 빠뜨릴 수 없는 개념이 된다.

불법복제 시대를 지나 이제 무료 플레이는 합법의 영역으로 새롭게 구성되었지만, 이는 기존의 유료 게임이 무료화되는 형태의 변화는 아니다. 이를테면 싱글플레이 중심의 게임이나 아케이드 오락실에서의 게임, 콘솔 기기에서의 게임은 여전히 개별 소프트웨어를 판매하는 형식을 갖추고 있기 때문이다. 오히려 온라인 게임이라는 새로운 플랫폼에서 무료 플레이가 다른 방식으로 합법의 영역에 들어왔다고 보는 것이 합당하다. 그렇기에 여전히 불법복제라는 방식은 PC와 같이 복제가 쉬운 영역에서는 없어지지 않았다. 다만 명백한 것은 불법복제가 보편적이라는 태도에 변화가 일어났다는 사실이다. 그리고 그 변화를 이끈 것은 도덕성에 호소한 캠페인도 아니고 게임 가격의 변화도 아닌, 새로운 유통방식의 도래였다.

5장

온라인 시대의 게임 결제

디지털게임에서의 불법복제 문화는 오늘날 크게 줄어들었다. 여기에는 굉장히 여러 가지 요소들이 개입한다. 경제성장에 따른 지출 의향의 변화, 의식 변화로 인한 저작권 문제에 대한 인식 전환, 저작권 관련 단속과 제재의 강화와 그에 따른 유통구조의 변화 같은 다양한 요소들이 영향을 미쳤다. 그러나 그중에서도 가장 직접적으로 불법복제를 음지의 영역으로 밀어넣은 힘을 꼽으라면 그것은 온라인 결제 시대가 본격화한 것이다.

이 장에서는 온라인 결제 시대를 맞아 변화한 디지털게임의 결제양식들을 살펴본다. 소프트웨어를 구매하는 방식이 물리적 매체를 직접 구매하고 소장하는 방식에서 디지털 다운로드로 바뀌고, 온라인 게임에 이르면 아예 이용권만 구매하는 방식과 정액 결제라는 새로운 방식으로 대체되는 과정에서 디지털게임플레이도 적지 않은 영향을 받았다. 현질이라는 개념도 이 온라인 결제를 기반으로

탄생했다는 점을 생각해 보면, 여기서부터가 현질에 대한 본격적인
이야기가 될 것이다.

ESD의 등장과 그 개념

소프트웨어는 물리적 실체가 없는 상품이지만 이를 사용하려
면 오랫동안 프로그램이 담긴 물리적 매체를 구매해 직접 가져오는
방식의 구매 절차를 거쳐야 했다. 디스켓, 롬팩 카트리지, CD-ROM,
DVD와 같은 기록 매체들은 소프트웨어를 물리적 형태로 보관하고
유통하는 데 핵심 역할을 수행해왔다. 지금은 하드디스크의 고용량
화와 온라인 스토리지 등에 밀려 사라지는 바람에 보기 드문 물건이
되었지만, 한때는 디스켓이나 CD-ROM을 대량으로 보관하는 컨테
이너 박스라는 물건이 게임 마니아를 상징하는 소장품이었을 정도
로 그 역할은 지대했다.

그러나 본질적으로 무형의 상품인 소프트웨어는 디지털 네트워
크가 본격적으로 보편화되면서 기존의 보관과 유통을 아득하게 넘
어서 효율적으로 보관이 가능해진 상황을 맞았다. 적정한 비용을
지불하면 프로그램 또는 프로그램의 사용 권한을 결제한 이에게 네
트워크를 통해 전달하는 방식이 기존의 물리적 거래를 대신하게 되
었기 때문이다. 이 방식을 ESD Electronic Software Distribution라고 부른다.

ESD 개념이 처음 게임에 등장한 것은 꽤 오래전의 일로 초창
기 가정용 콘솔 게임기인 '아타리 2600'에 적용된 바 있다. '아타

리 2600'은 본래 별도의 네트워크 접속이 불가능한 기기였는데, 기기에 전용 모뎀과 저장용 카트리지를 연결한 뒤 모뎀을 전화선에 연결하면 '게임라인'Gameline 이라는 온라인 게임 다운로드 서비스에 접속할 수 있었다. 게임라인 모듈은 1982년 1월 라스베이거스 CESConsumer Electronics Show(미국 최대의 전자기기 박람회)에서 첫선을 보였다. 그것은 기존에 유통되던 게임기인 '아타리 2600'에 장착하여 1200bps 속도의 모뎀 통신을 통해 게임라인 서비스 회사의 데이터 서버에 접속해서 약 2천 개에 달하는 게임 중 선택한 게임을 내려받아 집에서 실행할 수 있는 형태의 서비스였다.

게임라인은 CES에서 시제품을 선보인 뒤 1983년 6월에 정식으로 시장에 등장했다. 서비스 방식은 콘솔 게임기와 전화기를 연결하는 모뎀과 내려받은 게임 데이터를 저장하는 메모리 카트리지, 게임 목록을 오늘날의 노래방 책처럼 묶어서 제공하는 안내서와 함께 게임라인이 직접 발행하는 게임 잡지 〈게임라이너〉 구독권을 묶은 패키지를 구매하는 방식이었다. 구독료는 1년에 49.95달러로 매겨졌다. 구매자는 '아타리 2600'에 전화선을 연결한 뒤 게임라인 프로그램을 실행하고 안내서나 잡지에 수록된 세 자리 코드를 입력해 서비스에 접속하고 게임을 내려받을 수 있었다.

최초의 ESD 격인 이 서비스가 제공하는 게임의 질이나 전송속도는 지금 기준으로 보면 곤란하리만치 빈약했다. 1200bps 속도로 전송할 수 있는 게임의 용량은 물론 '아타리 2600'이 처리할 수 있는 게임의 용량도 높지 않은 시절이었다. 주요 게임 제작사들은 자사의 게임을 게임라인 서비스에 편입시키기를 꺼렸고, 게다가 1년 뒤인

1984년에 벌어진 콘솔 게임기 가격 대폭락 사태 직전에 출시되는 바람에 최초의 ESD였던 게임라인은 별다른 성과를 거두지 못하고 시장에서 철수하는 운명을 맞았다.

이 독특한 시도는 훗날의 중요한 유산으로 발전했는데, 게임라인 서비스 출시 후 준비하던 후속 서비스가 '아타리 2600'을 통해 주식시장 정보와 스포츠 정보를 제공하는 스톡라인과 스포츠라인이었기 때문이다. 뒤이어 메일라인(이메일), 오피니언라인(게시판형 토론 플랫폼), 뉴스라인(뉴스 제공) 등을 기획하던 게임라인의 운영사 CVC^{Control Video Corp.} 대표 빌 폰 마이스터^{Bill von Meister}는 이후 1991년 상호를 아메리카온라인^{America Online(AOL)}으로 바꾸고, 우리가 아는 미국 최대의 포털 서비스를 제공하는 업체가 된다. 어떤 면에서 오늘날 온라인 정보 서비스는 '아타리 2600'이라는 게임기를 통한 ESD 방식에서 출발했다고 볼 수 있다.

게임을 정보 매체를 통해 구매하는 방식이 완전한 디지털통신 시대에 와서야 나타난 것은 아니다. 최초의 역사는 한국의 법 이름에도 흔적을 남겼는데, 바로 통신판매업이다. 전자상거래라는 용어보다 앞서 등장해 오늘날까지도 모든 전자상거래 업체들을 '통신판매업 신고' 대상자로 이름 짓게 한 이 법이 가리키는 통신판매는 19세기 말부터 그 존재감을 드러냈다. 상품 카탈로그를 제작해 배포하면 이를 보고 우편이나 전화로 물건을 주문하고 배송받는 이 시스템은 물리적 실체가 존재하지 않는 소프트웨어 상품이 네트워크를 통해 전달(정확히는 전송을 통한 복사 방식)되는 환경을 맞이하면서 좀 더 본격화해 ESD라는 형태로 나타났다.

그러나 '아타리 2600'이 시도한 게임라인과 같은 초기 ESD를 오늘날 성공적으로 안착한 ESD와 비교해 보면 중요한 차이가 있는데, 바로 온라인상에 결제 시스템이 존재하는지 여부다. 오늘날의 ESD가 같은 네트워크상에서 개별 상품의 주문과 취소, 환불까지 동시에 이뤄지는 것과 달리 '아타리 2600'의 게임라인은 정기구독 서비스 방식이었다. 결제는 별도의 입금 절차를 통해 처리해야 했다. 개별 게임을 별도로 구매할 수 없고 정기구독료 제공에 따라오는 게임들을 세트로만 이용할 수 있는 것은 구독 서비스와 ESD의 차이를 가르는 중요한 지점인데, 이는 뒤에서 좀 더 구체적으로 이야기할 것이다.

게임 소프트웨어에서 첫선을 보인 ESD 방식은 이후 게임의 역사에 한 획을 그을 플랫폼인 '스팀'Steam을 통해 2000년대 이후 대중적 성공을 거두게 된다. 2010년대 이후 한국에서 어떤 이들에게는 사실상 PC 게임을 통칭하는 대명사로까지 자리매김하게 된 '스팀' 이야기를 살펴보면서 온라인 시대의 게임 결제 이야기의 서두를 풀어보자.

'스팀'의 등장과 발전, ESD의 대중화

'스팀'이라는 이름은 다소 유머러스한데, 이 플랫폼 서비스를 만들고 운영하는 회사의 이름이 밸브valve이기 때문이다. 밸브에서 새어나오는 증기 이미지를 확장시켜 만들어낸 이 서비스는 오늘날 PC 플랫폼을 기반으로 작동하는 디지털게임에서 가장 큰 영향력을 행사하는 ESD 플랫폼이다.

'스팀'은 밸브 사가 개발해 서비스하고 있는 밀리터리 FPS First Person Shooter (1인칭 슈팅 게임) 〈카운터 스트라이크〉의 온라인 서비스를 처리하기 위한 부가 기능을 해결하는 데서부터 시작했다. 〈카운터 스트라이크〉는 인기가 상당해 사용량이 적지 않았는데, 서버 용량과 트래픽 traffic[1] 등에서 많은 문제를 안고 있었다. 원활한 게임 플레이를 위해 플레이어가 적합한 서버를 찾거나 대규모 업데이트가 진행되어 게임 클라이언트 프로그램을 업데이트해야 할 때 특정 서버에 몰리는 트래픽을 분산하기 위해 〈카운터 스트라이크〉는 일종의 외부 애드온 add-on[2] 프로그램을 필요로 했다. 애드온 프로그램 '스팀'을 이용하면 이용자가 게임을 실행할 때 가장 쾌적한 서버를 직접 선택할 수 있게 해주거나 다른 PC에서도 별도의 설치용 CD-ROM 없이 바로 게임 프로그램을 다운로드받아 설치할 수 있는 기능을 제공했고, 이는 앞서 이야기한 기존의 물리적 매체들이 가진 한계를 손쉽게 넘어서는 방식이기도 했다.

밸브 사는 스팀 서비스를 만들고 자사의 여러 게임을 통합해 관리할 수 있는 기능을 제공했다. 밸브 사에서 제작·유통하는 게임들은 모두 '스팀'을 통해 다운로드, 업데이트, 플레이할 수 있었다. 스토어 기능이 덧붙으면서부터는 밸브 사의 게임을 온라인에서 구매하면 해당 게임에 접근할 수 있는 권한을 구매자의 계정에 제공하고 이

---

1   서버에 전송되는 모든 통신, 데이터의 양을 말한다.

2   프로그램에서 특정한 기능 개선 등을 외부 프로그램을 통해 추가하는 것을 가리킨다.

를 어디서나 손쉽게 내려받아 이용하는 형태가 되었다. 이 기능은 〈카운터 스트라이크〉의 인기가 높아지고 이용량이 늘면서 또 다른 가능성으로 주목받기 시작한다. 수많은 자사 게임 이용자들이 게임을 구매하고 이용할 수 있는 상황이라면, 아예 이 기능을 밸브 사의 게임뿐 아니라 타사 게임을 포함하는 일종의 범용 플랫폼으로 쓰는 것은 어떻겠냐는 질문으로부터였다. 사용자가 스팀 서비스 안에서 결제 후 게임을 내려받고 실행할 수 있다는 아이디어는 2005년 10월 12일 처음으로 〈래그돌 쿵푸〉라는 외부 제작사 게임을 등록하면서 구체화되었다.

이후 스팀은 본격적으로 ESD 플랫폼으로 확장을 도모했다. 자사가 제작한 게임뿐 아니라 메이저 게임사들의 신작을 속속 스팀 안에서 구매하고 플레이할 수 있는 시스템이 갖춰지기 시작했다. 2010년대에 이르러 스팀을 통해 판매되는 게임 타이틀은 1천 개가 넘었으며, 게이머들은 본격적으로 스팀이라는 이름을 특정 게임 제작사의 서비스가 아닌 ESD 플랫폼으로 인식하기 시작했다. 이는 게임 제작사들 또한 마찬가지여서 신작의 유통 경로 중 하나로 자연스럽게 스팀을 고려하게 되었고, 이에 따라 스팀이 제공하는 게임 목록은 더욱 다채로워졌다.

스팀의 성공적인 시장 안착은 경쟁사들로 하여금 이 시장의 가능성을 다시 주목하게 만들었다. 오리진이나 유비소프트 같은 대형 게임사들 또한 유사한 형태로 자사의 게임들을 묶어놓은 플랫폼에 추가로 타사의 게임들 또한 퍼블리싱[3]하는 형태를 통해 ESD로의 확장을 시도했다. 에픽게임즈 Epic Games가 서비스하는 ESD인 에픽스토어는 PC 게임 ESD 최강자 스팀과의 경쟁을 선언하며 출범하면서 AAA급 게임들을 대거 무료 배포하거나 인기 게임 프랜차이즈의 독점 제공과 같은 우위를 내세우며 시장에 강력한 압박을 가했다. 이제는 온라인 결제에 밀려 패키지를 구매하는 일이 점점 대세에서 밀려날 정도로 PC 게임의 결제 환경은 ESD를 중심으로 재편되는 중이다.

온라인 시대의 게임 결제를 단지 PC 게임에서의 ESD로만 이야기할 수 있는 것은 아니다. 콘솔 게임기기들 또한 인터넷 네트워크로 접속할 수 있는 각자의 스토어를 열기 시작했고, 이제는 PC와 콘솔을 가리지 않고 모든 플랫폼에서 게임을 온라인에서 바로 구매하고 설치한 후 플레이하는 것이 가능한 시대를 맞았다. 그러나 ESD의 보편화가 기존의 패키지 형태의 게임 구매를 온라인에서 처리하는 것으로 변경한 방식이었다면, 네트워크 시대의 도래는 아예 기존 소프트웨어 구매 방식 자체를 뒤흔들어버리는 새로운 결제양식을 일으켰다. 말 그대로 온라인 게임이 보여주는 새로운 결제양식이다.

온라인 게임의 결제양식

오랫동안 게임은 소프트웨어가 설치된 기기 단독으로 플레이되었다. 아직 사람에게 제공할 만한 플레이를 프로그래밍하지 못했던

---

3   게임을 기획하거나 개발 단계에 투자하고 판권을 맺거나 제휴해 게임을 직접 제공하는 게임 관련 사업.

초창기 〈퐁〉과 같은 2인용 플레이만 가능했던 시절을 지난 뒤의 디지털게임들은 프로그램이 준비한 난이도에 사람이 혼자 도전하는 형식이 주를 이루었고, 사람과 사람이 맞붙는 멀티플레이는 콘솔 게임에서 패드 두 개를 이용해 2인용 게임을 즐기거나 아케이드 오락실에서 서로 연결된 두 대의 게임기를 통해 벌이는 정도로 이루어졌다. 그러나 네트워크를 통해 같은 게임을 즐기는 사람을 전 세계 단위로 연결하는 시대가 되면서 디지털게임은 온라인 멀티플레이라는 새로운 플레이 양식을 만들어냈고, 이는 게임 결제까지 완전히 새로운 형태로 변화시켰다.

온라인 게임은 엄밀히 따져본다면 싱글플레이와 멀티플레이로 구분되지 않는다. 온라인이 아닌 개별 기기에서도 멀티플레이는 이루어지며 온라인에서도 싱글플레이를 제공하는 게임이 존재하기 때문이다. 이 구분은 게임플레이를 만들어내기 위한 소프트웨어의 연산이 어디서 이루어지는가를 보는 편이 적절하다. 이를테면 온라인 액션 게임에서 내가 특정한 시점에 공격 버튼을 누를 때 이 버튼이 어느 시점에 어느 좌표계에서 칼을 휘둘렀는지를 계산하는 것은 내 PC나 콘솔 기기가 아니라 입력값을 전달받은 서버다. 다시 말해 온라인 게임은 반드시 게임 연산을 수행하는 별도의 서버를 필요로 한다는 의미다.

온라인 게임은 서버 접속을 필수로 요구하기 때문에 서버에 접속하는 시간을 통제할 수 있다. 따라서 소프트웨어의 복제 여부를 떠나 서버 접속 및 사용에 대한 요금을 과금하는 방식으로 매출을 일으킬 수 있는 환경이 갖추어졌다. 이는 전화 접속으로 연결되는 상용 PC통신망 등을 통해 데이터통신 서비스에서도 이미 사용하고 있는 결제방식이다. 1980년대 말에 시작해 2000년대 초고속 인터넷망이 보급되기 전까지 활성화되었던 한국의 PC통신 서비스는 대체로 두 가지 방식을 통해 매출을 유지했는데, 월 단위 정액제 방식과 사용량 기준의 이용료 방식이었다. 전자결제가 없었던지라 납금은 주로 계좌이체나 지로 GIRO 4 서비스를 통해 이루어졌다.

서버 접속 권한을 부여하는 방식으로 서비스 이용료를 부과할 수 있는 PC통신과 인터넷류의 결제방식은 디지털게임에도 영향을 미쳤다. 한국에서는 PC통신 시대의 멀티플레이 온라인 게임으로 성행했던 MUD Multi User Dungeon 5 게임들을 대표적으로 꼽을 수 있다. 〈단군의 땅〉, 〈쥬라기공원〉 같은 온라인 MUD 게임은 텍스트로 상황과 배경을 설명하는 방식으로 진행하는 게임이었는데, 이들은 별도의 프로그램 판매가 아니라 서비스에 접속한 시간 단위로 이용료를 산정해 부과했다.

〈쥬라기공원〉은 분당 15원의 이용료가 부과되었고, 〈단군의 땅〉도 비슷한 수준의 요금제로 서비스를 제공했다. 분당 20분으로 산정하면 1시간 플레이에 1200원 정도의 이용료를 지불하는 것인데, 실제 이용자 입장에서 요금은 이보다 비쌌다. PC통신을 이용하기 위해서는 기본적으로 망 이용료인 전화요금을 별도로 납부해야 했기

---

4   은행 등에서 고지서를 통해 세금이나 요금 등을 납부할 수 있게 해주는 통합 서비스였으나 오프라인 결제라는 점에서 온라인 시대에는 점차 소멸하고 있다.

5   여러 이용자가 네트워크를 통해 모여서 텍스트를 기반으로 플레이하는 온라인 게임의 통칭. 현대의 MMORPG 등장 이전에 존재했던 온라인 게임의 효시 격이다.

때문이다. 전화요금 정액제가 나오기 전까지 MUD 게임 이용자들은 이용 시간에 비례해 올라가는 전화요금과 게임 이용료를 동시에 납부해야 했기 때문에 저렴하다고 보기는 어려웠고, 대중화된 게임 결제양식으로 보기에도 무리가 있었다.

이후 본격적인 온라인 기반 게임들이 출시되면서 월정액 방식이 보편화되었다. 국산 온라인 게임 〈바람의 나라〉는 1996년 정식 출시와 함께 월 29 700원의 정액 요금제를 기본으로 설정했다. 1998년 출시된 온라인 게임 〈리니지〉 또한 동일한 월정액제로 서비스를 제공했다. 전 세계적으로 MMORPG Massive Multiplayer Online Role Playing Game[6]라는 개념을 흥행시킨 〈울티마 온라인〉도 1990년대 후반 한국에 들어왔는데, 대략 7만 원 근처에서 가격이 형성된 프로그램 패키지를 구매한 뒤 온라인 서비스에 접속하기 위해 별도의 월정액 이용료를 결제하는 방식이었다. 2000년대 들어 MMORPG계를 휩쓴 〈월드 오브 워크래프트〉 또한 패키지와 월정액 이용료를 동시에 발매했으나, 한국에서는 패키지가 따로 발매되지 않거나 한정판이나 소장판 정도로 받아들여지는 분위기였다.

온라인 게임이 대중화되면서 가장 많은 온라인 게임들이 활용한 월정액제가 디지털게임의 주요 결제양식으로 자리 잡기 시작했다. PC통신의 MUD 게임처럼 사용 시간을 기준으로 책정하는 요금제도 있었지만 이 경우 한 달 내내 일정 시간 이상 사용하면 월정액제보다 요금이 비싸졌다. 간단하게 맛보기 정도로 플레이해 보는 경

6 대규모 다중 사용자 온라인 롤플레잉(RPG) 게임.

우가 아니라면 사실상 월정액제는 기본요금 체계에 가까웠다. 여전히 패키지 기반 싱글플레이 게임들도 존재했지만, 이들도 2010년대 중반부터는 패키지를 구입해도 CD나 DVD 같은 기록매체 대신 특정 ESD에 접속해 게임 상자에 동봉된 코드를 입력하면 설치 권한을 제공받는 식이 되어 온라인 유통 시스템에 편입되기 시작했다.

　ESD와 온라인 게임에서 나타난 새로운 게임 결제방식은 소프트웨어라는 물리적 실체가 없는 저작물을 온라인 네트워크를 통해 유통하는 방법으로 결제방식과 유통방식의 변화를 이끌었다. 그런데 여기에 등장한 또 하나의 결제방식은 아예 기존의 유통구조와 다르면서도 고전적인 게임 결제 및 이용 방식의 어떤 점을 이어받은 독특한 형태를 보이며 한국의 게임 결제에서 적지 않은 비중을 차지하는 새 양식의 대중화를 만들어냈다. 바로 PC방 결제다.

PC방 결제

　'게임방'이라는 별칭이 있을 정도로 PC방은 게임, 그중에서도 특히 온라인 게임에 특화된 공간이다. 1990년대에 처음으로 일반 카페에 PC통신용 기기를 갖춰두고 차 한 잔 마시며 무료로 PC통신을 사용할 수 있는 형태로 인터넷 카페가 등장했다. 그러던 것이 초고속 인터넷망이 확장되면서 아예 PC만 구비하고 이용하는 전용 공간으로서의 PC방으로 모습이 바뀌기 시작했다.

　초고속 인터넷에 접속할 수 있는 PC 환경은 처음에는 주식 투자나 문서 인쇄 같은 PC 이용 전반에 적용되었으나, 초고속 인터넷망이 본격화된 IMF 금융위기 시점에 출시된 온라인 게임 〈스타크래프트〉의 대유행은 PC방의 주된 용도를 〈스타크래프트〉를 위시한 온라인 게임을 하기 위한 공간으로 확정 짓기에 충분했다. 전국의 학교 근처에 우후죽순처럼 PC방이 자리 잡기 시작했고, 집에서 게임을 하기에는 눈치가 보이거나 초고속 인터넷을 아직 설치하지 않은 이들이 모두 PC방으로 모여들었다. 〈스타크래프트〉를 플레이하는 방식 중 하나는 친구들끼리 팀을 짜서 2:2 또는 3:3으로 대전을 벌이는 것이었는데, 이러한 방식 또한 PC방의 의미를 북돋웠다. 설령 집에서 게임을 할 수 있는 여건이 되더라도 기본적으로 사람 대 사람의 대전이 가장 중요했던 〈스타크래프트〉를 즐기기 위해서는 여러 대의 PC가 같은 자리에서 연동되는 환경이 필요했기 때문이다. 모두 모여서 '스타' 한판 하는 것이 비중 있는 놀이문화로 자리 잡으면서 PC방은 모여서 게임하는 문화를 창출하는 중요한 공간이 되었다.

특정 공간에 모여 게임을 플레이하는 PC방의 형태가 완전히 새로운 것은 아니었다. 우리는 앞서 게임 초창기의 아케이드 오락실을 살펴보았다. 기기와 소프트웨어가 공용공간에 있다는 점과 공용공간을 대여하며 결제가 이뤄지고 있다는 점에서 PC방에서의 결제는 아케이드 오락실이 보여준 방식과 유사하다.

PC방에서 이루어지는 기본 결제는 기기 이용 시간에 따른 요금 지불이었다. 정산용 소프트웨어가 없었던 시절에는 입장할 때 번호표를 받아 그 번호의 PC가 설치된 자리에 가서 앉았고, PC방 운영자는 사용자가 몇 시에 들어왔는지 기록해두었다. 사용자가 PC 사용을 끝내고 나갈 때 운영자는 퇴실 시간을 확인해 사용 시간을 계산하고 그에 따른 요금을 부과했다. 초기 PC방의 결제는 대략 이런 형태로 이루어졌다. 지역마다 차이는 있었지만 1990년대 후반 PC방은 대략 시간당 1천 원에서 2천 원 사이의 요금을 내고 이용할 수 있었다. 〈스타크래프트〉의 대흥행 덕분에 한동안 이 가격대를 유지했지만 과도한 PC방 창업과 프랜차이즈화로 공급이 포화 상태에 이르면서 대학가 주변 지역에서는 출혈 수준의 가격 인하 경쟁이 잇따르기도 했다.

　PC방 유행이 프랜차이즈화와 맞물리면서 결제 구조 또한 고도화된 형태로 발전했다. 처음에 입출 시간만 노트에 기록하여 처리하던 방식은 PC방 운영용 플랫폼들이 등장하면서 관리자가 특정 PC의 사용권을 부여하는 형태로 진화했다. 요금 또한 입장 시 받은 ID카드의 번호를 입력하면 자동으로 PC 이용 시간을 최종 종료 시까지 산정해 처리하는 방식으로 변화했다. 경쟁적 환경 속에서 PC방들은 운영 소프트웨어의 지원을 받으면서 별도의 PC방 멤버십을 도입해 추가 할인 혜택을 주는 등의 판촉 활동을 수행했고, 뒤이어 장시간 플레이하기를 원하는 이용자를 대상으로 시간 단위의 정액제 요금을 만들어 운용하기 시작했다.

　그렇지만 PC방 시대를 일으킨 〈스타크래프트〉는 PC방이라는 공용공간을 상정하고 출시된 게임은 아니었고, 바로 이 점이 초기 PC방 시대의 결제를 묘하게 만드는 원인이기도 했다. 〈스타크래프트〉는 CD-ROM에 담긴 프로그램을 개인 PC에 설치하는 전통적인 정품 패키지로 출시된 게임이었다. 다만 게임이 제공하는 1인용 싱글플레이를 클리어한 뒤에는 '배틀넷'이라고 부르는 전용 서버에 인터넷을 통해 접속하여 다른 유저들과 네트워크상에서 게임 매칭을 이뤄 대전을 벌일 수 있는 기능이 포함되어 있었다. '배틀넷'은 게임을 구매하면 별도의 접속비나 이용료 없이 무료로 멀티플레이를 제공했기 때문에 사실상 〈스타크래프트〉 패키지의 플레이 타임은 무료로 무한대에 가깝게 늘어날 수 있는 구조였다.

별도의 서버 이용료가 없는 구조는 초기 PC방의 영업이익에 적지 않은 영향을 끼쳤다. PC방 입장에서는 50대의 PC를 구비한 뒤 〈스타크래프트〉 정품 패키지 50개를 사면 추가 지출 없이 무제한으로 〈스타크래프트〉 장사를 할 수 있었기 때문이었다. PC방 서비스 운영 비용 중 소프트웨어 구입비 및 서버 이용료가 최초 라이선스 구매 1회로 마무리된다는 것은 이후 해당 게임을 서비스하는 데 추가로 들어가는 변동비를 낮추는 효과를 가져왔다. 이는 한편으로 희대의 인기작을 만들어낸 제작사 입장에서는 온라인 결제방식으로 만들었으면 훨씬 더 많은 이윤을 낼 수 있었을 것이라는 아쉬움을 남기는 지점이기도 했다.

한편 〈스타크래프트〉와는 달리 정액제 방식으로 서비스해온 다른 온라인 게임들은 PC방이라는 새로운 공간에서의 결제방식이 가진 가능성에 주목하며 게임 제작사와 PC방 사이의 B2B 서비스 요금과 이를 연동하는 고객용 PC방 혜택 서비스를 제공하기 시작했다. 개인 PC에서 월정액 이용료를 결제하며 플레이하는 이용자들 이상으로 PC방에서 자사의 게임을 플레이하는 경우가 늘기 시작했기 때문이다.

성능 좋은 PC, 가족의 눈치를 보지 않고 게임에만 집중할 수 있는 환경, 적당한 먹거리와 마실 거리까지 제공되는 게임 최적화 공간으로서 PC방은 경우에 따라 집보다 훨씬 좋은 게임 환경이었다. PC방에서의 게임 이용 비중이 점점 커지자 PC방은 새로운 게임의 홍보처이자 진입 관문으로도 기능하기 시작했다. 게임이용률을 집계하는 순위에서 PC방에서의 게임이용점유율이 주요 지표로 잡히면서 게임 제작사들은 PC방에서 점유율을 높이는 일에도 신경을 쓰지 않을 수 없게 되었다. 가정에서 플레이하는 경우와 달리 프랜차이즈화된 PC방에서는 총 몇 대의 PC에서 어떤 게임이 몇 시간 동안 플레이되었는지 정확하게 확인할 수 있었고, 이를 기반으로 PC방 게임 순위와 같은 데이터를 산출할 수 있었다. 게임 순위 지표의 홍보 효과를 생각하면 기왕이면 사람들이 집보다 PC방에서 게임을 하는 것이 게임 제작사 입장에서는 더 나은 경우일 수 있었다.

PC방에서의 게임 결제양식이 갖는 가장 큰 의미는 결제 유형이 B2C^Business-to-Consumer에서 B2B로 바뀐다는 점이다. 개인 고객들의 게임 이용이 B2C 결제였던 반면 게임 제작사는 PC방 프랜차이즈 등과 계약을 통하면 B2B로 매출 방식을 바꿀 수 있었다. 온라인 게임 제작사들은 〈스타크래프트〉처럼 별도의 소프트웨어를 판매하는 대신 PC방에서 자사의 소프트웨어를 실행하는 조건으로 실행 시간 단위 요금을 부과하는 것으로 B2B 계약을 통해 PC방과 거래 관계를 정립했다. 이를 통해 PC방에서의 게임플레이 결제는 게임플레이어와 PC방 사이의 B2C 이용 요금제 그리고 PC방과 게임 유통사 간의 이용 시간 단위 B2B 이용 요금제라는 두 단계로 구성되었다.

이러한 PC방의 결제방식은 공용공간 대여라는 개념에서는 고전적인 아케이드 오락실의 방식과 유사하지만, 게임기기 자체를 구매 또는 임대해 비치하고 수익을 올렸던 아케이드 방식과는 또 차이를 보인다. 게임의 플레이 타임을 측정하고 사용량 대비 요금을 부과하는 방식은 프랜차이즈라는 경영 기술의 발전과 네트워크라는 정보 기술의 발전에 의해 소프트웨어 산업의 일환인 게임산업에 새로운 방식의 유통 및 결제양식을 만들어냈다. 한편으로는 오랫동안 PC 게임의 결제양식에서 기본 전제로 여겨졌던 'PC는 개인의 소유다'라는 점을 대여 방식으로 바꿔내면서 소프트웨어가 반드시 구매에 의해 사용되는 것은 아니라는 점을 보여준 사례이기도 하다.

온라인이라는 새로운 기술이 대중화하면서 나타난 온라인 게임 시대는 기존의 게임 결제양식에 크고 다양한 변화를 가져왔다. ESD는 물리적 매체의 한계를 넘어서면서 본격적으로 소프트웨어로서의 게임이 어떻게 유통될 수 있는가를 보여주며 자리를 잡았고, 온라인 게임들은 게임산업을 게임 소프트웨어 판매라는 재화의 유통 차원에서 서비스 운영이라는 용역의 차원으로 바꿔냈다. 그리고 PC방은 이 두 측면 모두에 걸치면서도 공용공간에서의 게임이라는 고전적 주제를 다시 발굴해내며 온라인 게임 시대에도 대여를 통한 공용공간에서의 게임플레이가 유의미함을 보여주었다. 이렇게 온라인 시대를 맞은 다양한 게임 결제의 효과들 또한 그 변화의 가짓수만큼이나 적지 않았다.

온라인 결제로 줄어들기 시작한 불법복제

　온라인 결제 시대가 도래하면서 나타난 게임 결제 영역에서의 효과는 불법복제 문화가 퇴조하기 시작했다는 것이다. 온라인 게임은 핵심 연산을 개별 PC가 아닌 서버에서 처리하기 때문에 필연적으로 서버와 접속을 유지해야만 게임플레이가 가능하다. 불법복제 소프트웨어에 대한 차단과 제재는 바로 이 온라인 접속이라는 과정에 간단한 인증을 덧붙여 해결할 수 있었다. 클라이언트 소프트웨어client software[7]는 무료로 배포하되 온라인 접속 권한을 계정에 유료로 부여하면 클라이언트 프로그램이 몇만 카피가 배포되건 상관없는 문제였다. 소프트웨어를 복제한다는 개념을 아예 벗어난 온라인 게임의 구조는 오랫동안 게임산업을 저해해온 불법복제 문제에 대해 근본적 해결책을 제시할 수 있었다.

　그러나 여전히 무료를 향한 갈망은 사라지지 않아 이에 대항하는 도전 또한 계속되었다. 온라인 게임 서비스 대신 유료로 '프리서버'라는 이름의 새로운 불법 서버가 구축되기 시작한 것이 대표적이다. 프리서버는 게임사가 정식으로 운영하는 서버 대신 서버 프로그램을 몰래 가져오거나 혹은 클라이언트 프로그램이 회신하는 데이터를 분석해 직접 결과값을 연산할 수 있게 만들어낸 프로그램을 사설 서버에 구동시켜 유료결제를 하지 않아도 플레이를 가능하게 만들어주는 서버를 말한다.

　7　네트워크를 통해 서버라는 다른 컴퓨터 시스템상의 원격 서비스에 접속할 수 있는 응용프로그램이나 서비스를 말한다.

프리서버는 정액 기반의 온라인 게임을 무료로 똑같이 즐길 수 있다는 점에서 많은 이들을 유혹했다. 프리서버는 정식 서비스와 동일하거나 유사한 게임을 제공하면서 무료 혹은 '도네이션'이라 불리는 소액을 기부(라고는 하지만 사실상 이용료 결제와 차이가 없는)하는 것만으로 게임에 접속할 수 있는 구조를 갖췄다. 이를 통해 프리서버 운영자는 소규모지만 지속적 이윤을 얻고 이용자들은 정식 서비스보다 훨씬 싼 금액으로 게임을 즐기는 상호 이익의 관계에 놓였다.

여기에 덧붙여 많은 프리서버들이 정식 서비스보다 훨씬 빠르고 쉽게 레벨업 level up[8]과 아이템 및 골드를 획득할 수 있다고 홍보했다. 프리서버 이용자 입장에서 고된(즐겁기 위해 하는 게임플레이에 왜 '고된'이라는 수식어가 붙는지에 대해서는 후술할 것이다) 레벨업과 경험치 experience point[9]를 위한 '노가다'를 우회하며 훨씬 즐거운 플레이를 심지어 무료로(!) 경험할 수 있다는 것은 큰 메리트였다. 클라이언트 프로그램 불법복제는 온라인 게임 시대에 들어서 의미를 잃었지만, 이번에는 좀 더 복잡하지만 여전히 동일한 욕망으로 작동하는 프리서버라는 존재가 게임의 결제양식 측면에서 불법복제의 후신으로 자리매김하는 결과를 낳게 된 것이다.

온라인 시대의 결제가 불법복제의 영향력을 축소시켰다고는 하지만 이는 말 그대로 온라인 게임에 국한될 뿐 싱글플레이 기반의

---

8   롤플레잉 게임에서 캐릭터가 일정한 경험치를 얻었을 때 레벨이 상승하는 과정을 지칭하는 말.

9   롤플레잉 게임과 롤플레잉 비디오게임에서 플레이어 캐릭터가 게임을 진행한 정도를 측량하는 단위로, 영어 단어를 축약한 Exp나 XP로 부르기도 한다. 경험치는 보통 임무의 완수, 적이나 장애물 극복, 롤플레잉의 성공에 대한 보상으로 주어진다.

PC 게임은 여전히 클라이언트 프로그램 복제만으로도 충분히 게임을 실행할 수 있었다. 싱글플레이 게임에도 온라인 접속을 통해 인증을 거치는 방법이 활용되었지만, 정품 게임의 크랙 버전을 제작해 배포하는 해킹팀은 실행파일을 수정해 인증 과정을 날려버리는 등의 방법으로 정품 인증을 우회하는 버전을 복제해 유통시키는 등 불법복제의 영향력이 완전히 사라진 것은 아니었다. 그러나 이런 크랙 버전도 점차 줄어들었는데, 여기에는 해킹 프로그램과 바이러스의 만연 등 게임 밖 상황의 변화가 한몫했다.

　　네트워크 접속이 없었던 시기의 컴퓨터 바이러스는 그저 감염된 시스템의 데이터를 망가뜨리는 정도였다. 디스크나 USB드라이브 같은 물리적 매체를 직접 삽입하지 않는 한, 랜선 등의 네트워크 연결이 되어 있지 않은 PC를 해킹해 데이터를 유출하는 등의 일은 사실상 불가능했기 때문이다. 그러나 네트워크 기반으로 모든 PC 환경이 재편되면서부터 특정 프로그램을 몰래 심어 정보를 빼내거나 변조하는 일이 가능해졌다. 최근 들어 개인 사용자들에게까지 큰 피해를 준 랜섬웨어[10]가 대표적이다. 사용자 모르게 PC에 설치되어 데이터를 모두 암호화한 뒤 이를 다시 풀어내려면 지정한 암호화폐 계좌로 일정 금액을 입금하라는 협박이 현실의 위협으로 다가온 것이다.

　　이런 랜섬웨어, 바이러스, 트로이목마류의 프로그램이 가장 손쉽게 유통되는 경로가 바로 불법복제 소프트웨어 유통 사이트다.

10　컴퓨터 시스템을 감염시켜 접근을 제한하고 일종의 몸값을 요구하는 악성 소프트웨어의 한 종류.

무상으로 불법복제된 크랙 버전을 업데이트하는 업로더uploader가 자신의 시간을 들여 불법적인 일을 '투철한' 봉사정신만으로 하리라는 건 순진한 생각이다. 네트워크 안에서 보안 문제가 더욱 심각한 위협이 되면서 불법복제물은 예전처럼 쉽게 구해서 설치할 수 있는 물건이 더 이상 아니다. 제도 안에서 안전성을 보장받은 루트를 통한 다운로드가 아니면 어떤 악영향을 가져올지 알 수 없는 상황은 온라인 결제라는 새로운 결제양식과 함께 등장한 위협이었고, 이 위협은 과거보다 불법복제와 정규 결제 사이에서 갈등하는 이들로 하여금 게임 결제 비용에 안전성이라는 새로운 가치를 추가하도록 만들었다.

온라인 결제가 바꿔낸 게임 결제의 의미

본격적인 온라인 시대를 맞아 디지털게임 결제는 게임 소비 방식에 큰 변화를 가져왔다. 가장 먼저 볼 수 있는 변화는 콘솔/PC 게임의 등장 이후 오랫동안 핵심 소비 패턴이었던 소프트웨어 패키지의 구매와 소유라는 방식에 찾아왔다.

'스팀'과 같은 ESD를 통해 게임 소프트웨어를 구매하고 소유하는 일은 훨씬 더 간편해졌다. 물리적 매체를 구입하는 데 들었던 시간과 품이 크게 줄었다. 디스켓, CD-ROM, DVD 같은 매체를 손에 넣기 위해 직접 매장에 방문하는 과정에 들어가는 시간과 교통비 같은 부분이 사라진 것은 게이머들에게 적지 않은 편의성이었다. 전화나 인터넷으로 매장에 주문을 넣어 우편이나 택배를 통해 실물을 받는 방식도 있었지만, 이 역시 온라인 ESD 시대를 맞으면서 구매 후 물건이 오기까지 기다리는 시간이 사라지면서 기존과 다른 게임 구매의 세계가 열렸다.

영상매체 분야에서 비디오 대여점이나 온라인 DVD몰에서 매체를 구매하거나 대여하는 방식이 주문형 비디오VOD 시대를 맞아 퇴보한 것과 마찬가지의 의미로 디지털게임의 ESD 결제는 구매 즉시 소프트웨어를 설치할 수 있는 형태를 제시하며 새로운 결제양식의 보편화를 이끌었다. 2021년 새 버전을 선보인 콘솔 게임기 '플레이스테이션 5'는 디스크 버전과 디지털 버전 두 가지 형태로 출시되었는데, 디지털 버전은 전통적 매체였던 ODD Optical Disk Drive[11]가 아예 없는 형태였다. 디지털 버전은 네트워크 연결을 통해 플레이스테이션의 전용 ESD에 접속한 뒤 게임을 결제하고 기기 안에 내장된 SSD Solid State Drive[12]에 구매한 소프트웨어를 내려받아 플레이하는 식으로 게임을 이용하는 구조를 갖췄다.

PC의 '스팀'과 같은 방식이지만 오랫동안 롬팩이나 디스켓, CD-ROM 등을 삽입하는 공간이 있었던 콘솔 게임기에서 아예 그 공간이 없어진 형태가 나타났다는 것은 여러모로 상징적이었다. 온라인 네트워크 시대가 보편화되면서 스마트폰이나 태블릿PC처럼 외부

---

11 광학 장치를 사용해 데이터를 읽어들이는 드라이브. CD-ROM과 DVD 등이 여기에 속한다.

12 고형 상태의 드라이브라는 의미로 회전하는 디스크가 아닌 메모리를 사용해 만드는 드라이브다.

매체의 삽입이 불가능한(혹은 필요 없는) 많은 기기가 우리 일상에 자리 잡기 시작했다. 이제는 PC도 USB드라이브 외에 별도의 매체 삽입용 드라이브가 없어지고 있음을 생각해 볼 때, 이러한 흐름은 네트워크 중심의 컴퓨팅 시대라는 하나의 트렌드를 드러낸다.

이러한 디지털 다운로드 방식은 그 구조를 곰곰이 곱씹어보면 조금 색다른 문제에 가닿는다. 전통적인 콘솔/PC 게임의 구매에 아케이드 오락실 방식과는 다른 소프트웨어의 소유라는 측면이 존재함을 줄기차게 이야기해왔는데, 과연 ESD 방식은 기존의 소유와 동일한 의미일까? 이 지점에서 ESD는 소유의 의미를 과거와는 다른 무엇으로 만드는 구석이 있다.

ESD 플랫폼에서 구매한 소프트웨어는 ESD 플랫폼의 중앙서버에 저장되며, 구매자에게는 그 소프트웨어를 인증받은 계정을 통해 언제든 자유롭게 사용하는 기기에 내려받을 수 있는 권한이 주어진다. 그러나 이는 실제 실행 가능한 소프트웨어를 물리적으로 내가 소유하는 것과는 다른데, ESD 플랫폼이라는 특정 기업에 의해서만 소유권을 보장받는다는 점에서다. 예를 들어 내가 '스팀'에서 게임 소프트웨어를 500개의 구매했는데 만약 '스팀'이 파산해 플랫폼 서비스를 운영할 수 없게 되면 더 이상 구매자인 나는 '스팀'에서 구매한 게임들을 내려받거나 실행할 수 없게 되는 것이다.

소유가 직접적으로 이루어지기보다는 플랫폼을 통해 간접적으로 이루어진다는 점에서 ESD 기반 게임 결제는 어쩌면 대여에 가까운 개념일 수 있다. 물론 실질적으로 ESD 플랫폼이 한순간 서비스를 종료하는 사태가 벌어질 가능성은 희박하다. 설령 서비스업체가 문을 닫게 되더라도 시장은 엄청난 사용자와 데이터를 보유한 플랫폼을 폐기하기보다는 다른 사업자가 인수합병하는 형태로 작동할 확률이 높기 때문이다.

그러나 이는 물리적 실체보다는 논리와 알고리즘 덩어리에 가까운 소프트웨어의 소유가 현실적으로 가능한가라는 또 다른 의문을 불러일으킨다. 고전적 방식대로 물리적 매체를 통해 소프트웨어를 구매하는 것은 온전한 소유일까? 1994년에 디스켓 기반으로 발매된 정품 게임 소프트웨어를 구매했다고 가정해 보자. 이 플로피디스크에 담긴 소프트웨어는 오늘날의 어지간한 PC에는 집어넣는 일 자체가 불가능해졌는데, 어느 PC도 별도의 플로피디스크 드라이브를 보유하고 있지 않기 때문이다. 설령 디스켓을 넣을 수 있다고 해도 과거 시스템의 구동 환경을 맞춰주는 시뮬레이터 등이 없으면 현재의 시스템으로는 게임을 구동할 수 없다. 게임 소프트웨어는 특정한 하드웨어 시스템 및 인프라와 함께 맞물려 작동하고, 구매 후 소유라는 개념은 실질적인 플레이에 관한 것뿐 아니라 수집품으로서의 소장 욕망과도 연관되는 개념이라고 볼 수 있다.

온라인 시대에 등장한 플랫폼이라는 방식은 비단 게임뿐 아니라 일상생활에서 소유와 활용의 개념에도 적지 않은 변화를 이끌어냈다. 에리히 프롬의 저작 《소유냐 존재냐》가 되짚었던 질문과 맥락은 다르지만 어딘지 모르게 비슷한 구석의 생각을 촉발하는 지점이다. 핵심이 물리적 실체가 아닌 게임은 물리 매체라는 제한이자 환경에서 벗어나면 구매와 소유의 개념을 넘어 이용 자체에 대한 비용으로 자본주의 체제 내에서의 상품 속성 변화를 가져올 수 있는 무엇이라고 볼 수 있다. 굳이 소유냐 아니냐를 묻는 것이 무의미한 이유다. 롬팩을 사거나 ESD에서 결제하거나 게임 소프트웨어를 설치하고 실행할 수 있다는 점은 동일하다. 롬팩을 오래 가지고 있다 해서 그것의 상품가치가 롬팩의 물리적 구동 기간만큼 유지되는 것은 아니다. 설령 게임을 실행할 하드웨어가 사라져서 구동이 불가능해지더라도 레트로 소장품으로 가치가 전환된 롬팩 카트리지는 여전히 시장에서 일정한 가치를 유지한다.

특정 게임 소프트웨어의 가격은 싱글플레이 시절에는 제한적이었다. 콘솔 게임 시절을 다룬 장에서 이야기한 것처럼, 특정 게임 소프트웨어의 가치는 몇 시간 동안 게임을 즐길 수 있느냐의 문제가 포함되었다. 이는 물론 매우 주관적이라 사람마다 다르고, 설령 끝마친 게임이라고 해도 이른바 다회 차 플레이[13] 등을 통해 더 오랜 시간 플레이가 가능한 구조도 존재했다. 또 한 번 끝낸 게임도 몇 년 뒤에 다시 해 보고 싶은 마음이 드는 것과 같은 복잡한 문제들을 포함한다. 하지만 기본적으로 싱글플레이 기준의 오프라인 스탠드얼론stand alone 게임들은 구매라는 방식이 일정한 플레이 타임과 연동되는 구조에 가까웠고, 이는 ESD 플랫폼에서도 비슷한 방식으로 이어졌다.

그러나 온라인 게임이라고 불리는 게임 양식에 들어서면 이야

---

13 한 번 게임의 엔딩을 보더라도 다시 처음부터 플레이하면 새로운 사실이 밝혀진다거나 게임의 난이도와 아이템 상황이 전반적으로 재조정되어 다시 플레이할 수 있는 조건을 만들어주는 등의 장치를 통해 게임을 계속 플레이할 수 있게 되는 상태를 가리킨다. 엔딩이 있는 게임의 유효시간을 늘리기 위한 선택으로 고려된다.

기가 달라진다. 이때부터 게임 소프트웨어의 플레잉타임은 콘텐츠 내적으로 엔딩이 없는 상황을 맞이하기 때문이다. 오프라인 게임 시절에도 기승전결의 서사를 따라 완결되는 엔딩 자체가 없거나 그 의미가 크지 않은 게임들은 존재했다. 〈테트리스〉가 한 번 플레이를 끝낸다고 의미 없어지는 것은 아니며, 〈슈퍼마리오〉 시리즈는 나름의 기승전결이 있고 엔딩도 존재하지만 한 번 끝마치는 것이 곧 게임 콘텐츠의 의미를 다 소진하는 방식은 아니었다. 그러나 온라인 기반의 게임 시대에 이르면 디지털게임의 주류를 본격적으로 엔딩이 없는, 게임 속 시간이 무한대로 확장하는 형식들이 차지하게 된다.

시간의 제한이 확장되는 방식은 여러 가지다. 〈스타크래프트〉나 〈리그 오브 레전드〉처럼 게임 속 시간이 매번 플레이마다 다시금 순환하는 게임은 마치 영원회귀처럼 끝없는 게임플레이를 가능하게 한다. 반면 〈월드 오브 워크래프트〉 같은 나름의 스토리텔링의 진행이 존재하는 게임 세계는 지속해서 새로운 세계와 지리, 인물과 사건을 추가하며 업데이트를 통해 게임을 지속할 이유를 만들어가며 시간의 확장을 꾀한다.

방식이야 어떻든지 간에 이들은 한 번 구매했다고 게임 소프트웨어를 영원히 소유하는 형태로 판매되지 않는다. 〈테트리스〉나 〈팩맨〉이 소프트웨어 판매라는 1회성 상거래 행위에 머물렀던 반면 현대의 온라인 게임들은 무료로 기본적인 게임 소프트웨어를 배포하는 대신 서버에 접속해 게임 서비스를 이용하는 대가를 지불하도록 한다. 다시 말해 '구매'에서 '이용'으로의 전환을 게임 결제 측면에서 시도한 것이다. 월정액제나 PC방 이용을 통한 현대의 온라인 게임 상당수는 게임 소프트웨어의 재화로서의 판매가 아니라 용역으로서의 서비스를 자신들의 메인 수익 모델로 두고 있는 상태다. 그리고 이는 여전히 판매의 형식에 가까운 ESD에서도 지속적인 패치patch[14]와 업데이트, 간단한 접속과 인증을 제공하는 방식을 통해 전체 이용료를 한 번에 결제하는 방식으로서의 구매와 이용 사이 어딘가의 중간쯤 형태로 게임 결제를 바꾸는 효과를 만들어냈다.

사라지거나 변한 '구매'라는 말의 의미

길지 않은 디지털게임의 역사에서 결제방식은 크게 '구매'와 '대여', 두 가지로 대표될 수 있다. 이를 단순히 공용공간과 사적 공간의 차이만으로 이야기하기에는 모자란 부분들이 있다. 온라인이라는 새로운 방식은 결제와 게임 이용 두 측면 모두에 적잖은 변화를 주었다. 온라인 시대에 들어서면서 물리적 매체라는 제약을 벗어던진 디지털게임은 좀 더 본격적으로 소프트웨어라는 콘텐츠의 속성이 갖는 본연의 특징들을 살려내는 상품 거래 방식을 맞이했다.

이제 디지털게임에서 '구매'라는 말은 두 가지 변화를 얻었다. 첫 번째는 더 이상 게임 소프트웨어를 고전적 의미의 구매로 설명하기 어려운 상황을 맞았다는 점이다. 물리적 매체를 필수로 요구하지 않는 상황에서 게임 소프트웨어는 온라인을 통해 사용자에게 쉽고 빠

14　수정 또는 개선을 위해 컴퓨터 프로그램이나 지원 데이터를 업데이트하도록 설계된 일종의 소프트웨어.

르게 전달될 수 있는 환경을 맞이했고, 이는 기존의 매체 구매 방식을 24시간 작동하는 서버에의 접근 권한에 대한 구매로 전환시키는 계기가 되었다. 이제 게임 구매는 몇몇 물리적 소장가치에 기반한 패키지 상품이나 특집 한정판을 제외하면 온라인을 통해 이루어지는 방식에 주도권을 내주었다. 모든 것이 물리적 소유보다 서버 접근권으로 치환되는 세계에서 게임 구매라는 말의 본래적 의미는 소멸 내지 변화할 수밖에 없는 환경을 맞이했다. 게임 결제의 성격이 재화의 구매에서 용역의 이용으로 변화한 것이다.

상품의 속성이 재화에서 용역으로 변경된 디지털게임에서 그럼에도 구매가 완전히 소멸한 것은 아니라는 점이 두 번째 변화다. 굳이 따지자면 본래적 의미의 구매라고는 부를 수 없는 ESD 플랫폼에서의 게임 다운로드 권한에 대한 결제는 여전히 구매라고 불린다. 좀 더 정확히는 ESD에서의 구매란 온라인 기반 게임들이 적용하는 이용료 납부의 개념과 대비되는, 이용 시간에 구애받지 않고 무제한으로 게임을 즐길 수 있는 형태에 대한 고정비 납부로 볼 수 있을 것이다. 온라인에서의 구매란 이런 의미에 가까울 것이다.

그러나 이윤이라는 측면에서 둘의 차이는 너무나 명확하다. PC방 결제에서도 이야기했던 부분을 돌이켜보자. 패키지 구매를 통해 무제한 배틀넷 멀티플레이를 즐길 수 있었던 〈스타크래프트〉와 PC방을 이용하면서 지속적으로 요금을 내고, PC방은 게임 제작사에 이용료를 지불하는 이용자-PC방-제작유통사 간의 요금제 구조 중 게임이 유통될수록 수익이 올라가는 쪽은 명백하게 후자다. 똑같이 엔딩이 없는 무한한 플레이를 제공하는 경우라면, 자본주의 대중문화상품으로 생산되는 특성상 대부분의 게임은 후자와 같은 결제방식을 택하게 된다.

그리고 이런 결제방식의 차이는 결과적으로 게임 콘텐츠 생산 경향에도 적잖은 영향을 끼친다. 같은 방식의 게임이라면 그 누가 한 번 판매한 것으로 수익 창출이 종료되는 게임을 만들겠는가? 지속적인 서버 운영과 패치나 업데이트 제공 또한 한 번 제작하면 끝인 방식과는 달리 추가적인 운영비를 요구하는 온라인의 특성상 과거와 같은 1회성 판매로 그치는 비중은 갈수록 줄어드는 추세다. 물론 여전히 기승전결의 스토리텔링을 통해 완결점을 갖는 게임들은 기존의 판매 방식을 유지하고 있지만, 이 판매가 과거와 같은 재화의 판매가 아님은 앞에서도 이야기했다. 이제는 1회성 판매를 통해 배포하더라도 추후 DLC^{Down Loadable Contents}[15], 게임 내 캐릭터 스킨, 추가 아이템과 유닛 같은 부분을 업데이트 형식으로 판매하는 새로운 방식이 도입되면서 온라인 시대의 게임 판매는 기존과는 다른 모습으로 자리 잡기 시작했다.

온라인 시대가 가져온 변화는 그래서 단순히 결제양식만의 변화에 머물지 않고 게임의 형식과 내용에까지 영향을 주는 중대한 요소로 작용했다. 이 책의 핵심 주제인 현질의 탄생을 가능케 한 부분유료결제라는 변화 또한 이 온라인 결제 시대라는 배경과 무관하지

---

15 본편 외에 추가적인 데이터 다운로드를 통해 새로운 이야기, 새로운 지역, 새로운 캐릭터나 장비 등을 해금하게 만들어주는 방식. 별도의 금액을 지불하고 추가로 구매하거나 무료로 풀어주는 식으로 다양하게 활용되며 게임의 새로운 측면을 사후에 만들어낸다.

않을 것이다. 콘솔/PC 게임의 패키지 판매도 아니고 오락실의 공용
공간 대여도 아닌 새롭게 등장한 플랫폼 기반의 결제양식이 낳은 변
화의 끝에 바로 부분유료결제와 현질이 등장한다.

6장

모바일 게임의 대두와
부분유료결제의 보편화

여러 장에 걸쳐 디지털게임에 나타난 여러 결제양식을 돌아보았다. 본격적인 현질 이야기로 넘어가기 전에 온라인 결제이면서도 기존의 온라인과는 사뭇 다른 스마트폰 기반의 모바일 환경에 관한 이야기를 짧게나마 다루려고 한다. 이 작은 기기의 등장이 미친 변화는 적지 않았으며 동시에 오늘날 현질이라 불리는 요소의 상당수가 모바일을 기반으로 한 부분유료결제라는 방식을 통해 대중화되었기 때문이다. 또 비슷한 시기에 일어난, 오랫동안 디지털게임의 중심에 자리했던 오락실의 퇴조라는 또 다른 변화 역시 가볍게 언급하려고 한다.

휴대 가능한 콘솔 게임기의 시작

오락실의 거대한 게임기나 가정의 콘솔 게임기가 아닌 손에 들고 다닐 수 있는 휴대용 게임기의 역사 또한 방대하다. 1980년에 닌텐도는 '게임앤워치'라는 이름의 휴대용 게임기를 내놓았다. 액정화면에 간단한 버튼을 달아 소프트웨어 교체 없이 하나의 게임만 플레이할 수 있었던 이 기계는 초창기 휴대용 게임기의 대표적 형태로 자리 잡으며 콘솔·아케이드 게임과는 다른 방식의 게임을 유행시켰다. 훗날 〈다마고치〉와 같은 형식으로도 이어지는 이들 휴대용 게임기는 기기 자체를 구매해 소유하는 방식으로 유통되었으며 소프트웨어 교체가 가능한 기기는 1989년에 닌텐도가 출시한 '게임보이'를 통해 세상에 선을 보였다.

'게임보이' 이후 '닌텐도 3DS', '플레이스테이션 비타' 등의 휴대용 게임기들을 통해 모바일 게임은 나름의 영역을 구축하며 성장해왔다. 출퇴근 교통수단 안에서 같은 의미의 모바일뿐 아니라 이들 기기는 대형 TV가 놓인 거실이라는 게임 공간의 한계를 넘어서는 용도로도 활용되었다. 이를테면 침대에 누워 게임을 플레이하는 방식 또한 '모바일'이라는 말이 가리키는 행위에 포함된다. 제한된 하드웨어의 스펙 때문에 고사양 게임을 돌리기에는 무리였지만, 특유의 휴대성에 집중한 게임들이 독자적 영역으로 발전하며 모바일 게임 시장을 이끌었다.

휴대전화의 모바일 디바이스화와 모바일 게임

그러나 별도의 기기를 통해 성장해온 모바일 게임은 휴대전화가 발전함에 따라 변화 혹은 쇠퇴하기 시작했다. '피처폰'[1]이라 불리는 스마트폰 이전의 휴대전화기들은 통화 기능 외에 부가 기능으로 간단한 게임 등을 내장해 출시하는 형식으로 조금씩 모바일 게임의 플랫폼으로 자리하기 시작했다.

초기 피처폰은 '게임앤워치'처럼 이미 설치된 게임만을 플레이할 수 있는 형태였다. 이동통신기기였지만 별도의 데이터 네트워크로는 연결이 안 되던 시절이었기에 게임은 오프라인 형태로만 구동 가능했고 온라인 구매도 어려웠다. 그러나 본격적으로 모바일 데이터통신이 가능해지면서 변화를 맞이했다. 게임 외에도 피처폰은 여러 가지 부가 기능을 제공했는데, 무선전화로 데이터통신 네트워크에 연결할 수 있는 초창기의 모바일 인터넷도 그런 부가 기능의 한 축이었다.

2000년대 초반부터 무선인터넷 표준으로서 WIPI Wireless Internet Platform for Interoperability를 통해 한국의 이동통신 3사가 공통 규격을 발표하기 시작했고, 이를 기반으로 피처폰 안에 들어가는 모바일 소프트웨어 개발 플랫폼이 일정 부분 규격화되었다. 모바일 네트워크 통신을 통해 WIPI 규격 기반의 게임들이 간단하게나마 구현된 피처폰의 이동통신사별 앱스토어를 통해 서비스되기 시작했다. 이때의 방식은 앞선 장에서 언급한 ESD 플랫폼에 가까운 형태였다. 온라인 스토어를 통해 게임을 구입해 설치하고 플레이하게 되면서, 내장 게임만 하던 시대보다 나은 환경으로 변화했다.

---

1   지금은 피처폰이 구형 전화기를 가리키는 말이 되었지만 처음에는 말 그대로 피처(feature), 즉 전화 통화 외의 추가 기능들이 포함된 형태를 지칭했다.

그러나 곧 이은 스마트폰의 등장과 함께 WIPI 기반의 모바일 휴대전화 게임은 짧은 시대만을 풍미한 채 사라졌다. 아이폰의 등장으로 본격화한 스마트폰 시대는 피처폰 기반 게임들을 밀어내고 새로운 모바일 게임 시대를 열었다. 애플과 구글이라는 스마트폰 양대 산맥이 운영하는 앱스토어가 표준으로 자리 잡았고, 두 플랫폼을 중심으로 모바일 게임 생태계가 형성되었다.

거대 플랫폼을 기반으로 한 스마트폰 중심의 모바일 게임 유통이 자리 잡으면서 본격적으로 '생태계'라는 단어가 떠오르기 시작한 것은 게임 결제 측면에서 중대한 포인트가 되었다. 스마트폰은 내장된 소프트웨어가 아니라 데이터 네트워크를 통해 필요한 소프트웨어를 내려받아 사용하는 것을 기본으로 하는, 마치 PC와 같은 범용 기기로서의 성격을 강하게 가졌고 그에 따라 스마트폰이라는 하드웨어보다 ESD를 통한 소프트웨어 플랫폼의 수익이 더욱 중요하게 부각되었기 때문이다. 양대 마켓인 애플과 구글은 게임 개발사들이 앱스토어를 통해 고객에게 소프트웨어를 판매하도록 하고 그 수수료를 받는 구조로 이용자와 제작사 사이를 중개하면서 생태계라는 표현으로 갈음할 수 있는 순환 체계를 구성했다.

초기의 휴대용 게임기나 피처폰 시대보다 스마트폰 시대는 본격적으로 게임 소프트웨어의 온라인 유통에 크게 기대는 방식을 맞이했다. 넓어진 시장은 앱스토어에 참여하는 게임사들의 수익 범위를 훨씬 넓혔고, 콘솔이나 PC보다 대중화된 시장이라는 새 영역을 제시하며 게임사들이 스마트폰 환경 안에서 게임 개발에 집중하도록 만들었다.

스마트폰에 기반한 새로운 게임 생태계는 게임 전반의 발전사와는 사뭇 다른 변화를 일으켰다. PC나 콘솔은 세대를 거듭해 기술을 발전시키면서 이전보다 더 높은 해상도와 프레임으로 구현하는 세밀한 그래픽, 더욱 방대한 데이터를 빠르게 처리해 만들어내는 연산 결과들, 더 큰 화면으로 구현하는 스펙터클과 같은 방향으로 진화해왔는데, 게임 환경으로만 치면 스마트폰에는 이러한 흐름과 반대되는 쪽으로의 변화가 강제되었다. 화면은 TV나 모니터보다 훨씬 작은 손바닥만 한 수준이 되었고, 프로세서 또한 PC나 콘솔에 비해 제한적인 용량만 처리할 수 있었다. 전체적인 게임의 데이터 용량도 적을 수밖에 없었고, 무엇보다도 플레이어의 입력에 필요한 사용자인터페이스UI, User Interface[2]가 터치스크린이라는 전례 없는 환경을 기반으로 삼으면서 세밀한 조작을 통한 컨트롤의 정교함이 과거보다 오히려 떨어지는 결과를 낳았다.

물론 부정적인 변화만 있는 것은 아니었다. 예로 든 터치스크린 방식은 기존의 스틱이나 패드 같은 조작 기구에 비해 촉각 피드백이 없다는 점에서 매우 까다로워졌으나, 반대로 화면을 손으로 터치하고 스와이프swipe하면서[3] 움직일 수 있는 특유의 UI를 통해 퍼즐게임과 같은 장르에서의 접근성은 더 효율적으로 변한 부분도 있었다. 무엇보다 중요한 변화는 스마트폰이라는 플랫폼 자체가 기존의 다

른 어떤 게임 환경보다 대중적으로 퍼져나갔다는 사실이다. 누구나
한 대씩 손에 들고 다니면서 어디서나 앱을 구동할 수 있다는 것은
게임 또한 언제 어디서나 즐길 수 있는 매체가 되었음을 의미했다.
잠들기 전 이불 속에서 스마트폰을 들고 오늘의 마지막 퀘스트quest[4]
들을 정리하는 게이머의 수는 이제 소수의 마니아로만 부를 수 없는
수준에 도달했다.

그 결과 모바일 게임은 다른 여러 게임 플랫폼을 제치고 가장 압
도적인 게임 플랫폼으로 자리 잡았다. 2020년 한국 게임이용자 실
태조사(한국콘텐츠진흥원)에 따르면 만 10세에서 65세 사이의 한국
인 중 70.5%가 게임을 이용한 것으로 나타났다. 이 중 모바일 게임
은 91.1%의 이용률을 보여 PC 게임(59.1%), 콘솔 게임(20.8%), 아케
이드 게임(10.0%)과 비교가 되지 않을 정도의 차이를 보였다. 압도적
점유율의 모바일 게임 시대가 도래하면서 모바일 게임의 새로운 결
제 유형이 디지털게임 결제의 주요 유형으로 떠올랐다.

모바일 게임 시대와 함께 등장한 부분유료결제

모바일 게임 시대에 가장 보편적인 결제방식으로 자리 잡은 방
식에는 두 가지의 이름이 붙는데 하나는 부분유료화, 다른 하나는
프리투플레이다. 프리투플레이라니, 게임 만드는 비용이 공짜도 아

---

4   온라인 게임에서 이용자가 수행해야 하는 임무를 말한다.

니고 무슨 소리인가 싶을 수 있겠지만 가벼운 맛보기로 게임을 무료로 제공하는 방식에는 꽤 유서 깊은 역사가 있다.

온라인 시대 이후까지도 지속되는 유서 깊은 흐름의 선구자 격 모델로 데모 버전이 있다. 단순히 게임의 스크린샷이나 플레이 영상 일부만으로는 실질적으로 어떤 게임인지 정확히 전달하기 어려운 면이 있는데, 데모 버전은 새로 나온 게임 중 일부분을 직접 플레이할 수 있는 소규모 버전으로 떼어 무상으로 배포하는 형태를 가리킨다. 해당 게임의 핵심을 담은 부분을 제공받아 플레이해 본 뒤 구매할 가치가 있다고 판단되면 본편을 구매하도록 유도하는 방식이다.

데모 버전은 그래서 무료 배포라기보다는 홍보 차원의 맥락으로 작동했다. 가볍게 게임을 한번 플레이해 보고 괜찮으면 풀 버전을 구매하도록 이끄는 방식으로, 데모 버전은 널리 배포될수록 효과가 좋을 수밖에 없었다.

비슷한 방식으로 셰어웨어가 있었다. 한국에서는 〈둠〉 같은 게임이 셰어웨어 방식으로 많이 풀렸는데, 마찬가지로 무료 플레이가 가능하지만 일부 기능만 열리고 본편 대부분이 제한된 버전이 배포되었다. 이를 해제하기 위해서는 게임사가 안내하는 특정 방식을 따라 결제한 뒤 해제 코드를 받아 프로그램에 적용해야 했다. 적용이 끝나면 비로소 셰어웨어는 정식 버전이 되며 게임의 모든 기능을 허용하는 방식이었다. 사실 데모 버전과 셰어웨어를 엄밀하게 구분하는 것도 쉽지 않다. 둘 다 상품 판매 목적보다는 판매 촉진을 위해 무상으로 제한된 버전의 게임을 널리 배포하는 방식이라고 볼 수 있기 때문이다.

데모 버전과 셰어웨어가 게임시장에서 일정 지분을 차지할 수 있었던 배경에는 디지털 통신의 활성화 여부를 꼽을 수 있다. 데이터 통신이 되지 않던 시절에는 무상으로라도 소프트웨어를 널리 배포하는 일이 상당한 도전이었기 때문이다. 별도의 독자를 갖춘 상황이 아니라면 디스켓이나 CD를 배포하고자 해도 모객 자체가 불가능한 시절이었기 때문에 데모 버전은 결국 게임 잡지와 같이 이미 구독자를 갖춘 채널들을 통해 주로 이루어졌다(불법복제를 통해 알음알음 게임들이 유포되고 있었다는 사실과도 엮인다. 데모 버전은 복제를 통해 배포될수록 그 원래 의도를 달성하는 것이기 때문이다).

그러나 PC통신과 인터넷 시대를 맞아 소프트웨어의 배포 자체가 손쉬워진 시절부터는 프리투플레이의 의미도 달라졌다. 먼저 소프트웨어를 복제하는 일 자체가 간단해졌고, 두 번째로는 배포된 소프트웨어의 사용권을 통제하기가 쉬워졌다. 앞서 온라인 게임 이야기에서도 다뤘듯, 게임의 핵심 연산을 서버에서 처리하는 방식이면 배포된 소프트웨어가 데모 버전이냐 본 버전이냐 같은 구분이 애초에 의미가 없기 때문이다.

이렇게 되면 데모 버전이 가졌던, 널리 배포될수록 판촉에 이익이 된다는 개념은 서버-클라이언트 체제의 온라인 게임에 이르러 클라이언트 소프트웨어 자체를 무상으로 널리 배포하는 것이 게임사 입장에서는 판촉의 가장 큰 이점이 되는 형태로 발전한다. 소프트웨어를 무상으로 배포해 무료 이용자들에게 맛보기 게임을 제공한 뒤, 본격적 이용을 위해서는 별도의 결제를 서버 접속 및 이용료로 요구하는 형식이다. 온라인 시대의 프리투플레이는 이처럼 기존

오프라인 시대의 셰어웨어나 데모 버전의 연장선으로서 갖는 홍보와 판촉의 성격을 따로 분리하지 않고 서버 접속 권한 부여를 통해 구분하는 방식으로 등장했다.

이 방식은 곧 오늘날 우리가 '부분유료결제'라고 부르는 형태로 안착하기 시작했다. 여기서 '부분유료'는 무료 데모 버전을 이용한 뒤 정식 버전을 결제해 플레이한다는 의미와는 조금 다르다. 게임 자체는 무료로 얼마든지 즐길 수 있지만 그 안에서 별도의 아이템이나 기능을 이용하기 위해 추가 결제가 가능한 형태를 일컫는다. 둘은 엇비슷한 것 같지만 사실 매우 큰 차이가 있다. 제한되었던 게임 속 세계가 결제를 통해 온전히 열리는 데모 버전이나 셰어웨어 방식에 반해 부분유료결제는 세계는 온전히 열려 있으면서 플레이 기능이나 아이템을 계속 추가로 결제하는 방식이라는 점에서 그렇다.

온라인 시대를 맞아 등장한 부분유료결제 방식은 스마트폰 기반의 모바일 게임 시대에 이르러 더욱 대중적이고 다채로운 양상으로 발전을 거듭하며 게임 결제의 가장 큰 부분을 차지하기에 이르렀다. 온라인 시절에도 이미 부분유료결제는 존재했지만 모바일에 이르러 본격화했다고 볼 수 있는데, 이는 게임 내적 요소뿐 아니라 결제의 편의성 측면에도 적잖은 영향을 미쳤다. 한국에서 21세기 초반 결제와 인증을 오랫동안 복잡하게 만들어온 주범인 액티브X[5] 기반의 결제 시스템이 갖는 난삽함이 스마트폰 시대에 들어서며 사라졌

---

5   마이크로소프트 윈도 환경에서 응용프로그램이나 웹 브라우저가 인터넷을 통해 추가 기능을 내려받거나 실행할 수 있도록 지원하는 소프트웨어. 대표적인 예로 공인인증서가 있다.

기 때문이다. 온갖 추가 설치를 요구하고 안내대로 설치를 해도 결제가 수월하게 되지 않던 PC 기반의 복잡한 방식과 달리 스마트폰은 사실상 신용카드 정보를 한 번 등록해두면 오직 한 번의 터치만으로도 손쉽게 비용을 지불할 수 있다. 이는 '인앱결제'[6]라는, 게임 안에서 제공하는 원클릭 버튼 한 번으로 빠르고 편하게 결제를 처리하는 기능과 결합하며 손쉬운 결제를 이루는 인프라 역할을 충실히 수행했고, 더욱 늘어난 사용자 기반과 맞물리며 사실상 모바일 게임을 당대 한국 게임의 중심으로 자리하게끔 만드는 데 적지 않은 기여를 했다. 그리고 이런 배경은 모바일 게임에서 손쉬운 결제 환경을 통해 현질이라는 개념이 본격 이슈로 떠오르게 만든 원인으로도 작용했다.

역사의 뒤안길로 물러난 오락실과 동전투입

모바일로의 중심 플랫폼 전환을 맞이한 디지털게임의 변화가 매우 숨 가쁘게 이루어졌다면, 그보다 긴 호흡으로 서서히 전면에서 물러난 게임 플랫폼은 아케이드 오락실의 동전투입식 게임기였다. 한때 게임 경험의 중심이기도 했던 이 공간은 1990년대 후반부터 서서히 힘을 잃기 시작해 2020년대에 이르면 더 이상 보편적인 게

---

6   소비자가 유료 앱 콘텐츠를 결제할 때 앱 마켓 운영업체가 자체적으로 개발한 시스템을 활용해 결제하는 방식. 앱 개발사는 이용자가 인앱결제로 결제한 금액의 10−30%를 구글이나 애플에 수수료로 내야 한다.

임 경험의 중심에 자리하기 어려운 특화 공간으로 변화하게 된다.

　콘솔 게임기와 PC가 서서히 보급되기 시작했을 때에도 이미 독점적 지위는 아니었지만, 본격적인 공용공간에서의 게임 경험 또한 1990년대 후반의 PC방 열풍으로부터 자유롭지 못했던 것이 아케이드 오락실이었다. PC방을 중심으로 한 온라인 게임의 대중화는 아케이드 오락실의 위상을 밀어내기 시작했다. 정액제를 기반으로 고정된 자리를 확보해 편안하게 다채로운 게임에 접속할 수 있는 PC방의 범용성 또한 불편한 의자와 시끄러운 게임 사운드의 중첩, 지속적인 플레이가 어려운 아케이드 오락실의 환경과 크게 대비되는 상황을 연출했다.

　그럼에도 PC방이 본격화한 2000년대 이후에도 오락실은 쉽게 사라지지 않았는데, 나름의 특화 지점이 여전히 힘을 발휘했기 때문이다. 게임 내적으로는 대전격투 게임이나 리듬 게임 같은, 아케이드 오락실 기기 자체의 특징이 발휘되는 장르를 PC방이나 가정용 게임기가 쉽게 소화할 수 없었다는 점을 눈여겨볼 만하다. 2000년대 초반을 휩쓸던 〈댄스댄스레볼루션〉이나 〈펌프잇업〉에 이어지는 리듬·댄스 게임 장르는 공용공간이 아니면 설치와 플레이가 불가능한 부분이 있었고, 이후 지속적으로 출시된 설치형 리듬 게임류는 전문 오락실로 이어지며 지금까지 현역 아케이드 게임으로 명맥을 이어가는 중이다. 대전격투 게임 또한 온라인 시대를 맞이해 아케이드 게임에도 네트워크 기능을 부여해 온라인 대전을 만드는 등의 방식을 통해 완전한 소멸로 이어지지는 않았다.

　그러나 이제 오락실이라는 공용공간은 과거처럼 라이트 게이머부터 헤비 게이머까지 모두 방문하는 공간이라는 의미와는 다른 형태로 자리 잡았다. 당장 과거 1990년대까지 이어지던 동네 오락실은 이제 보기 드물어졌다. 청소년층이 쉽게 모이던 오락실의 역할은 이제 PC방이 차지했고, 오락실은 오히려 대중들이 더욱 즉흥적으로 스쳐 지나가는 공간이 되어 게임 자체보다는 다른 목적으로 방문한 이들의 부가적 유희 공간으로 기능한다. 대표적인 것이 영화관 옆 오락실이다. 여기서 오락실은 극장에 영화를 보러 왔다가 상영시간을 기다리는 용도로 활용되는 공간으로 의미 지어지며, 이는 특히 2000년대 이후 출생한 젊은 층에게는 과거의 오래된 게임 세대와 달리 동전투입식 게임 경험을 최초의 게임 경험이 아닌 중고등학교 이후 영화관 방문과 같은 이벤트에서 부가적으로 경험해 보는 특수한 무언가로 인식하게 만들었다.

    동전투입식 자동판매기 또한 서서히 교통카드나 신용카드로 대체되는 분위기 속에서, 동전투입식 게임플레이의 감소는 2000년대 이후 출생자들과 그 전 세대 게이머들을 가르는 중요한 경험의 차이일 수 있다. 게임 한 판에 코인 하나라는 개념으로 시작한 상업적 게임의 의미는 이제 자연스럽게 PC방 혹은 거대 플랫폼 안에서 정액제나 멤버십 결제를 통해 이루어지는, 네트워크 안에서만 경험할 수 있는 것으로 자리 잡게 된다. 결제부터 플레이까지를 모두 온라인 네트워크 안에서 경험하는 소비와 유희가 본격적으로 결합한 지금의 디지털게임 환경 속에서 우리는 드디어 현질이라는 단어와 마주하게 된다.

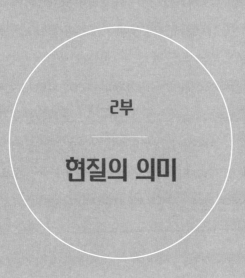

2부

현질의 의미

1장
현질의 등장

우리는 현질이라는 주제를 이야기하기 위해서 디지털게임의 역사를 소비와 결제라는 측면에서 바라본 결과들을 정리해왔다. 게임의 결제사는 구매와 대여, 개인공간과 공용공간, 오프라인과 온라인, 결제 편의성, 하드웨어와 소프트웨어 같은 여러 차이들 사이를 횡단해왔다. 가끔 '너무 비싸다', '이윤이 안 난다' 정도의 이야기가 오갔을지라도, 제작/유통사가 제시하는 결제방식과 소비자의 결제방식을 이야기할 때 결제와 소비 자체에 '~질'이라는 비하적 의미의 접미사를 붙여 말하는 상황이 나오지는 않았다.

　그렇기에 현질이라는 개념을 이야기하고자 할 때 우리는 그 비하적 의미를 통해 단어가 만들어졌다는 점에 주목하지 않을 수 없다. 이 장에서는 동시대의 게임 결제양식 중 상당한 비중을 차지하는 특정 결제방식이 널리 활용되면서도 동시에 비난의 대상이 된 현상을 살펴보고 그 원인을 생각해 보고자 한다.

비난과 인기를 동시에 품은 현질 게임

2014년 10월 5일, 한국의 게임 커뮤니티인 루리웹 내 게시판 창작만화 코너에 만화가 한 편 올라왔다. '우리나라 게임에 불만이 많은 사람들에게'라는 제목으로 올라온 이 만화는 작가 스스로 게임 개발자라고 밝히며 한국 게임들에 대한 게이머들의 불만을 나열한 뒤 '그럼 하지 마'(의성어로 '콰아아아'가 붙는다)라는 포효로 게이머들이 한국 게임에 가진 불만의 이유를 설명한다. 간단하게 내용을 요약하면 다음과 같다.

게이머들은 한국 게임에 이런저런 불만들이 많다. 현질만 유도하고, 유명 게임들을 거의 표절하다시피 갖다 붙이는 수준이라고 이야기하는데, '그럼 하지 마'라고밖에 이야기해줄 수 없다. 창의적이고 작품성 있는 게임들도 이미 많이 시도되었지만, 과도한 현질 없는 독창성 있는 작품은 시장에서 선택받지 못하고 도태되었다. 그런 시도들은 결국 게임사들을 망하게 만들 뿐이었던 반면 뽑기 중심에 강화/부스터 유료 결제를 넣으면서 기본 틀은 표절에 가깝고 사실상 사행성에 가까운 게임성을 가진 게임들은 오히려 시장에서 승승장구해온 것이 한국 게임의 역사였다. 커뮤니티에서 아무리 떠들어도 결국 실제로 돈을 쓰는 건 후자의 게임들을 향했고, 그런 소비자가 있기에 이런 게임들이 성장해온 것이다. 결국 지금 한국 게임의 상황은 그렇게 돈을 써온 이용자들이 만든 것이다.

　해당 게시물에는 2천 개가 넘는 댓글이 달리며 온라인상의 현질 논쟁에 크게 불을 지폈다. 이전에도 온라인 게임의 현질에 관한 날 선 비판들이 없었던 것은 아니지만, 이 만화가 그 논쟁의 가장 격렬한 지점을 건드려버렸기 때문이다. 만화에서는 욕을 먹는 입장인 한국 게임 개발자임을 밝히면서 우리 책임이 아니라 현질 게임에 돈을 쓰는 이용자들이 원인이라고 주장했는데, 이 이야기는 마냥 욕하기보다는 조금 곱씹어볼 구석이 있다. 실제로 현질 게임들의 상황을 살펴보면, 그토록 온라인 커뮤니티에서 욕을 먹고 있음에도 불구하고 매출과 이용자 자체는 다른 모든 게임을 제치고 늘 '탑쓰리'top 3를 놓치지 않는데, 이러한 게임들의 대중적 인기를 무시할 수는 없기 때문이다.

　커뮤니티에서 드러난 게임 이용자들의 반응은 현질이라는 결제 방식에 의해 주도되는 게임플레이가 점점 보편화되는 현실에 큰 분노를 드러내지만, 역설적으로 현질이 가능한 게임들은 산업적 측면에서 디지털게임의 매출과 저변 확대에 큰 공헌을 하고 있다.《대한민국 게임백서 2018》에 나타난 2017년 게임산업 매출 현황을 살펴보면, 모바일 게임의 매출 비중은 2011년 6.0%에서 시작해 지속적으로 성장해 2017년에는 국내 게임 매출의 54.9%를 차지하기에 이르렀다. 국내 모바일 게임별 매출 순위에서 구글 플레이스토어와 애플 앱스토어 양대 마켓의 상위 10위 게임 모두 무료로 설치한 뒤 게임 안의 추가 콘텐츠나 아이템 등을 결제하는 방식으로 이루어지는 부분유료결제로 이용하는 게임이라는 점도 같은 보고서에서 나타나고 있다(한국콘텐츠진흥원, 2019, pp. 60-70). 이렇게 스마트폰의 보급 이래 디지털게임의 대중화 측면에서 중요한 역할을 수행해온 모바일 게임의 주요 결제방식이 부분유료결제를 중심으로 두고 있다는 점은 디지털게임 전반에서 부분유료결제가 차지하는 비중이 현재도 높을 뿐 아니라 향후에도 높은 영향력을 행사할 것으로 예측할 수 있는 부분이다.

커뮤니티 등에서 나타난 이용자들의 강한 반발과 비난이 역대급 매출 및 이용자 수와 함께 나타나는 것은 현질이라 불리는 일련의 방식이 지닌 현재적 의미를 함축해 보여주는 현상이다. 모바일 게임 이후 본격화한 디지털게임의 대중화는 새로운 게이머들을 대거 유입시켰지만, 그 결제방식의 특징들은 동시에 수많은 기존 게임 이용자들로 하여금 새로운 결제방식에 대해 강한 반감을 갖게 했다. 비난과 인기가 동시에 크게 일어난 이 현상은 특정한 결제양식을 '~질'이라고 낮잡아 부르는 접미사를 보편적으로 자리 잡게 만드는 데 이르렀다.

현질이란 무엇일까?

현질이란 무엇일까? 그 비하적 의미를 떼고 생각해 보면 현질의 본질은 부분유료결제에 가깝다. 앞선 장에서 언급했던, 프리투플레이를 통해 소프트웨어는 무료로 제공되지만 게임 안에서 사용하는 여러 편의 기능이나 성능 향상 등을 별도의 결제로 구입하는 방식을 가리킨다. 이는 서버 안에서 핵심 기능의 연산과 처리가 이루어지는 온라인 기반 게임임을 전제로 한다.

그러나 부분유료결제라고 해서 모두 현질이라는 이름 안에 들어가는 것은 아니다. 이를테면 〈리그 오브 레전드〉에 적용된 결제방식을 우리는 현질이라고 부르지 않는다. 〈리그 오브 레전드〉에서 플레이어는 크게 두 가지 의미의 결제를 진행할 수 있는데 하나는 챔피언이라고 불리는 게임 안의 캐릭터를 구매해 플레이에 활용하는 것이고, 다른 하나는 해당 캐릭터의 외형인 스킨을 구매해 적용하는 것이다. 이 중 스킨 구매는 챔피언의 외형만 바꿀 뿐이기 때문에 부분유료결제임에도 현질이라는 이름이 붙지 않는다.

그러면 게임에 직접 활용되는 챔피언을 구매하는 것은 현질에 들어갈까? 이 부분도 대중적인 시각에서는 현질로 치부되지 않는다. 여기에는 몇 가지 이유가 있다. 첫째로 〈리그 오브 레전드〉의 챔피언은 현금이 아닌 다른 방식으로도 구매할 수 있기 때문이다. 게임플레이를 통해 쌓는 인게임 화폐들을 활용해서도 신규 챔피언을 구매할 수 있으며, 여기에 별도로 매주 일정 개수의 무료 챔피언을 돌려가며 제공하고 있기 때문에 상대적으로 챔피언을 현금결제로 구매하는 것이 필수가 아닌 상황이다. 두 번째 이유가 더 중요한데, 〈리그 오브 레전드〉는 PC방에서 플레이할 경우 선 챔피언을 모두 무료로 제공하기 때문이다. 실제로 PC방에서 플레이하는 것이 훨씬 더 중요하게 작용하는 게임 특성상 대부분의 플레이어들은 〈리그 오브 레전드〉의 결제방식을 현질로 여기지 않는다.

이런 사례를 보면, 이용자들이 특정한 결제방식을 현질이라고 부를 때 중요하게 작용하는 요소는 '이 결제가 실제 게임플레이에 얼마나 영향을 미치는가'와 '그러한 결제가 사실상 강제되는가'의 여부라고 생각할 수 있다. 다른 예들을 통해 좀 더 구체적인 현질의 모습을 살펴볼 수 있다.

온라인 카드배틀 게임인 〈하스스톤〉의 경우를 생각해 보자. 이 게임은 자신이 수집·보유한 카드들로 이른바 덱^{deck}을 맞추어 승패를 겨루는 것이 핵심이다. 당연히 보유한 카드가 많을수록 게임에서 승리할 덱을 맞출 수 있는 다양성이 증가하기 마련인 구조인데, 이는 부분유료결제로 가능하다.

〈하스스톤〉이 제공하는 부분유료결제는 크게 두 가지로 나뉜다. 첫 번째는 게임의 중심 캐릭터를 구매하는 방식인데, 이는 일종의 스킨 구매와 같은 형태로 실질적인 게임 양상에 영향을 주지 않고 캐릭터의 초상화만 바꿔주는 정도다. 이러한 캐릭터 구매는 현질의 범주에 들지 않는다. 그러나 카드를 구매하는 방식은 현금을 통한 부분유료결제가 가능한 구조다. 물론 현금으로만 살 수 있는 방식이 아니라 게임 내 퀘스트 등을 통해 얻는 인게임 화폐로도 구매가 가능한 형식이라 100% 현금결제만으로 이루어진다고는 할 수 없다. 그러나 실질적으로 게임의 승패에 영향을 줄 수 있는 형식이라는 점에서 일부 현질의 요소가 작동한다고 할 수 있다.

하지만 사람들이 〈하스스톤〉을 현질 게임의 범주로 생각하지는 않는 것 같다. 전술한 대로 게임의 승패에 영향을 주는 카드 구입이 온전히 현금 구매로만 이뤄지는 것은 아니기 때문이다. 보다 중요한 지점은 따로 있다. 〈하스스톤〉은 두터운 카드 덱을 갖춘다고 해서 완벽하게 승리를 보장하지 않기 때문이다.

〈하스스톤〉의 별명인 '운빨 게임'(실제로는 비속어가 뒤에 더 들어간다)이 이 게임의 승패와 현질 요소의 역할을 잘 드러내준다. 게임에는 최상의 덱이라는 것이 존재하기 어렵다. 언제 무슨 카드가 내 덱에서 핸드(손에 들고 있는 카드 패)에 뽑힐지는 완벽히 운의 영역이기 때문이다. 현질을 하지 않는 게임플레이 또한 현금결제 이용자와 카드 수집 속도에서 조금 차이는 날지언정 넘을 수 없는 차이를 만들지는 않는다는 것이다.[1]

여기까지 짚어보면 현질이라는 개념이 아주 명백한 것은 아니라는 사실을 알 수 있다. 물론 시중에는 게임의 승패가 100% 현금결제 금액의 크기에 의해 좌우되는 경우도 적지 않지만, 그 기준을 명백하게 가르기는 쉽지 않다. 기본적으로 현질은 프리투플레이라는 무료 입장을 전제로 하기 때문에, 추가로 부분유료결제를 하지 않는다고 해서 게임을 할 수 없는 것은 아니다. 다만 게임 안에서 이용자들의 게임 결과를 통해 순위를 정하고 승패가 거기에 영향을 주는 환경에서 무료 이용자들은 대체로 낮은 순위에 머물게 된다. 그러나 이는 오히려 특정 게임의 무료 이용이 충분히 가능하다는 사실을 뒷받침한다. 이른바 '바닥 깔아주기'로 불리는, 무료 이용자들을 순위의 밑바닥에 위치하게 만들고 현금결제 이용자들을 상위로 올라서게 만드는 구조가 현질이 작동하는 게임의 기본 구조다. 이 안에서

---

1   그러나 게임 자체가 오래되고 등장하는 카드 개수가 늘어나면서 이제는 기본 카드를 현금으로 구매하지 않으면 쉽게 따라가기 어려운 격차가 나타나고 있음을 유의해야 한다. 누적된 플레이 시간만큼 벌어지는 숙련자와 신규 유입자 사이의 차이는 현금결제 없이는 메꾸기 어렵다.

이용자들은 부분유료결제가 얼마만큼 치명적으로 게임의 승패에 영향을 미치는지에 대한 주관적 판단으로 현질 게임이냐 아니냐를 구분하게 된다.

따라서 현질이라는 용어의 성격을 정리하면 다음과 같다. 여러 사람이 어울려 경쟁하는 온라인 게임 안에서 부분유료결제를 통해 게임 내적인 승패나 우열의 관계에서 확실한 우위를 얻을 수 있는 방법이 존재한다면, 그리고 그 결제가 만드는 우위가 매우 확고하고 넘어서기 어려워서 게임을 플레이할 때 그 영향력이 크다면, 우리는 이 게임을 현질 게임이라고 할 수 있다.

현질의 전제, 부분유료결제의 등장과 발전

현질을 이야기하기에 앞서 우리는 현질의 배경이자 전제인 부분유료결제를 이야기하지 않을 수 없다. 앞선 이야기를 정리하면 결국 부분유료 게임 중 게임 규칙에 깊숙히 개입하는 현금결제가 곧 현질이 되기 때문이다. 게임 결제의 변화를 길게 이야기한 만큼 가장 최근에 등장한 결제양식인 부분유료결제의 역사 또한 살펴보고 넘어가야 하겠다.

디지털게임의 수익 모델 혹은 결제 모델 중 하나로 일컬어지는 부분유료결제에 대해 이동은·이유호(2015)는 게임의 결제 모델을 크게 네 가지로 구분하며 그 한 축을 구성하는 분류로 설명했다. 클라이언트 프로그램 판매, 특정 기간의 요금제를 기반으로 한 정액제, 무료 플레이 제공 후 특정 시스템 이용에 요금을 부과하는 부분유료, 같은 무료 플레이지만 광고 시청 등을 통해 수익을 발생시키는 광고형 모델 중 세 번째가 부분유료결제 모델이다.

　　이러한 부분유료결제의 출현에 대해 류태영·오규환(2007)은 기존 온라인 게임의 주력 결제방식이었던 정액제의 한계를 넘어서기 위한 대안적 제시였다고 본다. 1990년대 후반부터 2000년대 초반 유행한 MMORPG 게임들의 상당수가 채택한 월정액 방식은 무료 게임의 등장과 대량의 이용자를 보유한 몇몇 소수의 성공한 MMORPG 게임의 이용자 독점 현상 등에 의해 신규 게임의 시장 진입을 어렵게 만들었고, 좁아진 시장에서 경쟁 과열로 인해 정액제 게임들의 월 가격은 2006년을 기점으로 점차 하락하기 시작했다. 부분유료결제는 이런 온라인 게임의 수익 저하 경향을 타개하기 위한 방법으로 등장했다고 볼 수 있다. 같은 논문에서 두 사람은 최초의 부분유료결제 사례로 넥슨이 1999년에 출시한 〈퀴즈퀴즈〉를 제시했다(류태영·오규환, 2007; 유창석, 2015). 온라인 캐릭터를 이용해 같은 방에서 출제되는 퀴즈를 풀어가며 플레이하는 게임인 〈퀴즈퀴즈〉는 최초 출시 시점에는 무료로 배포되었으나 2001년 3월부터 퀴즈를 풀어 모은 사이버머니로 구매할 수 있는 액세서리 아이템 외에 현금결제를 통해 구매할 수 있는 캐시 아이템을 추가하면서 부분유료결제 개념을 처음 도입한 게임으로 거론된다. 다만 이때 적용된 부분유료결제 방식은 디지털게임플레이에 영향을 주는 요소로 보기는 어려웠다. 〈퀴즈퀴즈〉의 캐시 아이템은 퀴즈방에 참여하는 캐릭터의 의상과 액세서리였고, 이것들은 게임의 규칙에 영향을 주는 요소가 아니었다.

현질의 의미로 통용되는 부분유료결제의 특징이 가리키는 지점은 현금결제를 통한 구매가 게임 규칙 안의 플레이에 영향을 주는 경우다. 마더와 개티그 등(Marder & Gattig, et al, 2018)은 디지털게임의 부분유료결제를 구분하는 기준으로 게임 안에서 이점in-game advantage이 제공되는지 여부를 통한 기능적 구분을 제시한다. 유창석(2015)은 앞선 〈퀴즈퀴즈〉의 부분유료결제 도입 이후 거둔 성공을 넥슨이 이어가는 방식을 서술한다. 2001년에 출시된 〈크레이지 아케이드 : BNB〉에서 본격적으로 현금결제 구매를 통해 게임 안에서 일정 기능을 발휘하는 아이템이 등장했고, MMORPG에서도 2002년 〈네오다크세이버〉가 정액제를 부분유료 서비스로 전환하는 사례를 남겼다는 것이다(유창석, pp. 4-5).

유창석은 같은 글에서 게임플레이에 영향을 주는 부분유료결제의 변화 양상 중 세 지점을 지적한다. 첫 번째는 〈마비노기〉를 중심으로 이루어진 오늘날 온라인 게임에서 이용되는 부분유료 아이템 양상의 정착이다. 앞서 2004년 넥슨의 〈카트라이더〉에서 한 번 구매하면 영구히 이용할 수 있었던 아이템이 기간한정제로 변경된 점과 함께 유창석은 〈마비노기〉에서 적용된 한정판 아이템과 게임 인벤토리inventory[2] 판매 등이 이루어진 지점을 "MMORPG 부분유료 과금에서 기초적인 공식의 대부분"을 만들어낸 순간으로 지목한다. 두 번째 지점은 확률형 아이템의 등장이다. 〈메이플 스토리〉의 일본 서

---

2 게임에서 플레이어가 획득한 게임 아이템을 보관하는 장소.

비스에서 2004년 6월 뽑기 이용권을 100엔에 구매할 수 있는 서비스를 제공한 결과 성공을 거두었고, 이를 한국으로 가져와 2005년 7월 한국 〈메이플 스토리〉에 반영했는데, 이후 넷마블의 〈마구마구〉(2006)가 확률형 아이템이 게임 모델의 중심에 들어가는 형태로 개발되는 과정에서 이 현상이 일본에서 어느 정도 보편화된 모델인 '가챠퐁'[3]으로부터 영향받았음을 이야기한다. 세 번째 지점은 '중국계 부분유료 모형'이라 불리는 모델로, 이른바 VIP 시스템이라 불리는 방식의 도입이다. 같은 상품에 대한 가격 차별화가 일상적으로 받아들여지는 중국의 상거래 문화에서 도입된 VIP 시스템은 〈도탑전기〉(2014)에서부터 본격화되었으며, 이후 여러 온라인 기반 게임들에 받아들여지면서 부분유료결제의 새로운 모델로 자리 잡았다.

부분유료결제의 여러 양상은 이후 다채롭게 발전했고, 사실 책이라는 매체를 통해 이를 규정하는 것은 다소 한계가 있다. 지금 이 순간에도 새로운 유형의 부분유료결제가 계속 출현하고 있을 것이기 때문이다. 그런데도 우리는 몇 가지 양상으로 부분유료결제를 간단하게나마 정리함으로써 부분유료 안에서의 현질이라는 개념의 위치를 살펴볼 수 있을 것이다.

부분유료결제의 초창기 모델이자 현재까지도 현질이라는 비난으로부터 가장 멀리 떨어져 있는 결제방식은 게임플레이에 직접적 영향을 미치지 않는 결제방식이다. 각종 게임 안에서 캐릭터의 의상이나 외형을 바꿔주는 스킨 판매, 액세서리와 같은 주로 그래픽 리

3   한국에서도 유행했던, 동전을 넣고 레버를 돌리면 상품이 든 구형 플라스틱 캡슐이 굴러나오는 일종의 자동판매기.

소스 측면에서의 변화를 제공하는 서비스가 대표적이다. 〈배틀그라운드〉와 같은 슈팅 액션 게임에서의 총기나 액세서리 외형 변경권, 〈스타크래프트 리마스터〉에서의 아나운서 목소리 패키지 등이 여기에 포함된다. 이들은 게임에서 클리어, 승리, 게임 오버 같은 내부 규칙에 영향을 주지 않으며, 규칙과 무관하게 플레이어 혼자 느끼는 만족감 혹은 게임 안에서 타인의 시선으로부터 오는 만족감을 위해 지불되는 비용이다. 게임의 승패에 영향을 주지 않으므로 이러한 결제는 현질이라 불리지 않으며, 부분유료결제라는 이름으로 분류된다.

본격적으로 게임의 승패에 영향을 미치는 경우가 이른바 현질의 기본 전제가 되는 결제방식이다. 여기에는 상당히 많은 종류가 포함된다. 캐릭터별로 성능이 다른 게임에서 특정한 캐릭터를 얻는 방법이 현금결제로만 한정되었을 경우, 그런데 그 캐릭터의 성능이 게임 규칙 전반을 압도하는 경우라면 이 캐릭터를 현금으로 구매하는 것은 현질의 영역이다. 캐릭터뿐 아니라 아이템도 마찬가지다. 게임에서 순수하게 게임 내적인 활동들―사냥, 크래프팅, 퀘스트 등―로 구할 수 없는 수준의 아이템이 지대한 능력치를 발휘할 경우, 이 아이템을 구매하는 것 또한 현질의 범주에 포함된다.

단순히 게임 캐릭터의 스탯[4]이나 능력치를 직접적으로 만들어내는 아이템과 캐릭터만으로 현질이 국한되는 것은 아니다. 오히려 게임의 시공간에서 조금 벗어나면서도 캐릭터의 능력치를 변경

---

[4]   롤플레잉 게임 장르를 비롯한 각종 게임 등에서 인물의 특정 능력치에 종류를 부여해 계량화한 시스템을 일컫는 게임 용어.

할 수 있는 권한들이 더욱 깊숙한 개입을 보여주는 경우가 많다. 이른바 '부스터'라고 불리는 권한들이 대표적이다. 이들은 실제 게임 안에서 능력치 성장을 위해 가져야 하는 노력, 이를테면 레벨업과 사냥, 퀘스트 돌파와 클리어 등을 좀 더 압축해 활용할 수 있는 기회를 제공한다. 레벨업 부스터를 현금결제할 경우, 롤플레잉 게임 안에서 플레이어는 무료로 플레이할 때보다 게임에 사용한 시간 대비 훨씬 높은 경험치를 받게 되며, 이는 게임플레이 시간에 비례해 성장하는 캐릭터의 능력치 향상에 큰 어드밴티지를 제공한다. 비슷한 방식의 부스터들은 동일 시간 동안의 플레이에서 얻는 게임 내 화폐인 골드 류의 획득량을 일정 비율로 올려주는 골드 부스터, 희귀한 아이템의 드롭률을 비약적으로 향상시켜 주는 '아이템드랍 부스터' 등의 형태로 나타난다.

직접적인 능력 향상이 아닐지라도 게임플레이에 크게 영향을 주는 요소들도 현금으로만 구매가 가능한 경우에는 현질의 범주에 들어갈 수 있다. 롤플레잉 게임에서 아이템을 보관하는 창고나 은행, 인벤토리의 확장 등이 유료 결제를 통해 제공될 경우, 직접적이진 않더라도 충분히 게임플레이에서 무료 이용자와 편의성뿐 아니라 효율성 측면에서도 큰 차이를 낼 수 있기 때문이다. 이동거리를 줄여주는 탈 것과 같은 서비스, 사망 시 패널티 없는 부활을 제공하는 아이템 같은 경우도 현금으로만 결제가 가능할 경우 현질의 대상이 된다.

그렇지만 다채롭게 유형을 늘려가는 현질 성격의 부분유료결제는 오로지 현질이라는 결제 자체의 성격만으로 비난받는 것은 아니다. 현질과 겹치는 의미의 영역에서 함께 나타나 비난받는 게임 결제 및 이용의 다른 측면들 또한 현질이라는 개념을 구성하는 데 긴밀하게 영향력을 주고받는다. 대표적으로 자동전투, 자동사냥과 확률형 아이템을 들 수 있다.

자동전투와 확률형 아이템, 그리고 현질

부분유료결제가 부분유료결제 단독으로만 의미 지어지는 것은 아니다. 특정한 결제양식은 게임 콘텐츠 내부까지 영향력을 미치며 새로운 게임의 변화를 만들어낸다. 부분유료결제, 현질이라는 개념과 함께 거론되는 자동전투와 확률형 아이템 또한 따로 분리해서 생각하기 어려운 교차점들을 가지고 있음에 주목해야 한다.

자동전투는 처음 등장할 때부터 게임 제작사가 직접 게임 안에 설계한 콘텐츠로서 등장한 것이 아니었다. 물론 유래를 따진다면 고전 싱글플레이 롤플레잉 게임인 〈쯔바이!!〉에 등장했던 강아지의 자동 아이템 수집 같은 방식도 존재했지만, 현재 존재하는 자동전투의 원류는 자동사냥이라고 불렸던, 플레이어들에 의해 이루어진 일련의 게임플레이 방식이 게임 콘텐츠 안에 들어온 형태로 보는 것이 타당하다.

자동사냥은 온라인 게임이 대세를 이룬 후 등장한 일종의 불법적 서드파티 프로그램Third Party Program[5]을 활용해 게임을 플레이하는 방식이었다. 이른바 '오토'라고 불리는 방식과 상통한다. 이러한 자동사냥의 등장에는 나름의 배경이 있는데, 롤플레잉 게임의 대중화와 함께 일어난 '사냥'이라는 콘텐츠에서 유발된 지루함이다.

롤플레잉 게임에서 플레이어는 점점 강력해지는 적과 상대하기위해 필연적으로 캐릭터를 계속 성장시켜야 한다. 이 성장에서 중심을 이루는 플레이가 사냥이다. 거대한 보스와의 일전을 위해 준비해야 할 것들은 적정한 레벨, 충분한 공격·방어 스탯과 아이템 같은 것들이고, 이를 획득하기 위해 작은 몬스터와의 전투, 즉 사냥을 해야 한다. 지속적으로 적당한 몬스터를 잡고 떨어지는 골드와 아이템, 경험치를 획득해 캐릭터를 성장시키고, 그 성장을 발판으로 한 단계 더 나아가는 것이 롤플레잉 게임의 기본 공식이다.

그러나 이 사냥의 과정이 모든 롤플레잉 게임에서 훌륭하고 매끄러운 것은 아니었다. 잘못된 디자인도 있었고 플레이하는 사람과 난이도가 적절하게 맞춰지지 못하는 문제도 있었는데, 이러한 점들은 자칫하면 게임의 사냥을 지루한 순간으로 만들곤 했다. 이를테면 게임을 정석대로 따라가면 적정한 퀘스트와 전투를 통해 레벨 10 정도가 될 때 만나게 되는 보스를 이길 수 있는 적정 레벨이 20인 경우처럼 불일치가 나타나는 경우를 들 수 있다. 이때 플레이어는 쉽게 보스를 격파할 수 없는 상황에 놓이는데, 이를 타개하려면 다시 필드에서 무제한으로 나타나는 잡몹[6]들을 잡으며 경험치를

---

5   최초 제작사가 아닌 제3자인 개발사가 원전 제품과 호환 가능한 기능을 별도로 구현하여 판매 혹은 유통하는 프로그램.

6   이무렇게나 막 섞였다는 뜻의 한자 잡(雜)과 무리·군중을 뜻하는 'mob'의 합성어로 주로 인터넷 게임에서 보스 몹이 나오기 전에 일상적으로 등장하는 제거 대상을 이르는 말이다.

쌓고 추가 아이템과 골드를 획득해 캐릭터의 전투력을 상승시켜
야 했다.

　　이때의 전투 혹은 사냥 과정을 이른바 '노가다'라고 부른다. 나름
의 스토리 전개에 따른 모험이 자연스럽게 캐릭터의 성장을 만들지
못하면서 발생하는 괴리를 추가적인 사냥으로 채우는 과정은 흥미
로운 전투라기보다는 지루한 사냥의 반복으로 다가오기 때문이다.
강한 적과 싸우기보다 경험치와 아이템을 위해 안전하게 약한 적을
더 많이 잡는 방식을 택해야 하는 상황은 반복의 지루함을 불러일으
키는 요소가 되었다. 전투가 '지루한 사냥'이 되는 과정은 그 원인이
디자인 실패건 플레이어 개인의 적응 실패건 상관없이 나타날 수 있
는 보편적인 문제였다.

　　이는 롤플레잉 게임이 온라인 시대를 맞이하면서 더욱 부각되
었다. 싱글플레이에서는 기승전결이 명백하고 게임의 엔딩이 확실
했기 때문에 적당한 레벨업과 파밍farming[7]의 완료 시점이 존재했던
반면, 무한한 시간이 지속되는 온라인 롤플레잉 게임에서는 기약 없
는 무한 파밍이 될 가능성이 훨씬 높아졌다. 많은 게임사들은 콘텐
츠의 엔딩이 없어진 온라인 시대에 이르러 게임의 중심을 무제한으
로 가능한 레벨업에 두기 시작했고, 이는 접속한 플레이어 사이의
PVP 경쟁을 통해 끝없는 상호 발전을 요구하는 현상과 맞물리며 무
한한 성장을 온라인 롤플레잉 시대의 중심으로 자리잡게 했다. 업
데이트 때마다 제공하는 기본 퀘스트 진행이 끝나면, 최종 아이템을

　　7　　농업이나 농사라는 뜻의 영단어지만 게임에서는 아이템을 얻어 성장하는 것을
　　의미한다.

얻기 위한 무한 파밍의 사냥 플레이가 반복되는 구조가 주류를 이루기 시작했다. 그 과정도 나름의 재미를 제공했지만 실패한 디자인을 가진 게임의 경우에는 지루하고 반복적인 무한 사냥의 루프에 빠지는 일이 부지기수였다.

이런 지루함을 넘어서기 위한 방책으로 나타난 것이 플레이어들에 의해 이루어지는 이른바 '오토'였다. 직접 플레이하지 않아도 자동으로 지루한 사냥을 반복적으로 수행하게 만들어주는 방법들을 가리키는 말이다. 아주 간단하게는 특정 키를 매크로 프로그램 macro program[8] 등을 통해 반복해 누르게 만드는 방식이 있었다. 토끼나 사슴 같은 잡몹이 많은 필드에 캐릭터를 세워두고 광역 공격이 가능한 기술을 자동으로 연타하게 해두면, 지나가던 몹들이 범위에 들어오면서 맞아 죽고, 한참 뒤에 플레이어는 돌아와서 떨어진 골드와 아이템을 줍고 경험치를 가져가는 식이다.

스킬을 작동시키는 키보드에 동전 하나만 꽂아두어도 가능한 이 방식은 좀 더 구체적인 매크로로 발전하기에 이른다. 플레이어 캐릭터가 알아서 몹을 향해 다가가고 공격한 뒤 아이템을 줍는 동작을 자동으로 반복하는 매크로가 개발되어 돌기 시작했고, 좀 더 발전하여 자신의 인벤토리가 가득 차면 마을로 돌아가 불필요한 아이템을 팔고 다시 돌아오는 기능도 나타났다. 지루한 파밍의 순간을 회피할 수 있는 사냥 매크로는 단순히 플레이의 지루함을 넘어서는 용도 이상의 의미를 갖기 시작했는데, 온라인 게임이라는 멀티플레

---

8   마우스나 키보드를 조작하여 여러 번 순서대로 해야 할 동작을 클릭 한 번으로 자동 실행시키는 프로그램.

이가 만드는 시장성이라는 점에서였다.

온라인 게임에서는 획득한 아이템과 골드를 별도의 마켓에서 플레이어끼리 거래할 수 있다. 완성된 무기나 갑주 같은 아이템뿐 아니라 여러 가지 물품의 재료가 되는 원료 또한 거래가 가능해 일종의 시장이 형성되는 모습을 여러 게임에서 쉽게 관찰할 수 있다. 무기를 만들기 위한 금속 원광, 버프[9]용 음식과 약재의 원료가 되는 약초나 식재료 등은 몬스터 사냥이나 필드에서의 채집을 통해 획득할 수 있었다. 그러나 사냥과 채집은 실제로 플레이어가 필드를 돌아다니며 일일이 모아야 하는 수고로움을 동반하는 생산의 과정으로 상당한 지루함과 고됨을 요구한다. 들인 시간만큼을 획득하여 자원으로 활용하는 채집의 구조 또한 오토 매크로를 통해 극복되었는데, 더 큰 의미는 자동으로 얻은 재료와 물품들이 시장에서 거래가 가능하다는, 다시 말해 교환가치로서 의미를 갖게 된다는 데 있었다.

매크로를 통해 모은 재료들을 시장에서 거래할 수 있다는 사실은 특히 게임 내 아이템과 골드가 게임 밖의 아이템 거래 사이트 등을 통해 현실의 현금과 거래가 가능한 대상이 됨으로써 본격적으로 '작업장'을 형성하게 하는 원인이 되기도 했다. PC 여러 대를 동원해 온라인 게임에 접속한 뒤 오토 매크로를 돌려 캐릭터마다 채집이나 사냥을 자동으로 수행하게 하고, 발생한 자원과 골드를 아이템 거래 사이트 등을 통해 현실의 현금으로 교환하는 일이 수익성 있는 활동

---

9   게임 안에서 캐릭터의 능력치를 강하게 만들어주는 효과성 기술들을 통칭한다. 체력이나 공격력 등을 올려주는 마법, 스킬, 오라 등이 포함된다.

으로 간주되며 벌어진 일이었다.

오토 매크로 기반의 작업장들 때문에 게임 내 경제도 요동쳤다. 생산에 일정 시간 플레이를 투여해야 하는 관계로 총 생산량에 한계가 있었던 게임 설계를 벗어나 무한한 양의 자원이 게임 내에 쏟아지기 시작했다. 이는 플레이를 통해 자원을 마련하던 플레이어들로 하여금 사냥과 전투로 획득한 아이템과 골드의 가치를 상대적으로 손해 보게 만드는 시장 구조를 형성했다. 게임사는 이런 문제에 대응하기 위해 오토 매크로 계정들을 제재했지만, 쉽게 해결되는 문제는 아니었다.

흥미로운 점은 게임 외부의 매크로를 통해 작동하는 자동사냥은 불법 이용으로 여겨 제재했지만, 이후 모바일 시대에 들어서면서부터는 게임사가 직접 운영하는 자동사냥과 자동전투가 본격적으로 게임의 정식 콘텐츠로 자리 잡기 시작했다는 점이다. 스테이지 기반으로 진행되는 많은 모바일 롤플레잉 게임에서 자동사냥은 플레이어가 선택해 발동시킬 수 있는 기능으로 들어왔다. 도입의 맥락은 맨 처음 이야기했던 '노가다'를 피하기 위한 맥락과 동일하다. 반복적 파밍을 통해 필요한 재료와 아이템을 손쉽게 수급하고, 이를 통해 빠르게 성장을 유도할 수 있다는 점이 도입의 주된 배경으로 꼽혔다.

여기에도 여러 가지 요소들이 복합적으로 개입한다. 인터페이스 측면에서도 적지 않은 영향력이 개입했는데, 평판 터치스크린 디스플레이가 기반인 모바일 디바이스 환경에서는 세밀한 조절이 필요한 플레이가 상대적으로 어렵다는 점 또한 중요하게 작용했다.

작은 화면에서 입력에 대한 피드백이 상대적으로 적은 터치스크린 플레이는 미세한 입력보다는 배치와 세팅 같은 좀 더 뒤로 빠진 카메라에서의 플레이에 중심을 두었다. 여기에 지루하게 여겨지던 파밍의 요소가 결합하면서 플레이어의 요구가 '불편한 직접 플레이를 하지 않아도 충분히 파밍이 되는' 형태를 향하게 된 것이다. 그저 스마트폰 전원만 연결해두고 자동 플레이를 누르면 알아서 게임이 실행되고 자동으로 경험치와 아이템이 쌓이는 형태의 플레이는 그렇게 모바일 롤플레잉 게임의 요소 중 한자리를 차지하게 되었다.

자동전투 혹은 자동사냥이라고 불리는 현대 모바일 롤플레잉 게임의 새로운 요소는 부분유료결제와 떼려야 뗄 수 없는 관계다. 만약 이 게임들이 한 번의 구매로 소유할 수 있는 콘텐츠인 동시에 기승전결을 갖춘 별도의 엔딩이 명확히 존재하는 게임이라면 자동전투의 의미가 사라지기 때문이다. 모험을 즐기기 위해 돈을 내고 게임을 구매했는데 그 모험을 그냥 자동으로 돌려놓고 엔딩만 보는 것이라면 굳이 시간을 들여 해야 할 이유가 없다. 자동사냥의 배경에는 무한히 영속하는 게임 시간과 그 안에서 끝없이 벌어지는 경쟁 과정이 필수적으로 자리한다. 그리고 경쟁에서 게임플레이를 자동으로 유지하는 행위는 그보다 훨씬 더 간편한 해결책인 경험치와 아이템을 유료로 구매하거나 부스트하는 부분유료결제와 선택적 상호관계를 이룬다. 부분유료결제, 현질과 자동사냥을 따로 떼어 이야기하기 어려운 지점은 여기에서 나타난다.

함께 이야기하지 않을 수 없는 두 번째 요소가 확률형 아이템이다. 부분유료결제로부터 기인하는 현질에 대한 비난 못지않게 게이머들로부터 비난받을 뿐 아니라 특유의 결제방식 때문에 사행성 문제와 얽히며 세계 각국 정부로부터도 주목받는 확률형 아이템은 사실상 오늘날의 현질이라는 개념을 증폭시키는 역할로 함께 묶이는 방식으로 디지털게임의 많은 것을 바꿔놓은 핵심 개념이다.

현실의 물건 판매에도 존재하는 '럭키박스' '랜덤박스'와 유사한 형태로 존재하는 확률형 아이템은 간단히 말해 일정한 금액을 결제하지만 구매 상품이 일정한 확률에 의해 무작위로 결정되는 방식을 가리킨다. 디지털게임에서는 상자 자체를 구매하는 형태, 카드 수집형 게임에서 카드 앞면을 알 수 없게 포장된 패키지를 구매하는 형태로 표현되며, 상자나 패키지를 열었을 때 비로소 내가 구매한 상자 안에 무엇이 들어 있는지를 알 수 있는 형식이다.

현실에서도 이벤트성으로 이따금 진행되는 랜덤박스형 판매다 보니 무슨 큰 문제일까 생각할 수도 있겠지만, 2021년 현재 한국 디지털게임을 향한 가장 큰 비난은 바로 이 확률형 아이템에 모인다. 2021년 초반에 터진 일명 '트럭 시위' 사태는 확률형 아이템이 가장 직접적 원인이 되어 폭발한 사건이었다. 한두 개의 게임에 그치는 문제가 아니라 최근 유행하는 게임 전반에서 유저들의 분노를 공통으로 일으키는 요소인지라 확률형 아이템은 현질 문제를 다룰 때 필연적으로 함께 등장한다.

확률형 아이템이 가장 많이 지적받는 문제점은 확률의 비공개 혹은 불투명성이다. 앞서 언급한 트럭 시위 사태는 대형 게임회사 넷마블이 발매한 게임 〈페이트/그랜드 오더〉에서 시작되었지만, 그 정점을 찍은 사태는 넥슨의 〈메이플 스토리〉에서 벌어진 확률형 아이템의 고지 확률과 실제 당첨 확률의 불일치가 알려진 순간이었다. 모든 게임 커뮤니티와 게임 웹진들이 사태를 크게 받아들였고, 이어서 여러 게임에서 확률 조작이 의심되는 사례들에 대한 제보가 이어지면서 확률형 아이템에 관한 불만이 크게 터져나오는 상황을 만들어냈다.

확률형 아이템은 결제 금액과 구매 대상이 일치하지 않을 수 있다는 불균형을 전제로 하고 있기 때문에 매우 위태로운 결제방식이다. 그런데도 이 방식은 사실상 현재의 부분유료결제 전반에 강하게 연계되어 작동하고 있으며, 날이 갈수록 그 기법이 정교해지는 추세다. 최초에 별다른 기법 없이 무작위로 아이템과 기능을 넣어 팔던 방식에서 이제는 '천장'[10]이라 불리는 기법이 도입되며 일종의 마일리지 개념을 더한 방식이 출현하기도 했고, 게임 콘텐츠 내적으로는 랜덤박스를 구입한 뒤 오픈하는 과정을 매우 공들인 연출로 두근두근하게 만들어 일명 도박의 '쪼는 맛'이라는 기대감과 설렘을 배가시키는 형태를 구현하기에 이르렀다.

현질의 문제점을 지적하는 과정에서 나타나는 문제인 과도한 현금결제를 요구한다는 점은 이 확률형 아이템 방식과 맞물린다. 유용한 아이템이나 기능을 순수하게 현금결제로 구매할 수 없게 하고 오직 확률형 아이템으로만, 그것도 아주 낮은 확률로 뽑히도록 만들어낸 게임 구조는 이용자로 하여금 실낱같은 확률에 기대어 훨씬 많은 돈을 쓰게 만들었기 때문이다.

10   부분유료결제 게임에서 지속해서 뽑기에 도전했지만 계속 꽝이 나올 경우 일정 금액 이상을 넘겼을 때 특정 아이템을 제공하는 것을 가리키는 용어.

부분유료결제의 현질은 오늘날 여러 게임이 비판받는 다른 요소들인 자동사냥 및 확률형 아이템과 유기적으로 연결되어 기존의 게임과는 완전히 다른 형태의 플레이 현장을 구축하고 보편화하기 시작했다. 그러나 이 달라진 환경은 한편으로는 폭발적 매출 증대를 이뤄낸 반면 게이머 커뮤니티로부터는 '이것은 진정한 게임이 아니다'라는 비판을 받으며 논쟁의 핵심이 되었다. 이제 단순히 결제양식만 바뀐 것이 아니라 게임과 게임플레이 전반을 뒤바꿔놓은 부분유료결제의 현질이라는 방식이 어떤 점에서 기존의 게임들과 다른 환경을 구축하게 되었는지 짚어보자.

2장
납금플레이

디지털게임은 초기부터 자본주의 대중문화상품의 성격을 강하게 띠었다. 생산 효율을 위해 개발된 기계를 놀이용으로 전유하던 가벼운 장난은 일정한 금액을 지불하고 즐기는 오락기기가 되면서 본격적으로 발전해 오늘날의 형식에 이르렀다. 그러나 자본주의 대중문화상품으로서 게임은 단순히 하나의 결제양식으로 규정되기 어려운 다채로운 상품관계를 거치며 변화해왔고, 결제양식의 변화는 단지 경제적 사건에 머무르지 않고 디지털게임의 콘텐츠 자체에도 적지 않은 영향력을 행사해 왔다.

부분유료결제의 특정 양식이 현질이라는 비난 가득한 멸칭으로 불리는 이유는 게임 콘텐츠에 미친 영향이 기존의 어떤 결제양식보다도 컸고, 그 변화가 고전적인 게이머들의 입장에서 매우 불쾌한 무언가였기 때문일 것이다. 이 장에서는 그 멸칭의 배경을 되짚어보며 그동안 제작사와 이용자 사이에 별다른 분쟁이 없었던 게임을 놓고 발생한 상품관계에 일어난 어떤 변화가 오늘날 현질이라는 개념에 이르게 되었는지를 살펴본다.

전통적인 게임플레이의 구조

많은 게이머들이 현질이라는 부정적 단어를 사용하는 이유는 현질의 등장 이전과 이후 게임이 달라졌다고 느끼기 때문이다. 정확히는 게임뿐 아니라 게임플레이가 현질 시대에 들어서 바뀌었다는 말인데, 무엇이 달라졌는지를 살피기 위해서는 먼저 현질 시대 이전에 게임플레이가 어떠했는지 생각해 봐야 한다.

게임플레이를 다룰 때 자주 언급되는 고전인 요한 하위징아의 《호모 루덴스》(연암서가, 2018)와 로제 카이와의 《놀이와 인간》(문예출판사, 2018) 등의 저작은 디지털게임 등장 이전부터 존재해온 놀이라는 개념이 생산을 중심으로만 다뤄졌던 인간이라는 존재를 구성하는 매우 중요한 요소임을 부각했다는 점에서 의미가 있다. 이후 본격적으로 디지털게임에 관한 연구가 진행된 1990년대부터는 이른바 내러톨로지narratology[1] 루돌로지ludology[2] 논쟁이라는, 게임의 매체적 속성에 관한 연구들이 이어졌고 이 과정에서 게임 텍스트뿐 아

---

1   게임 텍스트의 시사와 캐릭터, 게임 이용에 관한 특성을 잘 파악하는 것 게임을 하나의 문화 텍스트로 규정하고 텍스트를 구성하는 '서사'에 관한 분석을 중요시한다.
2   게임 텍스트를 자신의 세계로 전유하는 유희적 차원을 강조하는 것 게임 텍스트를 즐기는 이용자의 쾌락을 중시한다.

니라 게임을 실제로 플레이하는 게임 이용자와 그 이용자가 텍스트와 상호작용하는 과정으로서의 게임플레이에 대한 주목이 이루어지기 시작했다.

텍스트도 수용자도 아닌 둘 사이의 관계와 상호작용으로 나타나는 게임플레이는 멈춰 있는 대상이 아닌 '상호작용'의 양 끝에 위치하는 점을 잇는 동적 개념으로 존재한다. 많은 게임 디자이너들이 제시된 텍스트에 플레이어가 어떻게 반응할지를 예상하며 게임을 디자인한다.

게임 디자이너 라프 코스터는 《라프 코스터의 재미 이론》(길벗, 2017)에서 게임의 재미를 두뇌의 지능활동으로부터 탐색하고자 한다. 지능활동의 중심으로서 뇌는 스스로 재구성한 의미의 덩어리를 통해 세계를 인식하며, 그 과정에서 자신의 세계 이해에 불필요한 많은 것들을 추상한다. 이런 관점에서 게임은 두뇌가 즐겁게 가지고 놀 수 있는 의미 덩어리의 집합체로 이해된다. 디지털게임은 존재하는 세계를 있는 그대로 재현하는 것이 아니라 가상공간에 생략되고 추상되어 규칙으로 의미 덩어리를 재현할 수 있는 최소한의 형태를 취하며, 이를 이용해 뇌는 "숨겨진 패턴을 이해하고 이를 숙달해가는" 과정을 통해 재미를 느낀다고 코스터는 이야기한다.

이때 코스터는 의미 덩어리로서의 게임을 뇌가 즐겁게 받아들이는 과정을 설명하기 위해 미하이 칙센트미하이(1990)의 '플로우' flow 개념을 차용한다. 칙센트미하이는 행복을 추구하는 인간이 가장 행복을 느끼는 순간을 최적경험 optimal experience 이라는 개념을 통해 설명하며, 이 최적경험의 상태에서 인간의 주의력이 오직 목표만

을 위해 자유롭게 사용되는 순간으로 자신의 플로우[3] 개념을 정의
한다. 플로우는 자아에 주어지는 도전과 이를 극복하려는 능력이 적
절한 균형을 이룰 때 발생하는 개념이다. 도전의 난이도가 높으면
자아는 몰입이 아니라 불안감에 빠져버리며, 반대로 과도하게 쉬
운 난이도의 도전 앞에서 자아는 성취감으로서의 몰입이 아닌 지
루함에 머물게 된다. 도전과 기술의 적절한 균형점이 곧 '플로우 통
로'가 되며 인간이 진정한 행복을 느끼는 순간이라고 칙센트미하
이는 이야기한다.

　〈그림 1〉에서 A1에 위치한 플레이는 플레이어의 기술과 숙련도
가 향상되어 A2로 이동하면서 쉽고 지루한 단계에 들어가거나 A3
에서 난이도 상승을 맞아 극복할 수 없는 과제로부터 불안과 좌절을
경험한다. 이는 각각 숙련도의 재상승 혹은 난이도 조정에 의해 다
시 A4로 이동하며, A1에서 A4로 이어지는 몰입의 통로를 타고 가며
발전하는 과정을 거친다.

　칙센트미하이의 개념을 차용하는 코스터는 게임 디자인에서 추
구해야 할 재미의 구조를 플로우 개념에 기반하여 제시한다. 코스
터에게 게임은 두뇌가 현재 상태보다 더 나아지는 과정에서 발생하
는 재미를 지향하는 것이며, 그는 현실에서의 학습과 달리 게임이라
는 가상공간에서 보다 낮은 위험하에 추상을 통해 압축적으로 제공
되는 플로우의 경험이 인간의 행복과 성장에 관한 욕구를 충족시킨

3　한국어로 '몰입'으로도 번역되는 '플로우'는 함께 쓰이는 다른 몰입 개념들과 간
　혹 혼동을 일으킨다. 이러한 혼동을 피하기 위해 여기서는 '플로우'라는 원어를 그대로
　사용한다.

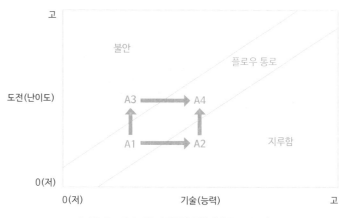

〈그림 1〉 도전과 기술의 적절한 균형점, '플로우 통로'

다고 말한다. 비단 코스터뿐 아니라 상당수의 게임 디자인 이론에서 칙센트미하이의 플로우 개념은 여러 가지 형태로 도입되었고, 이 이론에 근거해 많은 게임이 제작되고 있다는 점을 볼 때, 플로우 개념은 게임의 작동 방식을 이해하는 데 중요한 근거로 사용될 수 있다.

플로우 개념을 받아들일 때 앞서 제시한 동학으로서의 콘텐츠/텍스트와 수용자의 상호작용성은 보다 근본적인 측면에서 플로우 개념의 양 축을 이루는 도전과 기술이라는 이름으로 대체할 수 있을 것이다. 이를 일반적인 게임 용어를 빌어 풀어내자면 난이도와 그에 대응하는 플레이라고 할 수 있다. 여기까지 간단하게 정리하면, 디지털게임의 주요 특성으로 거론되는 상호작용성이란 보다 동적인 측면에서 게임 텍스트가 제공하는 난이도와 이에 조응하는 플레이로 구성된다고 말할 수 있다.

디자인이론가 브라이언 업튼(Upton, 2018)은 플레이를 "엄격한

제약 구조 내에서 이뤄지는 자유로운 동작"으로 규정한다. 그는
율 J. Juul이 제시하는 서사와 게임이 상호 충돌하며 본질적으로 동시
에 취할 수 없는 개념이라는 전제를 의심하며, 플레이 안에서 서사
는 여러 결론 사이의 가능성에서 맥동하며, 일반적 서사와 달리 확
실하지 않은 선택의 결과를 통해 의미와 서사가 결합한다고 주장한
다. 이 과정에서 플레이는 코스터의 주장처럼 몰입이 필수요소로 작
동하는 것이 아니며, 오히려 숙련도의 성장을 통해 익숙해지는 몰입
은 점차 몰입의 영역을 벗어나 행동의 영역으로 넘어간다. 특히 업
튼이 주목하는 지점은 멀티플레이 상황인데, 싱글플레이 상황과는
다른 멀티플레이 상황에서 기존의 몰입 그래프가 갖던 우상향의 일
관성이 종잡을 수 없는 형태로 바뀌고 있음을 살핀다.

　　업튼은 우상향의 그래프 대신 예측이라는 개념을 내세운다. 주
어진 규칙의 세계가 예측됨으로써 비로소 플레이에 이른다는 것이
다. 예측은 선택으로, 선택은 행동으로, 행동은 결과로 이어지며, 결
과는 다시 다음의 예측을 연속적으로 제시한다. 이 예측이야말로 업
튼이 디지털게임을 다른 매체와 구분할 때 가장 중심으로 삼는 플
레이의 핵심 요소다. 주어진 규칙에 의해 상황을 예측하고 행동하는
과정 전반을 통해, 게임 텍스트가 제시하는 내용을 플레이어 내부에
일종의 상이 맺힐 수 있도록 수행하는 과정을 플레이라고 볼 수 있
을 것이다. 업튼의 이런 입장은 코스터의 몰입 개념을 부인하지만,
그 반대에 서 있다기보다는 난이도-숙련도의 대립 과정에서 벌어
지는 가능성들을 2차원 그래프에서 추가 변수가 포함되는 3차원의
좌표계로 옮겨 심었다는 시각 확장의 의미로서 읽을 수 있다.

이러한 게임 디자인의 논의가 현존하는 플레이의 일부를 설명하는 힘을 가지고 있음을 부인하기는 어렵다. 특히 최근에 제기된 업튼의 플레이에 관한 논의는 오늘날 게임에서 가장 많이 찾아볼 수 있는 멀티플레이 상황을 가정하고 그 안에서 고전적인 난이도–숙련도 개념을 통한 몰입에의 설명이 가진 한계를 넘어설 수 있는 가능성을 제시한다는 측면에서 의미 깊다.

디지털게임에 관한 설득력 있는 설명과 해석에도 불구하고 이러한 설명만으로 오늘날의 디지털게임에 등장한 플레이를 이야기하기는 어렵다. 디지털 이전의 놀이부터 업튼의 게임플레이 디자인 이론까지 관통하는 공통 전제는 게임플레이가 전적으로 현실과 분리된 가상의 시공간에서 일어나고 있다는 점인데, 현질의 보편화로부터 시작되는 새로운 플레이는 가상과 현실의 구분을 무색하게 하는 변화를 만들어내고 있기 때문이다.

매직서클의 붕괴

오랫동안 디지털게임의 플레이를 설명할 때 매직서클magic circle이라는 개념이 유용하게 사용되었다. 게임의 규칙이 적용되고 있는 플레이의 순간은 현실로부터 분리된 가상의 시공간 안에서 일어난다는 개념이다. 매직서클은 '마법의 원'으로 번역되기보다 판타지 소설이나 영화 등에 자주 등장하는 '결계' 또는 '마법진'이라고 번역된다. 현실에서 완전히 분리된 결계 안쪽에서 독자적으로 플레이가 이루어진다는 의미다.

규칙의 결계 안에서 이루어지는 플레이는 비단 게임에서만 일어나는 일은 아니다. 영어 단어 'play'의 의미를 되새겨보자. 'play'는 한국어로 '놀다'라는 의미로 번역되곤 하지만, 실제 용례를 보면 한국어의 '놀다'와 일치하는 의미는 아님을 알 수 있다. 'play'는 악기 연주나 연극에서의 연기, 스포츠 경기 등에도 사용되는데, 이들의 공통점은 악보나 대본, 경기 규칙 같은 일련의 규칙이 주어진 상황에서 그 규칙에 맞추어 연주자, 배우, 선수 등이 능동적으로 규칙을 해석하고 재현함으로써 나타나는 행위라는 점이다. 디지털게임을 '플레이'한다는 의미 또한 같은 맥락이다. 게임 텍스트가 제공하는 규칙과 세계관, 물리법칙이나 공격/방어의 연산 관계 같은 것들이 기본으로 주어지고, 플레이어는 이 안에서 제한적이지만 이해 가능한 행위의 범위 안에서 주도적으로 플레이를 펼친다. 규칙으로 만들어진 가상세계 안에서 수용자가 자신의 재량을 발휘해 규칙을 재해석하는 행위를 '플레이'라고 이야기할 수 있으며, 이때의 플레이는 매직서클이라는 범주로도 설명할 수 있는 무언가가 된다.

그러나 모든 플레이가 반드시 가상의 영역 안에서만 일어나는 것은 아니다. 이를테면 현대음악에서 존 케이지가 보여준 〈4분 33초〉와 같은 경우를 들 수 있다. 무대에서 4분 33초간 아무것도 하지 않는 케이지의 퍼포먼스 또한 플레이의 일종이지만, 이때의 플레이는 규칙 안의 세계로 보기에 애매한 구석을 갖는다. 비디오 작가 백남준의 작품 〈존 케이지에게 보내는 경의〉처럼 통상적인 악보–연주의 관계를 넘어서는 퍼포먼스는 규칙의 경계를 넘나들면서도 플레이의 일종으로 자리 잡는다. 연극 〈관객모독〉과 같이 무대와 관객의 구분을 넘나드는 장면들, 야구 경기에서의 벤치클리어링bench clearing [4]처럼 규칙의 바깥쪽이 작동하는 경우도 모두 플레이의 일부로 인정받는데, 디지털게임 또한 반드시 모든 플레이가 규칙으로 형성된 매직서클 안쪽에만 자리한다고 이야기할 수 없는 모습을 보여준다.

매직서클 바깥에 존재하는 플레이에 관한 연구들은 2000년대 이후 점차 늘어가는 추세다. 부분유료결제가 포함된 MMORPG 안에서 게임 세계와 현실 세계가 교차하는 지점이 나타나고 이로 인해 "게임과 현실의 명확한 구분이 몰입을 만들어내고 그 몰입을 통해 재미가 발생한다"는 전제와 "공평함이 게임 세계 속의 질서를 보장하고 그 질서가 놀이를 보장한다"는 전통적 플레이에 관한 명제들이 점차 희미해지고 있음을 지적한 연구(Lin & Sun, 2007)는 더 이상 디지털게임이 가상공간에서만 작동하는 것이 아님을 말해준다. 2005년에도 이미 기존의 게임 연구가 지나치게 게임의 가상공간에 대한 의미를 과대평가하고 있으며 플레이 공간은 가상공간뿐 아니라 플레이어와 게임 제작자 사이의 협상 과정 사이에 형성되는 것(Copier, 2005)이라는 주장들이 대두된 만큼, 매직서클의 붕괴는 이미 온라인 게임 초창기부터 조금씩 거론되기 시작한 주제였다.

2000년대 초반에 쏟아진 부분유료결제에 관한 여러 연구에서도 매직서클의 소멸에 관한 문제의식을 어렵지 않게 찾아볼 수 있다.

---

4 팀 스포츠 경기에서 양 팀 선수 사이에 신경전이나 폭행이 벌어질 때 벤치에 있는 모든 선수가 같은 팀 선수를 위해 경기장으로 뛰어나오는 일.

부분유료결제와 같은 상업적 메커니즘이 궁극적으로 게임의 시공
간이 기존에 가졌던 현실과의 경계를 흐리게 만들고 고전적 게임이
만들어내던 플레이어의 몰입감을 손상시킨다는 연구(Castronova,
2004)는 게임 속 가상공간에 형성된 재화를 현실의 법체계로 보호하
려는 국가들의 사례를 통해 현실과 연계되는 게임 공간의 발생을 지
적했다. 부분유료결제의 대중화가 만들어내는 현실과 가상의 경계
에 대한 모호함이 온라인 멀티플레이에서 게임의 규칙이 지닌 의미
를 희석시켜 플레이어들에게 박탈감을 줄 것이라고 예견한 연구도
있다(Bartle, 2004).

매직서클의 소멸에 회의적 입장을 보인 연구들과는 달리 현실
과 가상의 연계가 새로운 형태의 게임플레이를 형성한다고 보는 견
해도 있다. 테일러T. L. Taylor 와 같은 연구자는 매직서클의 붕괴는 인
정하지만 그로부터 게임플레이가 부분유료결제를 통해 게임 세계
안에서 벌어지는 사건에 대해 성격을 규정하고 의미 지을 수 있는
일종의 제작자로서의 지분을 갖게 되는 형태로 변화한다는 시각을
제시하기도 한다.

우리는 고전적 의미의 매직서클이 더 이상 작동하지 않는 상황
을 마주하고 있다. 플레이를 만들어내던 전통적인 난이도와 숙련도
사이의 길항은 이제 게임 텍스트와 플레이어 사이의 독립적 상호작
용으로만 일어나지 않는다. 갑작스럽게 등장하는 고난이도의 상황은
숙련도가 향상되지 않았더라도 현금결제를 통해 추가적 경험치와
레벨 부스팅, 아이템 확보 같은 방식으로 극복 가능한 상황이 되었다.

단적으로 말해 게임플레이를 통해 플레이어가 스스로 쌓아 올

린 숙련도보다도 강력하게 게임의 난이도를 넘어설 수 있게 해주는 힘은 현실의 화폐가 되었다. 난이도-숙련도 길항에 기반한 전통적 게임플레이의 의미가 소실되면서 사람들은 현질로 플레이에 개입할 수 있는 게임들을 가리켜 '이것은 진정한 게임이 아니다'라고 선언하기 시작했다. 그러나 정말 현질로 난이도-숙련도 길항을 넘어설 수 있는 길을 제시하는 게임들은 진정한 게임이 아닌 것일까?

게임플레이는 늘 현실과 연계된 무엇이었다

나 역시 오래된 게이머로서 전통적 플레이의 범주에서 벗어난 현질 게임들을 받아들이는 일이 감정적으로 쉽지 않다. 하지만 그렇다고 해서 마냥 현질 게임들을 게임이 아니라고 단정해버리는 것은 다소 주관적인 일일 수 있다. 누군가는 부분유료결제로 게임플레이에 개입하는 일을 적당한 선까지는 거부감 없이 받아들이며 게임의 일부로 즐기고 있고, 이용자 수나 다운로드 수, 매출과 같은 지표 측면에서는 오히려 더 대중적인 게임이라고 볼 수 있는 여지 또한 있기 때문이다. 고전적 플레이와는 궤를 달리하지만, 이를 디지털게임에 새롭게 등장한 플레이로 볼 수 있는지를 검토하기 위해서 이 절에서는 매직서클의 경계를 넘어 현실의 맥락과 연계되어 나타나는 디지털게임플레이에 관한 논의를 살피고자 한다.

마이클 하트·안토니오 네그리의 《제국》(이학사, 2001)에서의 논의를 디지털게임 연구로 확장한 《제국의 게임》(갈무리, 2015)에서 위데포드(위데포드, 2009)는 디지털게임의 초창기 국면에서부터 보편화에 이르는 과정을 통시적으로 살펴본다. 그는 처음에 산업적·군사적 목적을 위해 동원된 연산장치였던 컴퓨터에 대한 일종의 유희적 전유를 통해 최초의 비디오게임이 탄생했음을 지적한다. 위데포드의 논지는 여기에 머무르지 않고 이후 유희로서 시작된 비디오게임이 점차 그 대중성을 주목한 자본에 의해 대규모 유희 상품으로 산업 체계 안에 포함되는 일련의 과정에 주목한다. 비디오게임은 놀이 그 자체의 규칙과 이용 방법을 생산한다는 측면에서 "지식, 정보, 커뮤니케이션, 관계 혹은 정서적인 반응 등과 같은 비물질적 생산물들을 생산해내는 일"(하트·네그리, 2004; 랏자라또, 1996; 비르노, 2004)로 규정되는 비물질 노동의 대표 사례로 주목받는다. 이 관점 아래 디지털게임은 비물질 노동의 대표적 생산물로 규정되며, 게임플레이는 그 생산물을 구입하고 소비하는 형식으로 나타나게 된다.

그러나 여기서의 소비는 위데포드에 의하면 고전적 의미의 상품 소비에 머무르지 않는다. 위데포드는 비물질 노동 이론에서 놀이노동playbour 개념을 가져와 디지털게임의 소비양식이 좀 더 새로운 양상으로 나타나고 있음에 주목한다. 비물질 노동으로서의 결과물인 디지털게임은 그 제작 과정뿐 아니라 이를 소비·플레이하는 과정에서도 일과 놀이가 혼합된 양상을 나타내고 있음을 위데포드는 주목한다.

공전의 히트를 기록한 게임 〈테트리스〉는 제작자 알렉세이 파지트노프가 자신에게 주어진 컴퓨터로 일하지 않는 쉬는 시간에 자발적으로 만든 놀이 규칙으로부터 시작되었고, 같은 맥락에서 수많은 젊은이들이 유희로서 만들어낸 많은 게임들 중 일부가 대형 퍼블리셔의 품으로 들어가 상품으로서 승자가 되는 구조가 존재한다.[5] 이 과정은 이른바 모딩modding이라는 방식으로 대표되기 시작했는데, 출시된 게임의 데이터와 코드를 이용자가 직접 변환하여 다른 의미로의 파생 게임을 만들어내는 과정은 점차 이용자 스스로 게임을 직접 개조하기 쉽도록 만들어주는 형태로 발전했다. 모딩 과정을 통해 나타나는 새로운 게임 규칙들은 그저 이용자들이 놀이의 일환으로 만들어낸 것이지만, 그 자체로 해당 게임의 생명력을 유지시키거나 혹은 〈리그 오브 레전드〉나 〈배틀그라운드〉[6]의 사례처럼 아예 새로운 게임 상품으로 나타나는 등 노동의 요소를 강하게 띠고 있다는 점에서 비물질 노동으로서의 디지털게임과 플레이는 생산적 노동의 측면을 포함하는 개념이기도 하다.

　　기업과 자본은 디지털게임의 놀이노동적 속성을 유연하게 자신의 전략 안에 포함시키며 발전해왔다. 〈월드 오브 워크래프트〉와 같은 MMORPG는 제작자가 직접 제작한 지형과 캐릭터, 게임 안의 물리 구조와 퀘스트 등이 제공하는 게임 경험 이상으로 게임에 참여하는 플레이어들 스스로가 만들어내는 콘텐츠가 차지하는 비중이 적지 않다. 각각의 게임 참여자들은 스스로 게임에 참여하고 자신의 역할을 수행하는 것으로 이미 게임 콘텐츠 제작에 기여하는 영향력

5　박스 브라운, 《테트리스: 세계를 정복한 작은 게임》, 김보은 역, 한스미디어, 2017, p. 105.

6　〈리그 오브 레전드〉는 〈워크래프트 3〉의 모드에서, 〈배틀그라운드〉는 〈아르마 2〉의 모드에서 시작해 독립된 게임 타이틀로 출시되었다.

을 발휘한다. 위데포드는 이러한 온라인 게임의 놀이노동적 측면이 초창기 디지털게임 태동기에 작용한 '해커 문화'의 전통과 맞닿는 측면이 존재하고, 창발적이고 자의적인 놀이로서의 창조활동을 자본이 생산 체계의 일부로 포섭해나가면서 자발적 비물질 노동의 영역으로 게임플레이를 의미 지워나가는 과정이 비단 게임의 생산과정뿐 아니라 플레이라는 과정에도 존재함을 지적했다.

위데포드의 관점은 인지자본주의적 측면에서 비물질 노동의 대표 사례가 될 수 있을 디지털게임을 살펴본다는 점에서 의의를 찾을 수 있다. 오늘날의 디지털게임은 놀이노동으로 대표되는, 창발적 행위 자체가 즐거움이 되고 즐거움의 결과가 비물질 생산품과 뒤섞이는 과정이 잘 드러나는 사례다. 이는 온라인 게임 등에서 나타나는 참여자가 서로에게 콘텐츠가 되어주는 관계를 포함해 일종의 메타게임으로서 게임 이용자가 주어진 규칙의 플레이를 넘어 새로운 게임을 만들어내는 방식으로 게임을 플레이하는 모습들을 통해 현대의 비물질 노동에 유희가 뒤섞여 있다는 사실을 보여준다.

그러나 디지털게임의 플레이가 오로지 생산 측면으로만 의미 지어지는 것은 아니라는 점에서 위데포드의 논지는 게임플레이의 부분적 스케치로 국한되는 측면이 있다. 비물질 노동으로서의 게임플레이는 생산과 이용/소비라는 두 측면에서 생산이라는 한 측면에 대한 설명만을 제공한다. 이를테면 MMORPG 또는 아케이드 게임 〈스트리트 파이터 2〉에서 게임에 참가한 두 플레이어가 상대방 캐릭터와 1:1 대전을 벌이는 상황을 상상해 볼 수 있다. 대전의 상황은 놀이노동의 관점에서 서로 상대 플레이어가 게임이 제시하는 도전

과제를 극복할 수 있게 해주는 난이도로서 존재하게 되며, 이는 본래의 게임 콘텐츠가 만들었어야 할 도전 과제를 대신 생산한다는 측면에서 놀이이자 노동인 것을 어렵지 않게 인식할 수 있다. 그러나 동시에 두 플레이어가 서로의 캐릭터와 난이도를 소비하는 측면도 존재한다는 사실은 쉽게 드러나지 않는다.

게임 제작사가 구축한 세계 안에서 자신의 플레이를 통해 상대방 플레이어의 도전 과제로 존재하게 된 플레이어의 입장은 생산이지만, 그 반대편에서 해당 캐릭터의 패턴과 움직임을 파훼하며 승리를 쟁취하고자 하는 플레이어의 놀이 과정은 동시에 소비적 측면을 포함한다. 놀이노동과 마찬가지로 이 순간의 소비는 고전적 의미의 소비와는 사뭇 다른 지점을 내포한다. 두 플레이어 모두 게임기에 동전을 넣었지만, 만약 한 플레이어가 게임에 참여하지 않는다면 1:1 대전이라는 플레이를 반대편 플레이어는 이용힐 수 없게 된다. 이를 온라인 게임으로 확장한다면 참여하는 모든 플레이어가 서로의 놀이 노동자가 되면서 동시에 한편으로는 모두가 모두의 놀이 소비자라는 사실로 이어질 것이다.

디지털게임의 플레이에서 오랫동안 게임이라는 재화 또는 용역을 구매·대여하는 행위는 게임의 산업적 측면을 다루는 영역 밖에서는 그다지 의미 있게 다뤄지지 않았다. 하지만 디지털게임플레이는 게임이 대중화된 이래 언제나 상업적 측면에서 게임 결제라는 현실 가치와 연동되어 발생하는 무엇이었다. 앞선 장에서도 언급했던, 최초의 상업적 성공을 거둔 게임 〈퐁〉이 설치 첫날부터 동전통이 가득 차 고장 나버렸다는 유명한 일화에서도 이 사실은 매우 직관적으로 드러난다.

관념으로 존재하는 디지털게임을 넘어 현실에 존재하는 대중문화 상품으로서의 디지털게임은 언제나 상품의 성격을 지니고 있었다. 그러나 오랫동안 디지털게임의 플레이가 현실의 상품관계 속에서 영향받는 측면은 플레이를 좀 더 형이상학적 개념으로 사고하고자 하는 흐름 속에서 두텁게 다뤄지지 못했다. 하지만 생산은 구매를 향하고 구매는 생산의 결과로 이루어진다는 점을 생각한다면, 놀이노동으로서 생산하는 플레이를 구매·소비하는 또 다른 플레이는 생산하는 플레이와 함께 오늘날의 디지털게임플레이가 상품으로서 현실과 관계 맺는 지점의 양 측면을 동시에 나타내고 있다고 볼 수 있다.

현실과 긴밀하게 연계되는 게임플레이

게임플레이가 현실과 관계 맺는 지점을 다루는 게임 연구자 중에 미아 콘살보Mia Consalvo가 있다. 콘살보는 치팅cheating[7]이라는 주제를 다루면서 게임 수용자의 플레이가 게임 영역 바깥에 존재하는 양식들에 대해 살핀 바 있다. 플레이어는 게임 규칙 내부의 플레이만이 아니라 게임 바깥에서도 끊임없이 활동한다. 높은 난이도의 신

---

7   주어진 규칙에 맞춘 정당한 플레이가 아닌 일명 '얍삽이', '졸렬한 플레이'라고 부를 수 있는 넓은 범위를 총칭한다. 오락실에서 가짜 동전 넣기, 게임 데이터를 해킹해 플레이어 캐릭터를 무적으로 만들기, 게임 버그를 이용하기 등이 다 포함된다.

작 게임을 구매한 플레이어는 게임을 클리어하기 위해 게임 속 세계를 탐색하며 지식을 얻고, 패턴을 숙지하며 가상의 재화들을 습득한다. 동시에 플레이어는 게임 밖에서 공략집이나 가이드를 구매해 지식을 넓히고, 온라인 시대 이후에는 블로그나 게임 웹진 등을 참고하거나 유튜브의 플레이스루playthrough[8] 영상을 보며 게임의 내용을 더 알아가고자 힘쓴다. 혹은 게임 프로그램 코드와 데이터를 임의로 수정해 쉽게 클리어할 수 있는 길을 찾기도 한다. 콘살보는 이런 제반 활동을 일종의 패러텍스트paratext[9] 개념을 통해 설명하면서 메타 게임으로서 플레이어의 활동 범주 안에 들어가는 성질을 갖는다고 이야기한다.

콘살보가 치팅이라고 부르는 행위는 고전적 게임플레이의 영역인 매직서클 바깥에서 일어나는 행위를 가리킨다. 게임 데이터를 직접 수정하거나 의도하지 않은 버그 혹은 꼼수를 사용한 플레이부터 게임 외부에서 공략집을 참고하는 행위까지를 아우르는 여러 활동 중 어디까지를 플레이로, 어디부터를 치팅으로 부를 수 있는지에 대해서는 콘살보도 입장에 따라 다를 수 있다고 말한다. 다만 두 가지가 중요한데, 하나는 콘살보의 치팅 구분에서 메타 게임적 플레이어 행위가 소비 측면을 두드러지게 드러낸다는 점이고, 다른 하나는 게

---

8   유튜브에 올라오는 게임 관련 영상 중 별다른 편집이나 효과 또는 해설 없이 게임 플레이 화면을 그대로 저장·송출하는 방식을 가리킨다. 특정 게임의 일부 구간을 클리어하기 어렵거나 힌트를 찾지 못할 때 많은 플레이어들이 참고하기도 하고, 경우에 따라 타인의 게임플레이를 느긋하게 감상하는 용도로도 이용된다.

9   책에서 저자, 제목, 각주 등 메인 텍스트를 보조하는 텍스트들을 가리키는 말. 이 또한 일정한 의미를 만들어내고 있다는 의미로 쓰인다.

임의 시공간을 중심으로 치팅과 정상 플레이를 구분하던 흐름이 부분유료결제에 이르러 융합하기 시작했다는 점이다.

콘살보는 플레이를 원활하게 하기 위한 게임 텍스트 바깥의 시도들이 개인들의 시도에서 산업적 측면으로 재편입되는 과정을 주의 깊게 살펴본다. 게임 클리어를 돕기 위해 제작되던 안내책과 공략집은 아마추어들이 만들어 회람하는 형태로 첫선을 보였지만 점차 일종의 출판물 형태로 공식화되어 정식 판매 상품으로 나타났다. 몇몇 해커들의 전유물이던 게임 프로그램 데이터의 위·변조는 '게임샤크'와 같은 전문 치트 프로그램[10]이 되어 판매되기에 이르렀다. 콘살보의 논의는 게임의 상품 속성을 직접적으로 언급하지는 않았지만 패러텍스트로서의 게임플레이로 다룬 게임 규칙 바깥의 현실 행위들은 그 자체로 일종의 생산을 포함하는 놀이노동에 해당한다. 그리고 그 놀이노동의 생산물들은 다시 기업에 의해 상품 체계 안으로 편입되어 유통되는 형태로 변화하는 것으로 볼 수 있다.

콘살보가 게임 안 플레이와 게임 바깥 행위를 같은 선상에 두고 관찰할 수 있었던 것은 두 개념이 대조 가능한 동일 지평에 놓여 있었기 때문이다. 만약 이 둘을 구분하는 유일한 구분자로 기능하는 게임 안과 밖이라는 경계가 무너진다면 그 구분 또한 무의미해질 것

10 영국 데이텔(Datel) 사에서 제작한 게임 에디팅 프로그램으로 미국에서는 'Game Shark'라는 이름으로 통용되었고 영국에서는 'Action Replay'라는 이름으로 판매되었다. 가정용 콘솔 게임기의 카트리지 또는 메모리카드를 통해 구동되며 기기를 통해 원하는 게임의 데이터를 간편하게 수정할 수 있는 기능이 핵심이다. 게임 안 캐릭터의 체력, 공격력, 아이템 등을 수정할 수 있는 일종의 해킹 보조 프로그램으로 널리 알려졌다. '게임지니'(Game Genie)라는 닌텐도 전용 치트 프로그램도 있다.

이다. 그리고 이러한 전제는 현실에서 부분유료결제가 포함된 게임들이 대중화되면서 본격적인 문제로 떠올랐다. 치팅이라는 개념을 통해 콘살보가 묻는 것, 시쳇말로 '현질은 플레이로 인정받을 수 있는가?'와 같은 질문은 그래서 단지 게임 규칙의 바깥에서 벌어지는 행위들의 의미를 묻는 질문일 뿐 아니라 규칙의 안과 밖을 구별하는 방법이 존재하는가의 질문으로도 확장될 수 있다.

콘살보와 크리스토퍼 폴Christopher A. Paul 의 2019년 저작 《리얼 게임즈》Real Games: What's Legitimate and What's Not in Contemporary Videogames 는 '치팅'의 연장선상이면서 동시에 동시대의 게임 현상에 관한 질문에 가 닿는다. 저자들은 2010년대 이후 소셜네트워크를 통해 붐을 이룬 〈팜빌〉과 같은 소셜 게임들을 둘러싼 게이머들의 비난을 살펴본다. 한국의 경우라면 카카오톡 플랫폼을 기반으로 2010년대에 국민 게임급으로 유행한 퍼즐 게임 〈애니팡〉이 유사한 범주에 들 수 있을 텐데, 콘살보는 소셜 게임의 대두를 둘러싼 반응 속에서 '이것(소셜 게임)들은 진정한 게임이 아니다'라는 비난이 왜 그리고 어떻게 발생하는지에 주목한다.

디지털게임에 관해 정의하는 기존의 여러 논의가 '진정한 게임'real games 이 무엇인가를 탐색해왔지만 완벽한 정의를 내리지 못한 반면, 콘살보는 동시대의 게이머들이 소셜 게임을 가리켜 '이것은 진정한 게임이 아니다'라고 지칭하는 현상을 통해 새로운 질문의 가능성을 찾는다. '그것이 진정한 게임이 아니라면 대체 진정한 게임은 무엇인가?'가 《리얼 게임즈》의 대주제다.

콘살보는 구성적 수사학[11] 을 통해 게이머들이 이야기하는 '진정한 게임'이 어떤 요건에 의해 구성되는지 살핌으로써 '진정한' 것과 아닌 것의 차이를 드러내고자 했으며, 궁극적으로는 이러한 진정성 Realness에 대한 요구가 '진정한 것이 아닌' 게임들을 게임 담론과 연구의 대상에서 배제시키는 결과를 초래할 수 있음을 지적한다. 그 과정에서 게이머들이 진정성의 기준으로 삼는 세 가지는 ①게임 개발사의 전통, ②게임 내부의 요소, ③결제 구조인데, 여기서 주목할 요소는 세 번째 항목인 결제 구조다.

선불제 게임 구매 방식은 오랫동안 상업 게임에서 표준적 관행이었고 게임의 정통성을 납득시키는 방법이기도 했다. 한편 무료 게임도 '진정한 게임'의 범주에 들어가는 경우가 있는데 몰레인더스트리아의 게임 〈언맨드〉나 〈드워프 포트리스〉가 대표적이다. 이들은 전통적인 결제방식을 따르지 않는 '프리투플레이'지만 일반적으로 비난받는 게임들과 같은 취급을 받지 않는다. 〈둠〉처럼 초창기 게임은 셰어웨어 방식을 사용했지만 레트로 게임 환경이었다는 관점하에서 충분히 '진정한 게임'의 범주에 들어가는 것으로 평가받는다. 마지막으로 MMORPG처럼 지속적인 결제를 필요로 하는 경우 월정액제와 같은 방식도 '진정한 게임'의 범주에 들어감을 확인한다.

11   '진정한 게임' 연구에 유용한 수사학적 분석 개념을 구성적 수사(constitutive rhetoric)라고 한다. 모리스 샤를랑(Maurice Charland)이 분리주의적 수사학에 대한 분석을 통해 발전시킨 구성적 수사학은 알튀세르의 호명 개념을 활용하여 정치 연설의 청중이 이미 구성된 주체를 전제하는 수사학적 내러티브와의 동일시 과정을 통해 존재화되는 과정을 설명한다. 구성적 수사학은 메시지를 지탱하는 이데올로기에 초점을 맞추는데, 이를 위해 다채로운 발화 양식들이 어떻게 수용자를 구성하는지, 송신자들이 그에 따라 어떻게 자신의 위치를 배치하는지, 수신자들은 송신자의 발화에 대해 어떻게 행동하는지를 탐구한다.

그러나 무료로 시작하되 월정액 결제 대신 지속적으로 '돈 쓰기'를 장려하는 시스템이라면 진정한 게이머들의 의심을 받기 쉬운 것이 현실이다.

《리얼 게임즈》에 나오는 이 대목이 우리가 부분유료결제 방식이라고 부르는 그것이다. 책에서는 왜 사람들이 부분유료결제 방식에 대해 부정적인지에 대해 "끊임없이 돈을 쓰라고 설득하는 데서 비롯되는 공포"와 같은 요인을 들어 설명하는데, 이는 다소 표면적인 주장에 머무른다. 게이머들이 '진정한 게임'과 아닌 게임을 구분하는 기준은 콘살보의 2006년 연구를 포함한 앞선 연구들에 관한 검토를 토대로 본다면 고전적 의미로서의 플레이가 유지되느냐 아니냐에 따라 나뉘기 때문이다. 몰레인더스트리아의 게임이나 〈드워프 포트리스〉는 단지 배포 방식이 무료일 뿐 실질적인 게임플레이는 최초 획득한 콘텐츠가 제공하는 규칙과 상호작용하면서 이루어지고 있으며, 셰어웨어 방식의 〈둠〉 또한 홍보를 위해 제공된 1스테이지 무료 플레이 이후 결제를 통해 본편 플레이 권한을 획득하는 과정에서 추가 결제로 인해 이용자와 규칙이라는 플레이 상호작용 자체가 변화하지는 않기 때문이다. '진정한 게임'의 범주에 들지 못하면서 플레이어들에게 비난받는 게임은 정확히 게임 안의 규칙에 현금결제를 통해 직접 개입할 수 있는 형식이 있는 게임들이다.

고전적 플레이의 게임들을 진정한 게임으로 분류하는 게이머들이 존재한다고 해서 부분유료결제 게임들이 게임이 아니라고 할 수 없으며, 같은 이유로 부분유료결제 게임을 플레이하는 일 또한 진정한 플레이가 아니라고 말할 수 없다. 다만 고전적인 입장에서 이해

되는 게임플레이가 부분유료결제 게임의 대중화 이후 크게 다른 결을 갖게 되었다는 점은 확실해 보인다. 특정한 입장에서 게임이 아니라고 부정될 정도로 많은 변화가 있었던 것은 확실하나 구체적으로 무엇이 어떻게 바뀌었는지는 이야기하기 어렵다.

디지털게임에 관한 여러 선행 연구들을 크게 두 가지의 흐름, 즉 게임이 텍스트로서 형이상학적 지평에서 플레이어와 상호작용하는 고전적 의미의 플레이와 현실 속에서 다양한 사회적·정치적 맥락과 함께 작동하는 플레이로 묶어 살펴보았다. 디지털게임 연구의 초석을 이룬 게임플레이에 관한 초기 연구들에는 현실에 연계되는 접점을 갖는 오늘날의 플레이를 설명하기에 부족한 부분이 있었다. 퀴클리흐와 위데포드 등 매직서클 밖에서 자본주의 대중문화상품으로 발생하는 플레이의 의미를 살핀 작업은 게임플레이가 생산관계 안에서 갖는 의미를 확인하는 정치경제학적 시도들이었다. 이는 디지털게임의 유희성이 노동으로 재전유되는 과정을 밝히며 놀이노동이라는 플레이의 새로운 측면을 조망해냈다. 더불어 콘살보는 게임플레이가 텍스트 내적 플레이를 넘어 패러텍스트로 지목되는 그 외연의 상호작용들과 얽혀 있음을 밝혀내며 플레이의 개념을 게임 시공간 바깥으로 확장함으로써 플레이어의 게임 내적·외적 행위 전체를 아우르는 시각을 보여주었다.

부분유료결제 게임 시대의 현질은 이런 맥락에서 게임플레이가 아닌 무엇이라기보다는 새로운 유형의 게임플레이로 보는 것이 바람직하다. 게임의 시공간 안에 머무르지 않고 현실의 여러 사회적·경제적 요소와 조응하는 게임플레이에 관한 콘살보의 논의를 바탕으로 삼되, 부분유료결제 방식의 대중화라는 현상에 접근하기 위해 우리는 현금결제에 의해 개입이 가능해진 디지털게임플레이라는 새로운 별도의 개념을 상정해야 할 것이다.

납금플레이

　현질을 통해 매직서클 안쪽까지 현실의 가치가 침투하면서 새로운 플레이가 나타났다. 이 새로운 게임들이 진정한 게임이 아니라면, 그런 게임에 한 달에 수백만 원씩 쏟아부으며 매달리는 사람들을 어떻게 이해해야 할까? 이 질문에 답하기 위해 상정해 보고자 하는 개념은 '납금플레이'다. 부분유료결제 대중화 시점에서 현금 결제는 명백히 게임 내 규칙에 개입하는 것으로 나타나기 때문이다. 납금플레이는 게임 이용자가 현금 또는 등가의 현존하는 결제수단을 활용해 게임 콘텐츠가 제시하는 게임 규칙 안에 존재하는 아이템이나 경험치 등을 포함한 게임 내 수치와 상태에 변화를 줄 수 있는 대상을 구매함으로써 게임플레이를 만드는 난이도-숙련도 길항관계에 영향력을 행사하는 행위를 가리킨다. 납금플레이는 게임이 만드는 가상공간 바깥에 존재하지만 난이도-숙련도 길항에 직접적 영향력을 행사한다는 점에서 메타 게이밍과 구분되며, 결제를 통해 플레이 상호작용에 개입한다는 측면에서 고전적인 플레이 관점의 바깥에 존재하는 현상이다.[12]

　이러한 입장은 테일러가 바라본 매직서클 붕괴에 관한 입장과 유사한데, 테일러의 주장은 플레이어를 단순 소비자에서 능동적 소비자로 재개념화하는 주장이기 때문이다. 테일러의 입장과 함께, 앞선 이론적 검토를 통해 충분히 조망되지 않은 납금플레이를 살피는 일은 현실과의 연계점이 갈수록 강해지며 매직서클의 비유로 설명하기 어려운 현실의 플레이 현상 중 가장 두드러지는 현금결제와 연관된 플레이를 직접적으로 살필 수 있는 개념이다. 이를 통해 우리는 현실과 게임의 구분이 불분명해진 시대의 디지털게임플레이를 관찰할 수 있는 개념적 틀을 얻게 된다.

　　앞서 디지털게임의 플레이를 이야기하면서 가장 중심에 둔 개념은 난이도-숙련도 길항관계였다. 메타 게임이라 불리는 게임 공간 밖 현실의 여러 행위 중 '납금플레이'는 여전히 고전적 게임플레이에서의 난이도-숙련도 길항을 유지하면서도 현실의 상품관계와 엮이며 다른 형태를 취한다. 이를테면 핵심 공략이 담겨 있는 유튜브 영상을 숙지하는 것은 플레이어의 숙련도 향상에 어느 정도 영향을 미칠 수 있지만, 결과적으로 플레이어가 직접 플레이하는 행위는 아니기 때문에 게임플레이의 영향권 안에 들어갈 수 없기에 이는 플레이보다는 메타 게임 범주에 들어가는 행위다. 그러나 부분유료

12　구매, 소비와 같은 표현 대신 다소 생소한 '납금'이라는 단어를 사용하는 이유는 현금결제가 영향을 주는 플레이를 관찰할 때 그 중심을 상품/서비스 경제에서 무언가를 '산다'는 구매 행위에 두는 것이 아니라 게임플레이에 사용하는 플레이어의 시간, 노동과 같은 자원의 일부로서 현금과 같은 재화를 '쓴다'에 둠으로써 이 행위가 디지털게임플레이의 일환이라는 점을 강조하기 위해서다. 상품으로서의 게임을 다루는 것과 플레이에 영향을 주는 재화의 지불은 완전히 분리해 생각하기 어렵지만, 여기서는 가급적 플레이에 영향을 미치는 여러 행위 중 하나라는 사실에 무게를 두어 디지털게임플레이의 일환인 '납금' 행위로서의 플레이를 살피고자 한다.

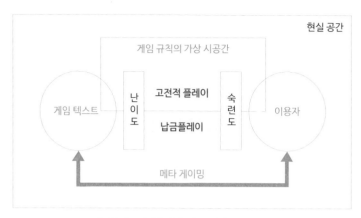

〈그림 2〉 고전적 플레이, 납금플레이, 메타 게임

결제를 통해 게임 속 캐릭터의 공격력과 방어력을 향상시킬 수 있는 아이템을 구매하고 사용하는 경우는 매직서클의 바깥에 존재함에도 불구하고 난이도-숙련도 길항에 직접 작용하므로 디지털게임플레이의 영역에 속한다.

　　이와 같은 플레이 개념을 정리함으로써 디지털게임을 둘러싼 현상들을 위 〈그림 2〉에서 같이 살펴볼 수 있다. 게임의 난이도와 숙련도가 길항하는 관계는 게임 규칙 안에서의 작용(고전적 플레이)과 규칙 바깥의 작용으로 구분할 수 있다. 이 중 규칙 바깥은 게임 속 가상세계가 아닌 현실의 작용이지만 플레이에 직접 영향을 미칠 수 있는 작용(납금플레이)과 그렇지 않은 일반 행위로 구분된다. 고전적 의미의 관념적·기호학적 지평에서의 게임플레이도 아니고 게임플레이 밖에 존재하는 메타 게임도 아닌, 현실의 행위면서도 게임의 난이도와 숙련도에 직접적으로 작용하는 지점을 '납금플레이'라는 이름으로 새롭게 개념화함으로써 부분유료결제 대중화 이후 현실과 직접적 교차점을 가진 현실의 결제로 게임 이후의 플레이를 살펴볼 수 있는 개념적 근거를 획득한다. 동시에 그러한 요소들이 부분유료결제 대중화 이후에 나타난 것인지 혹은 그 이전에도 유사한 맥락의 플레이가 존재했는지를 거슬러 올라가 탐색할 바탕을 확보한다.

　적어도 부분유료결제 게임이 대세를 이룬 뒤부터의 게임플레이는 더 이상 게임의 시공간 안에서만 이야기할 수 있는 개념이 아니라는 사실을 확인했다. 가상공간에서의 규칙이 외부 영향으로부터 침범당했음에도 불구하고 여전히 많은 사람들이 부분유료결제 게임을 플레이한다는 사실은 재미의 요소가 게임의 내부 규칙 안에서 독립적으로 작동하는 것이 아니라는 점을 시사한다. 따라서 재미를 창출하는 플레이 행위는 메타 게임의 관점을 포함한 보다 넓은 측면에서 재검토되어야 한다. 위데포드 등의 연구가 게임 규칙 바깥의 의미를 탐색하면서 인지자본주의 체제 속에서 놀이노동으로서 의미를 갖는 플레이 행위를 밝혀냈다면, 이와 함께 상품 체계 안에서 반대편에 위치하는 게임 내 요소들의 판매와 구매라는 측면에서 게임플레이가 작용하는 의미 또한 찾아볼 수 있을 것이다.

　지금까지의 검토를 토대로 다시 납금플레이의 개념을 정리하면 다음과 같다. 게임플레이는 형이상학적 차원의 플레이로 다뤄져왔으나, 2000년대 이후 부분유료결제 방식의 대중화는 게임플레이를 현실의 상품관계로부터 게임 내 시공간의 상호작용에 영향받는 것으로 만들었고, 이는 단순 소비가 아닌 능동적으로 플레이어와 게임 콘텐츠 사이에 영향을 미치는 플레이의 일환으로 볼 수 있는 무엇이었다.

고전적 플레이 논의가 형이상학적 측면에서 텍스트와 수용자 사이에서 벌어지는 상호작용을 다뤘다면, 납금플레이는 상품으로서의 게임 또한 소비자로서의 수용자와 상호작용하면서 플레이 관계에 영향력을 행사하고 있는 측면을 살펴야 할 필요를 만들어낸다.

대개 이 관계는 플레이의 일부로 관찰되기보다는 산업 혹은 경제적 맥락을 중심으로 다뤄져왔다. 그러나 앞서 언급한 대로 콘텐츠 상품과 소비자의 관계가 플레이와 무관하다고 말할 수 없으며, 이 점을 떠나서도 애초부터 게임플레이는 언제나 소비라는 물적 토대를 딛고 나타난 현상이기도 했다. 당면한 부분유료결제의 대중화 양상을 이해하는 한 축으로서 '납금플레이' 개념을 통한 조망은 그래서 기존의 플레이 연구가 갖는 한계점 너머를 살필 수 있는 기회이며 동시에 부분유료결제 현상을 이해하는 설명적 도구로서 유의미하다.

무엇보다 이 개념의 의미는 현질이라는 말에 담긴 비하적 뉘앙스를 걸어낸 중립적인 표현이라는 데 있을 것이다. 납금을 통해 일어나는 플레이에 대한 비판이 유의미하려면 적어도 특정한 행위를 '××질'로 폄하하며 시작해서는 안 된다. 현실에 존재하는 플레이 행위를 있는 그대로 인정하고, 왜 새롭게 등장한 플레이 행위가 문제시되고 있는지를 살펴야만 납금플레이의 문제점에 보다 설득력 있게 접근할 수 있다. 이제 다음 장부터는 '현질'이라는 단어 대신 '납금플레이'라는 단어를 사용하면서 이 플레이가 현실에서 어떤 상황에 놓여 있으며, 어떤 문제를 일으키는지 살펴보겠다.

3장

납금플레이 vs 현질

납금플레이는 왜 현질이라는 이름으로 불리게 되었는가? 이 질문은 오늘날의 디지털게임 현상을 이해하는 데 한없이 중요한 질문이다. 단답형이 아니라 동시대 디지털게임플레이 전체에 대한 큰 그림으로 답할 수 있는 질문이다. 실제로 존재하는 납금플레이 방식의 게임들과 이러한 게임을 플레이해 본 사람들 그리고 고전적 플레이만 경험한 사람들 사이에서 납금플레이가 어떤 의미인지를 알아보고, 납금플레이가 현질이라는 용어로 굳어진 배경을 찾아볼 것이다.

납금플레이는 새로운 것이 아니다

납금플레이라는 개념을 상정하면서 우리는 현질을 납금플레이와 같은 의미로 생각하지만, 추가적 비용 결제를 통해 매직서클 안쪽의 게임플레이에 개입하는 방법이 단지 부분유료결제 이후에 나타난 것은 아니다. 납금플레이는 인지되지 않았을 뿐 나름의 역사를 가지고 오래전부터 흘러온 방식이기도 하다.

다시 시대를 거슬러 오락실 동전투입 시기로 돌아가보자. 1코인에 일정 횟수의 플레이 기회를 제공하는 대여 방식의 오락실 게임플레이는 정말 현금 투입이 게임플레이에 별달리 개입하지 않는 방식이었을까? 몇몇 사례를 돌아보면 반드시 그렇지만은 않다는 사실을 알 수 있다.

가장 대표적인 사례가 오락실 게임의 '컨티뉴 플레이'다. 컨티뉴 플레이란 동전투입 후 주어진 기회를 모두 소진해 게임 오버가 된 상황에서 추가 동전투입을 통해 실패한 지점부터 다시 게임을 이어나갈 수 있는 방식을 가리킨다.

컨티뉴 플레이가 언제 처음 등장했는지를 찾아보기는 다소 어렵다. 다만 디지털게임 초창기부터 있었던 것은 아니라는 점은 확인할 수 있다. 1980년대 오락실을 주름잡았던 〈갤러그〉(가라가)의 경우 1코인에 부여된 기회를 모두 소진하면 바로 게임 오버를 띄웠고 〈팩맨〉이나 〈스페이스 인베이더〉에서도 컨티뉴 플레이를 확인할 수 없다. 반면 벨트스크롤 액션 게임의 경우 대부분의 작품에서 컨티뉴 플레이의 존재를 확인할 수 있다. 〈황금도끼〉, 〈더블 드래곤〉 같은 초창기 작품에도 게임 오버 후 컨티뉴 플레이를 묻는 선택지가 등장했고 〈수왕기〉와 같은 횡스크롤 액션 게임에도 컨티뉴 플레이가 등장한다. 비행 슈팅을 중심으로 구성된 종스크롤 게임의 경우 초창기 작품인 〈제비우스〉 등에는 컨티뉴 플레이가 등장하지 않지만 〈라이

〈그림 3〉〈더블 드래곤〉(왼쪽)과 〈수왕기〉(오른쪽)

두 게임 모두 게임 오버 이후 그대로 끝내기보다는 'continue?'라는 항목을 띄우며 추가 동전투입을 통해 게임 오버 시점에서 다시 이어서 플레이할 수 있는 기능을 제공하고 있다.

덴〉이나 〈스트라이커 1945〉 같은 게임에서는 게임 오버 후 추가 동전투입을 묻는 컨티뉴 화면이 나타난다.

동전투입 게임에서 컨티뉴 플레이가 없는 경우 플레이어는 주어진 횟수 내에서 자신의 숙련도를 활용해 도전 과제들을 넘어서는 플레이를 수행한다. 기회를 모두 소진하면 바로 게임 오비고, 이내 플레이어는 자신의 숙련도로 경험할 수 있는 한계 밖의 콘텐츠는 접하지 못한다. 도달하지 못하는 게임 텍스트를 경험하는 방법은 이때까지는 타인의 게임플레이를 관전하는 방법 외에는 존재하지 않았다.

벨트스크롤 액션 게임에서 컨티뉴 플레이를 쉽게 볼 수 있는 이유는 후반부로 갈수록 일련의 스토리 진행이 이루어지기 때문이다. 〈갤러그〉, 〈팩맨〉, 〈스페이스 인베이더〉와 같은 게임은 기본적인 스테이지 구성을 그대로 유지한 채 적의 숫자와 속도 등을 변화시켜 난이도를 올리는 방식이다. 그러나 벨트스크롤 액션 게임에서는 일련의 스토리가 진행된다. 단순 패턴이 반복되는 게임들과 달리 '무엇이 다음 스테이지에 나오는지' '새로운 적과 새로운 보스의 패턴을 어떻게 클리어해야 하는지' '주인공과 일행의 이야기가 어떤 새로운 도전에 직면하는지'를 게임 진행 내내 플레이어에게 상기시킨다. 플레이를 진행할수록 새로운 경험을 제공하는 게임 텍스트는 중간에 게임 오버가 되어 다시 동전을 넣고 게임을 시작하면 처음부터 지나온 순간들을 반복해야 한다. 이때 별도의 저장 기능을 구현할 수 없는 오락실의 구조는 1코인으로 게임을 클리어할 수 없는 이들에게 후반부의 플레이를 경험하는 수단으로서 추가 동전투입을 통해 컨티뉴 플레이를 할 수 있는 방안을 제공했다.

　　게임이 발전함에 따라 컨티뉴 플레이가 제공하는 어드밴티지도 달라졌다. 종스크롤 슈팅 게임인 1990년작 〈라이덴〉은 마지막 기체가 폭발하고 나면 컨티뉴 플레이 선택지가 뜨는데, 이때 더 좋은 강화용 아이템들을 화면에 흩뿌림으로써 추가의 동전투입으로 더 큰 이익을 얻을 수 있다는 디자인을 선보였다. 이러한 컨티뉴 플레이의 이점이 강렬하게 드러나는 게임은 1993년에 나온 벨트스크롤 액션 게임 〈캐딜락 앤 다이노소어〉다. 이 게임은 게임 오버 이후 컨티뉴 플레이를 선택하면 새로운 캐릭터를 화면에 투입하는데, 무려 바주카포를 어깨에 메고 등장하면서 화면 전역에 폭발을 일으켜 적들을 다운시킨다. 추가 동전투입이 난이도 높은 적을 상대하는 플레이어에게 어드밴티지를 제공한다는 점을 매우 뚜렷하게 드러냄을 알 수 있다.

　　벨트스크롤 액션 게임처럼 긴 이야기를 이어가는 플레이가 추가 동전투입으로 난이도를 상쇄하는 이점을 제공한 반면 오락실 인기 게임의 또 다른 한 축을 이루었던 대전격투 게임의 추가 동전투입은 플레이에 다른 의미로 얽힌다. 〈스트리트 파이터 2〉로 대표되는 대전격투 게임은 오락실에서 상당히 높은 회전율을 보장하는 장르였다. 〈스트리트 파이터 2〉는 멀티플레이 대전이 가능한데 이때 게임에 참가하는 두 사람이 각각 하나씩의 동전을 투입하며, 대략 3분 안팎에 3판 2승제로 승리가 결정되면 패배한 쪽은 게임 오버가 되어 자리를 떠나 했기 때문이다.

벨트스크롤 액션 게임에서 플레이어의 높은 숙련도가 아케이드 업장의 수익률에 마이너스를 일으키는 존재였다면 대전격투 게임에서는 오히려 득이 될 수도 있는 의미로 기능했다. 숙련도가 길항하는 대상이 게임의 텍스트/콘텐츠가 아니라 마주 앉은 다른 게이머라는 점 때문이었다. 대전격투 게임을 통해 마주 선 두 플레이어는 서로가 서로의 난이도가 되어 각자의 숙련도로 상대를 넘어서는 상황을 부여받아 게임을 플레이했다. 이 과정은 게임 텍스트 안쪽에서는 권각拳脚이 합을 겨루는 격투의 장이면서 동시에 게임 밖에서는 각자의 동전을 걸고 승부를 벌이는 내기의 형태를 함께 드러냈다. 게임에서 패배한 것은 그저 게임 시공간 안쪽에서의 패배에 머물지 않고 투입한 동전으로 더 플레이할 기회를 잃는 것과 연결되었다.

대전격투 게임에서도 컨티뉴 플레이 기능이 제공되었지만, 벨트스크롤 액션 게임의 그것과는 사뭇 달랐다. 벨트스크롤 액션 게임의 플레이가 일직선상으로 흐르는 시간을 연장하는 것이었다면 대전격투 게임에서의 플레이는 동일한 시간을 계속 반복하는 순환적 시공간에 다시 한번 도전하는 것을 의미했다. 물론 대전격투 게임에도 기본으로 싱글플레이 모드가 있다. 순서대로 나오는 적 캐릭터들과

1:1 대전을 하면서 시나리오를 진행시킬 수 있었고, 나름 캐릭터마다 이야기도 부여되어 있었으며, 실패했을 경우를 대비한 컨티뉴 플레이도 제공되었다. 하지만 1990년대 오락실에서 〈스트리트 파이터 2〉의 인기는 매우 뜨거웠고, 싱글플레이를 진행하는 사람의 맞은편 기계에 언제라도 '난입'해 동전을 투입하고 싱글플레이를 중지시킨 다음 바로 멀티플레이로 들어가는 방법이 구현되어 있었기에, 사실상 오락실에서 싱글플레이를 즐기는 것은 불가능한 상황이었음을 고려해야 한다.

오락실 시절의 납금플레이

오락실 게임에서 나타나는 컨티뉴 플레이는 싱글플레이와 멀티플레이에서 그 의미가 조금씩 달랐지만, 추가 동전투입을 통해 게임플레이의 실패를 딛고 이어나갈 수 있게 해준다는 점에서 매직서클 안에 개입하고 있었고 납금플레이의 일환으로 볼 수 있었다. 그리고 이러한 외부 현금으로부터의 플레이 개입은 실제 오락실 플레이어들에게는 명백히 현금 개입에 의해 발생하는 어드밴티지로 인식되었다. 당시 오락실을 이용했던 이들의 목소리는 오락실 시절에 존재하던 납금플레이의 모습을 생생하게 그려낸다.

(게임 오버가 되는 순간에 팍 터지는 컨티뉴 카운트가 돌아갈 때 좋은 아이템을 뿌려놓고 빨리 이어봐, 하는 경우가 있었는데 그때 결제는 좀 더 해 보신 적도

있어요?)

저는 그걸 가지고 그냥 끝나는 거라고 생각했습니다. 나는 여기까지다. 아이템의 유혹을 보긴 했지만 별 감흥은 없었어요. 어차피 내가 갖고 있던 걸 뿌려놓는 거니까.

(《캐딜락 앤 다이노소어》 같은 벨트스크롤에서는 왜 부활하면 바주카포 들고 나오고.)

맞아요. 그런 게 있어. 처음에 바주카포 들고 나오고. 생각해 보니까 조금 이어서 한 적이 있어요. 주로 친구랑 할 때. 혼자할 때는 그런 적이 없고 같이 할 때는 좀 이어서 해 본 적이 있습니다. 캐딜락도 그렇고 그 《파이널 파이트》. 그런 거 할 때는 이어본 적이 있습니다. 어드밴티지가 있죠. 이었을 때의. 그 어드밴티지는 콘솔 게임에서는 불가능하거든요. 완전히 내 소유일 때는 불가능한데 누가 동전을 투입해서 시간을 샀을 때는 그게 이슈가 되니까. 있습니다. 일단 컨티뉴는 기본적으로 무한한 생명을 주는 거잖아요. 대신 무조건 리셋이 되는, 말씀하신대로 오락실에서는 하트를 주는 대신에 굉장히 유한하게 만들어 놨지만 이어가는 게 가능하니까. (인터뷰 대상: 임리듀)

(엔딩을 보신 적이 있어요. 매달 슬러그 기준으로 한다면?)

없어요.

(그게 돈이 모자라서일까요? 아니면 내가 플레이가 아직 숙달이 안 돼서?)

제가 못해서. 동전을 이으면 할 순 있겠죠. 하지만 그런 경험은 없어요. 그렇게 돈을 많이 들고 오락실을 안 가서.

(대충 얼마 정도?)

뭐 정확하진 않겠지만 한 번 갈 때 동전을 딱 보면 천 원. 2천 원 정도. 이 정도면 열 판에서 스무 판 정도. 대략 한두 시간 정도 놀죠 아무리 못해도. 뭐 게임만 하는 건 아니라서 구경도 하고 친구들이랑도 이야기도 좀 하다가. (인터뷰 대상: 소녁)

1980-1990년대에 오락실에서 게임을 플레이해 본 이용자들을 대상으로 한 심층 인터뷰에서 이들은 자신의 게임 경험 속에 컨티뉴 플레이가 존재했고, 동전투입이 플레이를 할 때 이점을 제공한다는 점을 분명하게 인식하고 있었다. 다만 그 활용에 대해서는 입장이 조금씩 달랐는데, 게이머들은 오락실 공간이 자신만 혼자 플레이할 수 있는 공간이 아니라 여러 사람이 공용으로 사용하는 공간임을 알고 있었고, 컨티뉴 플레이는 나만의 게임이 아니라 여러 사람이 함께 사용하는 기기에서의 점유와 얽히는 문제로 이어진다는 점을 알았다. 공용공간에서 플레이할 때는 관객 혹은 대기자와 얽히기 때문에 눈치라는 것을 보게 된다.

사람들이 많이 있을 때 옆에서 보고 있을 때는 컨티뉴를 안 했어요. (그게 두 가지 중 어느 쪽인가요? 사람들이 보고 있는데 내가 이으면 굉장히 부끄러운 거다 아니면 뒷사람들이 기다리고 있는데 동전을 넣어 컨티뉴 하면 약간 이기적인 거다.)
저는 둘 다. 하지만 사람이 없으면 상관없는 거죠. 기다리는 사람도 없고 보고 있는 사람도 없으니까 그냥 동전 다 넣어서 오늘은 최대한 많이 가자.

저희 때는 어떤 게 있었냐면, 100원 넣고 목숨 아홉 개인 〈메탈 슬러 그 3〉 있는 오락실을 찾아가서 했었어요. 저희도 똑같이 생각을 한 거죠. 그런데 세 친구들 문화는 오락실에 가서 원 코인을 해서 깬 게 아니면 인정을 안 해줬어요. 뭔가 저희 기준에서 코인 한 번만 넣어 서 최대한 멀리 가는 것만 멋있지 이어서 깨는 건 의미가 없는 거죠. (인터뷰 대상: 마리오)

이어 하는 건 매우 졸렬한… 그 당시 오락실 게임들은 〈다크 소울〉 처럼 합의가 돼 있었다고 봐요. 원 코인으로 어디까지 갈 수 있느냐 를 테스트하는 게임 같은 성격을 가지고 있었고. 그거를 못 이기고 이어 한다? 그러면 졸렬한 거. 만약에 그렇게 잇는 경우에 한 코인으 로 끝나는 경우를 본 적이 없습니다. 잇기 시작하면 끝까지 이어야 돼요. 왜냐, 이미 이렇게 된 거 끝까지 가보자. 내가 2천 원이 있는데 원 코인으로 스무 판을 하거나 아니면 원 코인으로 한 열 판 한 다음 에 한 판 정도 잘 풀린 판이 있으면 막 계속 넣어서 어디까지 가는 지 보자, 하는 경우도 있고. 저는 후자 마인드를 좀 선호했죠. (인터뷰 대상: 라라)

오락실 시대를 경험해 본 사람들이라면 한번쯤 겪었거나 본 적 이 있는 장면들에 대한 이 진술들은 공통적으로 컨티뉴 플레이를 바 람직하지 못한 무언가로 취급하는 어떤 태도들을 보여준다. 동전을 넣어 싱글플레이를 이어가는 납금플레이는 '졸렬한 행위'(라라)나 '의미 없는 행위'(마리오) 등으로 인식되었다. 오락실의 컨티뉴 플레이가 게이머의 올바른 행동이 아니라는 인식은 여기서 두 가지로 나타나는데, 하나는 원 코인 챌린지와 같은 느낌으로 '한 코인으로 시도하는 플레이에서 보여줄 수 있는 숙련도의 최대치로 도달 가능한 결과'를 측정한다는 의미에서 발생하는 '졸렬함'이고, 다른 하나는 여러 사람이 공용공간에서 같은 게임을 두고 순서를 기다리는 상황에서 게임에 대한 독점을 우려하는 '독차지'에 대한 경계로서의 의미다. 두 의미는 상호 배타적이기보다는 중복되는 형식으로 나타나지만, 모든 이용자가 이처럼 납금플레이를 부정적으로 인식했던 것은 아니었다.

초등학생 때는 그길(컨티뉴 플레이) 생각해 본 적이 없었어요. 끝나면 끝이라고 생각했던 것 같고. 계속 못 이어가는 게 아쉬웠지만 처음부터 다시 하는 경우가 많았어요. 이어서 하는 건 내가 꽤 멀리까지 갔다가 죽은 거라 돈을 다시 넣어도 금방 죽을 거거든요. 그때는 처음으로 돌아가서 앞 판보다 더 멀리 가서 죽는 거. 이런 거에 조금 더 애착을 가졌고. 중고등학생이 되어서 여윳돈이 생기면서부터는 (컨티뉴 플레이를) 좀 해 봤죠. 한 천 원 2천 원 들고 와서 이 게임 끝판 보자. 그래서 정말 죽어도 계속 넣고 이런 건 해 봤어요. (인터뷰 대상: 일리단)

절대 아니지. 게임기 끄트머리에 동전을 쌓아놓습니다. 어느 동네나 마찬가지인데 굉장히 많이 쌓았다는 건 나나 내 주변 친구들에겐 그냥 부를 과시하는 거지 내가 게임을 못한다는 것과는 상관이 없었어요. (중략) 끝판 가면 그 사람이 얼마나 넣었는지는 중요하지 않았

> 어요. 실제로 제가 오락실집 아들하고 둘이서 끝판 가고 있으면 얼
> 마를 넣었든 뒤에서는 다들 쳐다보고 있어요. 관중들에게 이 게임이
> 가지고 있는 서사를 소개하는 거죠. (인터뷰 대상: 둠가이)

'일리단'의 경우에는 아예 외부의 시선을 신경 쓰지 않았고 순전
히 내적 동기로만 컨티뉴 플레이의 의미를 파악하고 있었다. 현금의
여유가 생기면 한번쯤 컨티뉴 플레이를 통해 끝까지 가보고 싶다는
욕망과 그에 대한 실현을 언급했다. '둠가이'가 이야기하는 오락실
의 분위기는 오히려 컨티뉴 플레이를 위해 누군가가 동전을 잔뜩 쌓
아놓고 플레이하는 것이 자랑이나 과시로 여겨지던 분위기를 증언
한다. '둠가이'는 이를 설명하기 위해 〈던전 앤 드래곤〉 최종 보스 스
테이지를 예로 들었는데, 최종 단계에 이르면 사람들이 동전을 얼마
나 썼는지와는 무관하게 도달하기 어려운 최종 보스전이 제공하는
스펙터클 혹은 엔딩이 제공하는 서사의 마무리를 보기 위해 몰려들
었음을 언급한다. 이는 '게롤트'의 상황도 유사했는데, 아예 몇천 원
어치의 동전을 쌓아둔 채 주변 구경꾼들에게 '내가 이 게임을 계속
하겠다'라는 메시지를 보내는 상황을 통해 지속적 컨티뉴 플레이가
불가능한 일이 아니었음을 알려준다. 다만 '둠가이'의 경우를 제외한
다면 상당수 오락실 문화에서 컨티뉴 플레이는 '졸렬함'까지는 아니
더라도 최소한 공용공간에서의 단독 점유로 인해 꽤 눈치 보이는 일
이었음은 확인할 수 있다. 그리고 그 눈치 보는 상황이 해소된 경우,
다시 말해 아침 일찍 오락실에 제일 먼저 입장한 상황에서도 일부
게이머들이 원 코인 플레이라는 도전 행위의 결과를 컨티뉴 플레이

를 통한 엔딩 도달보다 높게 치는 경우가 존재했음을 볼 수 있다.

오락실의 컨티뉴 플레이는 온라인 모바일 시대의 납금플레이에서도 유사한 상황을 맞이한다. 많은 게이머들은 부분유료결제 게임에서 플레이어의 숙련도가 감소된 지점을 대체하는 현금결제를 부당하게 여기는데, 이는 부분유료결제 게임 대중화의 국면에 갑자기 나타난 개념이 아니라 동전투입 오락실 시대에도 비슷한 맥락으로 존재해온 분위기라는 점을 알 수 있다. 오히려 오락실 시절에는 공용공간에서의 단독 점유라는 문제 때문에 잘 드러나지 않았던 현금 투입을 통한 과제 달성에 대한 경멸이 모바일 기기라는 개인 공간으로 전환되면서 좀 더 잘 드러나는 상황을 맞았다고 볼 수도 있을 것이다.

게임사 바깥에서의 납금플레이

납금플레이는 게임사에 직접 비용을 지불하지 않는 방식으로도 존재한다. 앞에서 이야기한, 자동사냥이 외부 프로그램으로 돌아가던 시절 이른바 '오토' 프로그램을 별도로 구입해 아이템 파밍을 시킨 일도 현금 투입을 통해 게임 안에 개입하는 납금플레이로 볼 여지가 있다. PC방에서 특정 온라인 게임에 접속할 때 별도의 혜택이 부여되는 경우 또한 이용자–PC방–게임사의 결제 구조에서 추가 비용을 지불해 인게임 혜택을 가져간다는 측면에서 일종의 납금플레이로 볼 수 있다. 게임사가 직접 과금하는 방식이 아닌 형태에서 나타나는 납금플레이의 유형도 꽤 다채로운 편이다. 몇 가지 사례를 살펴보자.

많은 MMORPG에는 이용자들이 PC방에서 플레이할 때 'PC방 프리미엄 혜택'이라는 이름으로 제공하는 추가 혜택들이 있다. 대표적인 인기 MMORPG 〈검은사막〉과 〈마비노기〉의 PC방 혜택을 살펴보면 다음과 같다.

〈마비노기〉 PC방 프리미엄 혜택

- 수리비 무료.
- 인챈트 성공률 10% 증가 도우미 제공.
- 별도의 버프를 부여하는 PC방 전용 타이틀(맥뎀 +12, 마공 +6, 체력 +10, 지력/솜씨 +20 등).
- PC방 전용 1인 던전 입장 가능.
- 전투 경험치 10% 추가.
- 무제한 대륙 이동(PC방 아닐 경우 일 2회 가능).
- 행동 불능 시 경험치 손실 없이 마을 부활 가능 등.[1]

〈검은사막〉 PC방 프리미엄 혜택

- 가방 24칸 확장.
- 창고 24칸 확장.
- 사망 페널티 저항 +50%
- 전투 경험치 획득 +50%

---

[1] http://pcbang.plaync.com/product/gcoin/index (최종 접속일: 2022년 9월 19일).

- 성향 추가 획득 +30%

- 아이템 획득 확률 +30%

- 최대 소지 무게 +300LT

- 말 피리 자유 이용(적용 거리 300) 등.[2]

PC방 프리미엄 혜택들은 직접적인 어드밴티지를 주기보다는 전반적인 게임 내 편의를 더하는 방식을 취하고 있지만 직접적인 개입이 아주 없는 것은 아니다. 이들 혜택은 크게 두 가지로 나눠볼 수 있는데, 〈마비노기〉의 버프 타이틀 같은 경우는 몬스터와의 대결에서 실질적으로 무기 강화나 레벨 스탯 상승과 같은 결과로서의 수치 상승을 제공한다. 기타 혜택들 또한 직접적으로 전투 상황의 어드밴티지를 제공하는 것은 아니지만 MMORPG라는 게임을 플레이할 때 핵심이 되는 요소인 빠른 레벨업과 경험치·아이템 획득을 보조하는 기능들로 구성되어 있다. 두 게임 모두 공통으로 전투 경험치를 일정 비율 이상 추가해주는데, 이는 동일 시간 대비 경험치 획득량을 향상시켜 캐릭터 레벨링에 직접적 영향력을 행사하는 경우다. 〈검은사막〉이 제공하는 최대 소지 무게 증가, 가방 24칸 확장 같은 경우도 실질적으로 들고 다닐 수 있는 아이템의 양을 늘려주어 사냥/루팅[3]의 효율을 높이며 가방 칸이 부족해 다시 마을로 돌아와야 하는 비효율을 줄여 게임플레이에 직접적으로 영향을 미친다.

---

2   https://www.kr.playblackdesert.com/News/Notice/Detail?boardNo=135&boardType=1(최종 접속일: 2022년 9월 19일).

3   몬스터 시체나 자연환경 등으로부터 아이템을 획득하는 행위.

　PC방 프리미엄 혜택이 MMORPG류에서만 나타나는 것은 아니다. 〈던전앤파이터〉는 PC방에서 플레이할 경우 특정 던전 입장에 필요한 초대장 개수를 줄여주며, 획득하는 아이템을 추가해준다. PC방 유저를 위해 별도로 무기를 대여해주기도 하고, MMORPG와 마찬가지로 경험치 가속을 제공하기도 한다. 〈리그 오브 레전드〉나 〈히어로즈 오브 더 스톰〉처럼 단판으로 끝나는 게임도 PC방의 어드밴티지가 개입한다. 두 게임 모두 캐릭터를 직접 구매해야 사용할 수 있는데, PC방 이용자에게는 직접 캐릭터를 구매하지 않아도 모든 캐릭터를 오픈해줌으로써 전략성이 중요하게 작용하는 게임에서 선택의 폭을 넓혀 승률 향상에 기여할 수 있는 편의 제공을 보여주고 있다.

　PC방 프리미엄 혜택은 이용자로 하여금 PC방에 방문케 해서 PC방의 매출 증대는 물론 PC방 이용률 상승을 통해 게임회사의 이윤도 창출하는 수단이다. 이를 촉진하기 위해 게임사들은 PC방에서 플레이할 경우 PC방이 아닌 곳에서 플레이하는 것에 비해 더 좋은 결과를 낼 수 있는 혜택들을 제공한다. 직접적으로 게임 승패에 영향을 미치는 혜택과 간접적 측면에서 플레이를 수월하게 만드는 혜택으로 구분할 수 있지만, 둘 다 플레이에 영향을 준다는 점은 분명하게 드러나며, 마찬가지로 납금플레이의 범주 안에 들어갈 수 있는 결제 및 플레이 방식이다.

넥슨 PC방 시간 보상 아이템에 〈마비노기 영웅전〉 95레벨 +13 장비가 있었는데요, 유저들이 몹시 화를 냈었습니다. 진짜 최종급 장비였거든요. 그나마 〈메이플 스토리〉는 일반 서버의 경우 다른 방식도 있었기 때문에 이슈까진 아니었습니다. 그마저도 지금은 150시간 보상으로 바뀌었고 평일 3시간, 주말 6시간 누적 시간 제한으로 바뀌었구요.

현질하고 다른 점이 있다면, 〈마비노기 영웅전〉의 경우 PC방에서 게임을 즐길 시 사실상 피로도⁴가 무한입니다. 피로도가 있는 게임은 PC방에서는 일정 시간마다 피로도 회복 아이템을 제공하기도 합니다. 〈엘소드〉가 그랬구요, 〈마비노기 영웅전〉도 그렇고, 〈던전앤파이터〉도 그랬는데, 〈던전앤파이터〉는 무한 제공은 아니고 일일 제한량의 50% 정도가 추가되는 방식이었어요. PC방 혜택을 활용하면서 이용률을 늘리려고 한 거 같기는 했는데, 〈마비노기 영웅전〉은 그때 좀 힘들었는지 도가 지나쳤었죠. (인터뷰 대상: 마리오)

　'마리오'는 PC방 혜택을 적극적으로 자주 이용하며 게임별로 제공되는 혜택들에 반응했다. 특히 PC방 이용 시간에 따른 추가 아이템 혜택을 거론했는데, 〈마비노기 영웅전〉이 제공하는 아이템의 경우 최종급에 가까운 스탯을 가지고 있어 PC방 비이용자들에게 큰 원성을 들었다. '마리오'는 이 사건을 거론하며 다른 납금플레이와 마찬가지로 형평성에 균열을 낼 수 있는 가능성을 이야기했다.

4　게임을 플레이할 때 시간이 지날수록 경험치 등의 획득량이 점점 줄어들거나 특정 캐릭터를 일정 횟수 이상 사용하지 못하게 설계된 개념이다. 피로도는 여관 등지에 캐릭터를 세워두고 게임을 종료하면 다시 차오르거나 휴식을 부여하면 회복되지만 별도의 아이템 구매를 통해 이를 즉시 회복할 수도 있다.

게임사가 아예 개입하지 않는 방식의 납금플레이들도 존재한다. 조사 중 발견한 '변신반지' 서비스 같은 경우는 본격적으로 기업화하지 않은 상태에서도 납금플레이가 이용자들 사이에서 받아들여지고 있음을 보여주는 중요한 예시다.

대체로 PC방에서 〈리니지〉 플레이를 했는데 PC방 사장님이 〈리니지〉를 할 때 유명한 아이템들, 예를 들어 변신반지라는 게 있어요. 캐릭터를 변신시켜주는 막대기가 있는데 막대기를 그냥 쓰면 랜덤하게 변신하거든요. 그런데 변신반지를 낀 사람이 막대기를 써주면 어느 누구든 변신할 수가 있었어요. PC방 사장님이 그 변신반지를 가지고 있었고 되게 귀한 건데 돈을 따로 좀 더 내면 사장님이 변신을 시켜줬어요. 2천 원을 내면 버그베어로 변신을 시켜준다. 이런 식으로 가격대가 명시되어 있었고 저희가 가서 변신을 받고 사냥하고 그랬었어요. 그것 때문에 PC방을 가는 사람들도 있었죠. 변신 서비스는 어른들은 거의 썼던 거 같고, 저희는 돈도 없고 체계적으로 게임을 하는 나이도 아니었잖아요. 신기한 거 한번 해 본다. 어른들은 체계적으로 게임을 해서 변신을 하면 얼마 정도의 사냥을 더 효율적으로 할 수 있다 이런 걸 계산했던 것 같아요. 저는 형이 변신을 시켜줬는데 어렸을 때 형이랑 슈퍼 앞에 동전 넣으면 돌아가는 목마 같은 거 있잖아요. 그런 걸 태워주는 거랑 같은 느낌이었죠. 둘이 변신해서 사냥은 별로 안 했던 것 같아요. 근데 기억이 확실하진 않지만 변신을 시켜준다는 것 자체가 신기하고 재미있었고. 서울 광진구 건대, 자양동 근처에서 자랐는데 그런 변신반지가 있는 유명한 PC방들은 역 주변에 있었던 것 같아요. 그런 PC방들은 소문이 났고 다들 찾아다닐 수 있었어요. (인터뷰 대상: 라라)

〈리니지〉에는 변신 기능을 제공하는 '변신반지'라는 아이템이 있다. 게임 안에서 변신은 여러 가지 스탯을 한번에 손쉽게 올려주는데, 아이템을 가지고 있는 경우에만 변신이 가능하다. 변신 아이템을 획득하는 것이 쉽지 않은 상황에서 PC방 업주는 자신의 캐릭터로 변신반지를 획득한 뒤 원하는 손님에게 변신 서비스를 제공했다. 현금 2천 원에 변신 1회라는 정가가 존재할 정도였다.

　PC방의 변신반지 서비스는 게임 이용자 간의 P2P 현금 아이템 거래에 속한다. PC방 업주가 제공한다는 점만 뺀다면 이용자 간의 용역 거래로 성립하기 때문이다. 하지만 서비스 제공의 주체가 PC방이라면 이를 온전한 P2P 거래로 보기는 어렵다. PC방 업주는 명확하게 자신의 PC방에 방문하여 서비스를 이용하는 고객에 한해 변신반지 서비스를 제공하고 현금 거래 관계는 PC방 이용자와 PC방 업주 사이에 성립하기 때문에 가격의 적정성 여부는 차치하고라도 PC방의 부가서비스로 볼 수 있기 때문이다. 그리고 유료 서비스의 결과가 게임플레이에 크게 영향을 미치는 게임 캐릭터 스탯 상승으로 이어진다는 점에서 이 부분 또한 납금플레이로 편입될 수 있는 행위가 된다.

파생상품: PC방 대리 접속 서비스

근데 이게 현질하고 같아지는 특이점이 오긴 했습니다. 최근에 PC방 사장님이나 알바 중에 PC를 켜놔 주는 서비스를 시작한 분들이 있거든요. 하루 6시간 켜놔 달라, 이런 식으로 돈을 지불하고 서비스를 받는 거죠. 그럼 일하면서도 PC방 서비스 시간이 채워지겠죠? 이용료 플러스 알파인 곳도 있고 이용료 정도인 곳도 있고. 그런데 PC방 사장님들 입장에서도 손님 없는 낮 시간에 요금 받으면서 수익 나는 거랑 비슷하다 생각하는 분들이 계셔서 적극적으로 하는 분들도 계셨던 것 같네요. 오토를 돌리는 것까지는 아닌 거지만, 결과적으로는 일종의 오토일수도 있겠네요. 오토보다는 개인적으로는 현질에 가깝지 않은가, 그렇게 생각은 하는데… 돈을 주고 템을 사는 거니까요. 다만 돈은 PC방 주인에게 가고 템은 게임회사에서 나오니 기술적으로는 오토, 경제적으로는 현질. 유저 간 거래는 또 아니고. 회사 입장에서는 PC방에 프리미엄 시간이 소진되는 거라 재화가 팔리는 거고 PC방 입장에서는 그게 소비가 되더라도 돈을 받고 하는 거니까. (인터뷰 대상: 마리오)

게임 사업자가 제공하는 프리미엄 서비스가 교묘하게 변질된 새로운 부가서비스도 나타났다. PC방에서 자신의 계정을 일정 시간 이상 플레이했을 때 주어지는 아이템의 성능이 훌륭하다 보니 일부 이용자들은 PC방 PC에 자신의 계정을 계속 접속시켜 둠으로써 요구 시간을 채울 수 있었다. PC방 업주는 이 점을 활용해 직접 계정을 받아 접속을 유지해주는 서비스를 제공해 추가 이윤을 얻었다. '마리오'는 이 서비스를 '3자 간의 윈윈'이라고 표현했는데, 게임사는 PC방에 제공하는 이용 시간을 소진시키므로 이용료 측면에서 이익을 보고, PC방 업주는 사람이 없는 낮 시간대의 빈 PC를 활용해 추가 이용료를 얻으니 이익이고, 이용자는 일하는 시간에도 게임 접속을 유지시켜 아이템을 얻을 수 있으니 이익이라는 것이다.

PC방 혜택을 활용하는 게임플레이는 실제로 기업 비즈니스로 진화하기도 했다. '단골PC방'이라는 이름으로 통신판매사업자 신고를 마친 이 서비스는 이용자에게 일정 이용료를 받고 계정 접속 정보를 넘겨받아 이용 시간을 누적시켜 주는 것을 골자로 한다. 이 서비스는 단지 시간만 채워주는 것이 아니라 이용 시간 동안 해당 계정에 생성되는 각종 이벤트 아이템과 출석 체크 상품 등도 꼬박꼬박 챙겨 받아주는 것 또한 강조한다. 2020년 6월 18일 현재 해당 서비스 홈페이지에[5] 게시된 서비스 메뉴에는 PC방 접속 대행과 함께 모바일 대행도 들어 있어 전반적인 게임 대행 서비스를 준비하고 있는 것으로 보인다. 그러나 아직 모바일 메뉴는 서비스가 오픈되지 않았고 "서비스는 유지되고 있으나 2022년 7월 현재 〈리니지2M〉과 같은 좀 더 돈이 되는 게임의 대리 육성 서비스로 재편된 상태다."

흥미로운 점은 '단골PC방' 서비스의 캐치프레이즈다. 이 서비스는 '게임하는 우리들의 전략본부'라는 구호를 내걸고 있는데, 이는 게임회사가 제시하는 여러 혜택을 수령하는 것 자체를 일종의 전략

---

5   http://www.xn--pc-dd2if2rs0m.com/goods/goods_list.php? cateCd = 001001(현재 접속 불가).

〈그림 4〉 '단골PC방' 홈페이지의 대리 접속 서비스 상품 안내

으로 볼 수 있다는 의미이기 때문이다. 앞서 '마리오'가 인터뷰에서 지적한 것처럼 이 서비스는 보기에 따라서 부분유료 현금결제로도, 자동사냥과 같은 일련의 '오토' 행위로도, 혹은 대리 게임이라는 방식의 이용자 간 현금 거래로도 볼 수 있는 여러 가지 가능성을 내포한다.

게임사에 지불하는 방식이 아닌 경우로도 납금플레이는 작동한다. PC방 혜택은 간접적으로 납금하는 방식을 취하지만, 이를 다른 방식으로 활용하는 변종 납금플레이들도 함께 나타나 납금플레이의 유형을 더욱 복잡하게 만들었다. 이런 유형의 납금플레이들에 대한 이용자들의 반응은 '이것도 현질이라면 현질이지'로 요약될 수 있을 것이다. 하지만 우리가 일반적으로 어떤 행위를 현질이라고 할 때 그 중심에 자리하는 것은 온라인이나 모바일 기반의 부분유료결제를 통해 게임 규칙에 개입할 수 있는 장치들로부터 비롯되는 결제들이다. 이제 그 게임들을 사례로 납금플레이 중 현질로 불리는 유형이 무엇인지 살펴보도록 하자.

〈리니지M〉의 납금플레이 구조

2017년에 출시된 모바일 MMORPG 〈리니지M〉은 1998년에 출시된 PC 기반의 온라인 게임 〈리니지〉를 모바일로 이식한 게임으로 형제작인 〈리니지2M〉과 함께 모바일 앱스토어에서 게임 매출 상위권을 유지하고 있다.

〈리니지M〉은 MMORPG의 전형을 그대로 따른다. 플레이어는 캐릭터를 선택해 성장시키고, 더 강하고 위협적인 적들과 맞서 싸워나간다. 〈리니지M〉에서 플레이는 여러 층위로 나타나는데, 단일 몬스터와 맞서 싸우는 1:1전 구도에서는 몬스터의 체력과 공격력/방어력이 플레이어 캐릭터의 스탯과 상호작용한다. 성장 측면에서는 몬스터들의 레벨에 따른 전투 스탯이 성장하는 플레이어 캐릭터의 스탯과 엮이며 플레이를 만들어낸다. PK Player Kill [6]를 포함하는 멀티플레이 상황에서는 아이템과 경험치를 포괄하는 캐릭터 스탯 간의 우열을 가리는 전투를 통해 플레이가 이루어진다. 〈리니지M〉에서 플레이어의 숙련도는 상대적으로 낮게 개입하는데, 스킬을 활용하거나 공격 패턴을 입력하는 등의 개입이 제한되어 있어 전투에 큰 영향을 주기 어렵기 때문이다. 플레이어의 개입은 주로 어느 사냥터로 이동할 것인지, 어떤 아이템과 스킬을 장착할 것인지와 같은 한 발 물러선 위치에 자리한다. 대신 〈리니지M〉의 플레이에서 강조되는 상호작용의 지점은 플레이어 사이에 벌어지는 PVP와 전쟁이라

6   온라인 게임에서 몬스터 등이 아닌 실제 이용자의 캐릭터를 공격해 죽이는 것을 가리키는 말.

는 요소다.

〈리니지〉는 실제 일어날 법한 전쟁이 가장 잘 표현되어 있는 게임이야. 그럼 이렇게들 말해. "아니 재미있는 게임이 어디 〈리니지〉뿐이냐. 〈와우〉도 있고." 하지만 〈리니지〉의 전쟁은 〈와우〉처럼 '와~ 싸운다!' 하며 스포츠처럼 일어나는 게 아니야. 전쟁은 적이 증오스러워야 해. 아군이 적에게 죽으면 분노가 일어나고 죽이고 싶어지는 그 감정적 부분이 표현되어 있는 게임이야. 〈와우〉의 전장 같은 건 실정상 전쟁이지만 그 안에서 분노가 일어나지는 않아. 〈리니지〉의 전쟁은 분쟁이 자연스럽게 일어나도록 설계가 되어 있거든. 〈리니지〉에서 어느 사냥터를 잡고 사냥을 하다 보면 느끼는데, 옆에 다른 사람이 와서 같이 사냥을 하면 몬스터 재생 속도가 느려지는 거지. 그래서 가라고 하면서 서로 스트레스를 받고 분쟁이 일어날 때 PK가 허용되기 때문에 바로 치게 되는 거지. 근데 우리 혈에는 쎈 형들이 있어. 그래서 혈맹원을 불고 가서 죽어. 그러면 죽은 애도 자기 혈맹 애들 데려와서 또 싸우는 거지. 이렇게 전쟁이 나는데, 누군가를 꺾고 승리했을 때 얻는 희열이라는 건 그 누군가를 향한 미움이 커야 더 빛나는 거거든. 그 길과 〈리니지〉의 전쟁은 그저 설정상의 전쟁이 아니라 훨씬 더 진심을 담은 말 그대로의 전쟁이 되는 거야.

두 번째는 이긴 문제. 〈리니지〉에서 아이템과 경험치와 골드를 주는 대형 보스 몬스터가 있지. 누구나 잡을 수 있는 필드 보스인데 이 보스의 소유권을 특정 혈맹이 선언해버리면 작은 혈맹은 화가 나는 거지. 이게 더 커지면 공성전[7]이 돼. 성 하나를 먹으면 중소기업 하나

게임 웹진 〈디스이즈게임〉이 운영하는 유튜브 채널 ‘중년게이머 김실장’은 〈리니지〉류가 커뮤니티 등에서 비난받는 것과 달리 매출과 이용자 수 측면에서 높은 인기를 끌고 있는 이유를 위와 같이 설명한다. 영상은 〈리니지〉가 인기를 끈 이유의 핵심에 ‘가짜가 아닌 진짜 감정’이 자리한다고 지적한다. 다른 MMORPG가 전쟁이라는 가상의 환경을 일종의 스포츠처럼 상정하고 운영하는 데 반해 〈리니지〉류는 전쟁이라는 현상을 만드는 기저에 깔린 감정을 자극함으로써 실제와 같은 전쟁을 유발한다는 지적은 또 다른 전제인 게임의 시공간 범주를 벗어나는 플레이의 존재를 드러낸다.

위 영상 인용문에는 두 가지 지점이 섞여 있는데, 하나는 게임 세계 안에서 이득이 되는 사냥할 몬스터의 선점을 두고 일어난 갈등이 PK 시스템을 통해 전쟁으로 번져나간다는 게임 시공간 안의 이야기이고, 다른 하나는 필드 보스와의 공성전처럼 게임 안에서의 이득이 거대해지면서 현실 세계의 이윤으로 변환이 가능해지는 순간이 오게 되었다는 이야기다. 현실과 완벽하게 분리된 게임 시공간 안의

---

7   성을 비롯한 방어시설에 의존하고 있는 적을 공격하는 것. 기본적으로 적의 보급을 차단하는 것이 첫 번째고 그 후 방어선에 파상 공세를 가해 약한 부분을 부수고 돌입하는 것이 두 번째다.

이야기라면 증오와 분노가 그렇게까지 일어나지 않을 것이다. 그러나 오랜 플레이 타임과 그것을 통해 쌓은 경험치와 아이템은 〈리니지M〉 게임 안의 캐릭터가 단지 가상의 것이라고만 부를 수 없는 상황을 만들어냈다.

이 영상이 가진 또 하나의 전제는 멀티플레이와 PVP가 플레이의 중심을 차지한다는 점이다. '전쟁'이라는 표현을 통해 드러나듯 〈리니지M〉이 구축하고자 한 플레이는 플레이어 간 상호작용이다. PVE Player versus Environment 라고 불리는 몬스터나 보스와의 전투도 존재하지만 캐릭터 성장의 목표는 궁극적으로 서버 내 최강 캐릭터의 자리에 오르는 일이 된다. 이 구도는 고정된 난이도로 등장하는 몬스터나 보스와는 달리 끝없이 성장하는 캐릭터 스탯 간의 우열로 형성되기 때문에 상대적인 수치가 되어 캐릭터들을 영원한 대립관계에 놓이게 만든다. 싱글플레이 게임에 존재하는 엔딩이라는 단계가 없기 때문에 성장은 서버가 종료되는 순간까지 영원히 지속해야 하는 무언가가 된다.

여기에 부분유료결제를 통한 개입이 추가되면서 영원한 성장은 현실의 자원을 투여해야 하는 납금플레이로 연결된다. 〈리니지M〉은 플레이어 간 경쟁인 PVP 플레이를 중심에 두고 있고, 솔로잉 soloing[8] 사냥 등으로 아이템이나 골드 등의 재화와 경험치를 획득해 달성하는 캐릭터의 성장은 PVP 관계에서 우위를 확보하기 위한 플

8 MMORPG에서 다른 플레이어들 파티(서로 다르거나 동일한 직업과 레벨을 가진 플레이어끼리 뭉쳐서 같은 목적을 달성하기 위해 행동을 같이하는 것)로 삼지 않고 혼자 몹을 잡는 플레이 유형을 말한다.

레이가 된다. 이때 아이템·골드·경험치를 획득하는 방법은 기본적으로 몬스터 사냥이지만, 게임 시스템은 현금결제로 일반 사냥을 앞지를 수 있는 길을 제시해 무한한 PVP 경쟁에 균열을 일으킨다.

아인하사드, 그게 차 있으면 경험치량이 어마어마하게 높아져. PC 시절 초기의 과금 요소는 캐시 티셔츠, 캐시 장비 정도였는데 경험치를 추가로 얻게 해주는 소모 아이템이 나온 거야. 리니지는 레벨 경쟁이 중요하거든. 다들 레벨업에 열심인데 그 레벨업을 빠르게 만들어준다는 거지. 처음 나왔을 땐 유저들도 반발이 컸어. 아인하사드가 0이 되면 경험치 보너스가 0이 되고 아이템은 단지 거래 불가 장비만 나와. …이 수치는 최대 9999까지 쌓이는데, 0에서 200, 200에서 400처럼 구간별로 경험치 획득량이 달라져. 이 아인하사드는 몬스터를 잡을 때 얻은 경험치만큼 소모되는 개념이고, 아인하사드는 내가 약하면 약할수록 느리게 깎여. 아인하사드는 우편을 통해 정기적으로 받을 수 있는데, 초반에는 늘 우편으로 받는 양만으로도 9999 최대치를 채워. 하지만 내가 장비가 올라가고 스펙이 좋아지면서 얻는 경험치가 늘어날수록 공짜로 받는 아인하사드만으로는 유지가 안 되기 시작하는 거지. 잠점 아인하사드가 부족해지면 결국 돈을 주고 아인하사드를 사야 하는 거고. 결과적으로 아인하사드는 소득비례형 과금 모델인 거야. 장비 잘 맞추고 스펙 좋아질수록 아인하사드를 구매해야 하는 부담이 점점 올라가는 거지(중닌 게이머 김심상. "세계 최초 소득비례형 과금 모델? 리니지 아인하사드의 이환함", 유튜브 영상. 2020년 5월 22일. https://www.youtube.com/watch?v=HtDQZwlOlc).

〈리니지M〉의 버프 중 하나인 '아인하사드의 축복'(이하 '아인하사드')은 몬스터 등을 처치했을 때 획득하는 재화인 경험치·아이템·골드의 획득량을 늘려주는 효과를 가지고 있다. 0에서 9999까지 보유할 수 있는 아인하사드는 사냥에 성공할 때마다 획득하는 경험치에 비례해 소모되는데, 아인하사드가 0이 되면 경험치 획득이 가장 기본적인 양으로 줄어든다. 문제는 모두가 레벨업 경쟁에 무한으로 뛰어드는 게임 상황에서 100%의 획득률은 지속해서 뒤처지는 성장이라는 점이다. 이를 극복하기 위해 충분한 아인하사드를 확보하는 방법은 기본 지급량 소모 후에는 사실상 현금결제를 통해 벌충하는 방법만이 제공된다. 위 영상 인용문에서 언급된 것처럼 아인하사드는 레벨과 스탯이 올라갈수록 급격하게 빨리 소모되는데, 고스펙 캐릭터가 될수록 치열해지는 경쟁에서 살아남기 위해서는 아인하사드를 충전하는 현금 아이템인 '드래곤의 다이아몬드'를 구매하는 과정을 밟게 된다.

별도의 유료 결제를 하지 않고 '무과금 유저' 상태로 플레이할 수도 있지만, 언급한 대로 〈리니지M〉의 플레이는 싱글플레이를 통한 사냥만으로는 완성되지 않는다. 전투 방식은 모바일 터치스크린에서 적을 더블탭하면 자동으로 공격하는 정도가 전부인 단순한 구성으로, 솔로잉은 충분한 즐거움을 확보할 수 있는 플레이가 되지 못한다. PVP와 PVP를 위한 무한한 경쟁을 따라가는 성장이 플레이의 핵심인 상황은 무차별적으로 PK가 가능한 PVP 환경을 통해 조성되며, 이 과정에서 스탯이 낮은 캐릭터는 효율적인 사냥터에서는 쉽게 죽는 관계로 구석진 곳에서 지루한 사냥을 반복해야 하는 상황에 놓인다. 그리고 그나마도 매우 낮은 경험치/아이템 수급으로 사실상 레벨업이 정체되기 때문에 〈리니지M〉이 제공하고자 하는 플레이에 다가서기 어렵다. 물론 무료 이용자가 게임을 아예 할 수 없는 것은 아니며 일부 근성 있는 플레이어들은 2년간 게임이 제공하는 이벤트성 아이템을 챙기며 어떻게든 캐릭터를 키워내기도 하지만, 그 자체가 커뮤니티에 회자될 정도로 이례적인 일임을 고려해야 한다.

　〈리니지M〉에서 고전적 플레이의 기초가 되는 난이도와 숙련도를 쌓는 과정은 아케이드류 게임과 크게 달라졌다. 전투라는 국지적 상황과 캐릭터 성장이라는 대전략으로 볼 수 있는 거시적 상황 모두에서 플레이어가 자신의 아이디어와 조작을 통해 승리와 성장을 설계하고 수행할 수 있는 직접적인 숙련도 개입은 사실상 불가능한 상황이 되었다. 원판에서도 포인트 앤 클릭으로 단순했던 전투는 모바일로 들어오면서 아예 적을 지정해두면 정해진 공격력과 방어력으로 자동으로 교전하는 자동전투 시스템으로 정착했고, 플레이어의 개입은 자동전투보다 크게 나아진 결과를 이끌어내기 어려운 상태가 되었다. 보다 강한 적을 전략과 루틴을 변경해 쓰러뜨릴 수 있는 숙련도의 가능성이 차단된 상태에서 승리할 유일한 가능성은 경험치를 획득해 보다 높은 레벨을 달성하거나 더 강력한 아이템을 착용하는 방법만 남게 된다. 그리고 이 둘은 일반적인 플레이 조건에서는 모두에게 동일한 수치의 경험치와 아이템 획득 확률로 나타나지만, 현금 추가 결제는 그 공통의 조건을 벗어나 남보다 앞질러 갈 수 있는 유일한 수단으로 빛난다.

　〈리니지M〉의 납금플레이는 요약하면 다음과 같은 순서로 작동한다. ①멀티플레이 안에서 모든 유저 간에 경쟁을 일으켜 플레이어와 플레이어 간 상호작용을 만든다. ②PVP에서의 우열을 가리는 기준에서 플레이어의 숙련도가 배제되고 아이템과 경험치로 구성되는 게임상의 스탯에 의해 승패가 결정된다. ③무료 플레이로는 스탯을 향상시키는 데 한계가 있으며, 유료 아이템을 통해 빠르게 경험치와 골드, 아이템을 획득하는 방법이 제시된다. ④PVP가 핵심인 게임이기 때문에 모든 플레이어가 유료 아이템을 구매하면서 무료 이용은 의미를 잃는다.

〈왕이 되는 자〉의 납금플레이 구조

두 번째 사례로 찾아볼 게임은 2017년에 출시된 모바일 전략 육성 게임 〈왕이 되는 자〉다. 2010년대 후반의 게이머들은 여러 가지 이유로 이 게임의 '악명'을 들었을 것이다. 출시 이래 끝없이 논란에 휩싸여왔으면서도 3년이 지난 2020년 6월까지도 구글 플레이스토어 기준 매출 순위 40위, 애플 앱스토어 매출 14위를 유지하는 게임이다.[9] 게임 관련 커뮤니티에서 내용 없이 결제만 유도한다고 비난받는 것이 무색하게 〈왕이 되는 자〉는 꾸준하게 높은 이용자 수와 매출을 유지하고 있어 실제 이용자 기준의 인기는 결코 무시할 수 있

9   애플 앱스토어 기준 매출 1위(2018년 8월 15일), 구글 플레이스토어 기준 매출 6위(2018년 8월 14일)를 달성한 기록이 집계된 국내 최고 매출 시점이다(출처: 어플리케이션 순위 정보 게볼루션, http://gevolution.co.kr/ 최종 접속일: 2020년 6월 11일).

는 수준이 아니다.

게임은 기본적으로 중국 청나라를 배경으로 관직 서열 0에서 출발해 황제까지 올라가는 것을 목표로 제시한다. 관직은 일종의 순위처럼 '치적'을 쌓은 순서에 따라 결정되며, 치적을 쌓기 위해서는 군사를 모아 전투를 벌이거나 선택지 중 하나를 골라 자원을 소모해 치적을 쌓는 사무행정과 같은 퀘스트를 수행해야 한다. 지속적인 퀘스트 수행으로 치적량을 누적해 등급을 향상시키고 향상된 등급의 전체 순위를 통해 관직을 부여받는 것이 〈왕이 되는 자〉 플레이의 기본 구조다.

〈왕이 되는 자〉는 MMORPG인 〈리니지M〉과 달리 전투나 사냥 같은 부분은 크게 부각되지 않는다. 탐관오리나 산적을 소탕한다는 전투는 별도의 아이템도 요구하지 않으며 오직 보유한 병력의 양으로만 숫자 대결을 통해 승패를 결정하는 식이다. 병력 조절이나 전략 구성 같은 부분도 전혀 구현되어 있지 않아 '출병' 버튼을 누르면 보유한 군사를 출병시켜 돌파하는 식으로 이루어진다. 스테이지별 전투에서 플레이어의 개입은 단지 '출병' 버튼 외에 존재하지 않으므로 플레이는 스테이지에 책정된 적 병력에 의한 전투력이 난이도로 작동하고 플레이어가 모은 병력이 숙련도에 위치한다. 스테이지는 1-1, 1-2, 1-3과 같은 식으로 대 챕터 아래 소 챕터가 구성되어 간단한 텍스트를 통한 스토리텔링이 구현되어 있지만 큰 의미를 갖지는 못한다.

전투에서 승리하면 일정량의 금전과 치적이라는 화폐를 제공한다. 게임에서 치적은 경험치와 같은 역할로 일정 수치 이상의 치적을 쌓으면 관직의 등급을 올릴 수 있는 레벨업 구조를 가졌다. 지속적인 전투로 치적을 쌓아야 하지만 매 전투마다 병사가 소모되고, 소모된 병사를 모으기 위해서는 군량과 엽전을 소비해야 한다. 각 자원은 관사에서 정무를 수행하고 모으는데, 정무는 제시된 상황에서 해결책을 양자 선택하는 방식으로 플레이되며 선택에 따라 치적이 쌓이거나 군량, 금전, 기타 아이템 등을 획득하는 방식이다. 시간 내에 수행할 수 있는 정무의 수가 제한되어 있어 플레이당 얻을 수 있는 자원량도 제한되어 있지만 '정무령'이라는 이름의 아이템을 사용하면 시간당 사용 제한을 풀고 더 많은 정무 수행 기회를 얻을 수 있다. 이 정무령을 '원보'라는 이름의 화폐로 구입할 수 있는데, 바로 이 '원보'가 현금결제로 구매할 수 있는 자원이다.

　〈왕이 되는 자〉에서 납금플레이는 '원보' 구매처럼 일회성 현금결제와 함께 VIP 특권이라는 보너스 결제로 이루어진다. VIP 특권은 원보를 구매한 결제액의 누적 액수에 따라 추가 혜택을 제공하는 방식으로 총 3천만 원보를 충전하면 무료 플레이와는 차원이 다른 혜택을 제공한다.

　무료 플레이에 제공되지 않는 추가 혜택은 매일 플레이마다 사용 가능한 여러 기능에 대한 강화로 구성되어 있으며, 경험치 상승과 아이템 확보량 상승과 같은 기능을 제공해 같은 시간 플레이를 하더라도 훨씬 높은 경험치와 아이템 축적을 보장한다. 전투나 정무와 같은 플레이어의 주요 개입 지점에서 양자택일 이상의 숙련도 개입이 불가능한 구조 때문에 실질적으로 동일 플레이 타임 대비 레벨 향상은 현금의 추가 투입에 의해 결정되는 구조다. 이러한 플레이

VIP 1 레벨	VIP 17 레벨
총 300원보 충전 시 발동	총 3천만 원보 충전 시 발동
미녀 아기 잉태 확률 +10%	미녀 아기 잉태 확률 +50%
방문 체력 제한 4회	방문 체력 제한 16회
랜덤 소환 정력 제한 4회	랜덤 소환 정력 제한 16회
방문 운명 전환 무료 횟수 0회	방문 운명 전환 무료 횟수 5회
자녀 육성 활력 제한 2회	자녀 육성 활력 제한 5회
	종6품 관문 개방 스킵 제공
〈10배 수익〉 일일 최대횟수 1회	〈10배 수익〉 일일 최대횟수 3회
〈공부벌레〉 일일 최대횟수 1회	〈공부벌레〉 일일 최대횟수 3회
〈연속 3레벨 승급〉 일일 최대횟수 1회	〈연속 3레벨 승급〉 일일 최대횟수 3회
〈천부적인 재능〉 일일 최대횟수 1회	〈천부적인 재능〉 일일 최대횟수 3회
〈하늘의 원보〉 일일 최대횟수 1회	〈하늘의 원보〉 일일 최대횟수 3회
〈미녀의 축복〉 일일 최대횟수 1회	〈미녀의 축복〉 일일 최대횟수 3회

〈왕이 되는 자〉의 VIP 등급별 혜택

구조는 전투와 정무 및 기타 퀘스트라는 싱글플레이에서는 지루한 플레이가 될 수밖에 없으나 최종적으로 게임이 추구하는 플레이가 이용자의 상호 경쟁을 촉발하는 PVP 구도라는 점에서 지루한 플레이에서 현금결제를 통한 결과 획득의 가속화라는 의미가 다시 부각된다.

〈리니지M〉과 마찬가지로 〈왕이 되는 자〉는 전투와 사냥 같은 세부 활동이 아닌 누적 활동의 총량으로서의 치적과 세력의 획득 그리고 그를 통한 순위로서의 관직 경쟁에 중심을 둔 플레이를 설계한다. 다만 그 경쟁은 〈리니지M〉처럼 PVP를 통한 직접적인 경쟁 방식은 아니다. 치고받는 경쟁 대신 〈왕이 되는 자〉는 순위 경쟁에 무게를 둔다. 〈왕이 되는 자〉의 최종 목표인 '왕'은 각 서버에서 오직 한 명만 차지할 수 있으며, 이는 전투를 통해 획득하는 것이 아니라 치적과 세력을 가장 많이 누적해 오르는 자리다. 〈리니지M〉이 조성한 '진심을 담은' 전쟁 상황의 플레이는 아니지만, 이러한 경쟁 또한 플레이어의 숙련도가 개입하기 어려운 상황에서 일종의 급행료와 같이 보다 빠르고 쉽게 경험치를 획득하는 경로로 현금결제가 제공된다는 측면에서 납금플레이를 이루어낸다.

　직접적인 PK 대신 〈왕이 되는 자〉는 누적 순위를 보여주고, 왕의 자리를 별도로 방문하여('알현'이라고 표현된다) 재화를 얻을 수 있는 시스템을 구현하며, 상위권 순위를 지속적으로 보여주어 더 높은 순위에의 열망을 고취한다. 순위에 따라 추가 보상이 달라지고 이에 자극을 받아 더 빠르게 순위를 확보하고 싶은 이용자가 있다면 추가 현금결제를 진행해 앞서 나갈 수 있게 만들어주는 것이다. 〈리니지M〉이 보여준 분노의 요소들은 배제되었지만 순위 경쟁은 보다 직접적으로 연출된다.

　서버마다 오직 한 명만이 최종적인 클리어 혹은 목표 달성이라고 부를 수 있는 '왕의 자리'를 유지할 수 있다는 기본 규칙은 결과 보상을 원하는 수많은 플레이어들에게 무척 좁은 자리가 될 수 있는 구조다. 이를 〈왕이 되는 자〉는 색다른 방식으로 회피하는데, 서버 개수를 확대한 것이다. 〈왕이 되는 자〉는 서버 1위인 왕의 자리를 보다 많은 이들이 차지할 수 있도록 서버의 개수 자체를 늘리는 방식을 택했다. 2020년 6월 기준 〈왕이 되는 자〉의 한국 서버 개수는 총 230개로, 산술적으로라면 왕이 최대 230명 배출될 수 있는 구조다. 이러한 서버 정책은 최종 콘텐츠인 왕이 될 가능성을 높임으로써 지루한 직접 플레이를 대체하는 납금플레이의 기댓값을 확보하고, 이를 통해 게임은 납금플레이가 제공하는 기대효과를 상대적으로 도달 가능한 위치로 옮겨놓는 역할을 수행한다.

〈리니지M〉과 마찬가지로 현금결제만이 다른 이용자들을 앞서 나갈 수 있는 경로가 되면서 〈왕이 되는 자〉에서 퀘스트로서의 일반적인 무결제 플레이는 의미를 상실한다. 심지어 퀘스트 수행은 숫자와 텍스트로만 표현되어 지루하기 그지없는 과정이라 누워서 클릭하는 것만으로도 피로감을 제공하며, 경험치도 무과금 상태에서는 중반 이상의 레벨대에 도달하면 더 이상의 진척을 기대하기 어려운 수준이 된다. 게임이 제공하는 유료 결제 및 VIP 시스템 결제를 진행하지 않는 한 핵심 콘텐츠인 순위 경쟁은 참여하기 어려운 플레이가 된다. 이 과정 또한 다음과 같이 요약할 수 있다.

①멀티플레이 안에서 모든 유저 간의 경쟁을 일으켜 플레이어 간 상호작용을 만든다. ②PVP가 배제된 대신 플레이어들의 순위를 지속적으로 노출하고 순위 간 차별점을 부각시켜 경쟁 요소를 만들어낸다. ③스탯 향상은 무료 플레이로는 크게 부족하며, 유료 아이템을 통해 빠르게 경험치와 골드, 아이템을 획득할 방법이 제시된다. ④순위 경쟁을 위해 모든 플레이어가 유료 아이템을 구매하면서 무료 이용은 의미를 잃는다.

부분유료결제 게임의 대표 격인 두 게임은 각각 '리니지라이크'와 '왕이되는자라이크'라고 부를 수 있을 비슷한 유형의 수많은 게임을 대표하는 플레이 구조를 가졌다는 점에서 오늘날 부분유료결제 게임의 일면을 살피는 데 부족함이 없다. 중국 모바일 게임 특유의 VIP 시스템이 들어가는 〈왕이 되는 자〉는 MMORPG의 형식을 따르는 〈리니지M〉과 같은 게임이라고 볼 수 없지만, 납금플레이라는 관점에서 두 가지 공통점을 드러낸다. 첫째는 멀티플레이를 통해 무한한 유저 간 상호작용을 만들어낸다는 것이고, 둘째는 그 경쟁에 활용할 수 있는 플레이어의 수단에서 사실상 개인의 숙련도를 배제하고 현금결제를 주요 수단으로 부각시킨다는 것이다. 그리고 이러한 특징이 여러 납금플레이 유형 중에서도 특별히 현질이라고 불리는 어떤 지점과 연관됨을 확인할 수 있다.

현질로서의 납금플레이: 숙련도의 주체 변화

　　납금플레이라는 개념을 현질이라는 말이 가진 비하적 의미를 피할 수 있는 개념으로 제시했지만, 앞의 사례들을 살펴보면 현질이라는 말을 구성하는 데 추가적 조건들이 존재함을 알 수 있다. '부분 유료결제 > 납금플레이 > 현질'이라는 구조 속에서 현질을 구성하는 추가적 조건들은 대략 다음과 같이 추정해 볼 수 있다.

　　가장 기본 출발점은 플레이의 대상이 상대적이라는 점이다. 타인과의 경쟁이 제한적인 싱글플레이에서는 현질이 쉽게 성립하지 않는다. 오락실 싱글플레이에서 소위 '끝판'에 가보기 위해 계속 동전을 넣어가며 하는 플레이는 현질이라 불리지 않는다. 현질은 대개 멀티플레이 상황에서 타인과의 경쟁이 촉발될 때의 납금플레이를 말한다.

다만 공용공간에서의 공간 점유가 타인의 게임 기회를 빼앗는 것으로 여겨질 때는 이러한 컨티뉴 플레이가 '졸렬한 행위'로 여겨지는 부분은 흥미롭다. 오락실 싱글플레이는 게임플레이상으로는 싱글플레이지만 메타 게임의 측면에서는 일정 부분 대립과 경쟁의 요소가 발생한다. 쉽게 말해 "너, 그 게임 깨봤어?" 같은 요소나 게임 오버 이후 등장하는 하이 스코어 점수판에서의 점수 경쟁 같은 부분이다. 본격적인 현질까지는 아니지만 현금 개입을 통해 얻는 이점은 이런 순간에 경쟁에 개입할 수 있는 요소로 작용하며, 현질이라는 의미가 어떤 상황에서 붙게 되는지를 가늠하게 한다.

경쟁 상황에서의 현금 개입이 현질로 불리게 된다는 점은 현질이라는 낮잡아 부르는 말이 공정성 개념과 맞닿고 있음을 드러낸다. 현금을 통한 외부 개입을 거부하는 것은 다른 각도에서 이야기하면 매직서클이라는 분리 장벽으로 구성된 가상세계는 모두에게 공정한 규칙을 보장한다는 개념을 전제한다. 앞서 매직서클 비유에서 다뤘던 축구와 같은 스포츠 경기에서 공정성을 보장하기 위해 제정되는 규칙의 목적과 대볼 수 있다.

고전적 플레이에서 난이도-숙련도 길항은 비용을 지불하고 매직서클 안에 들어온 모두에게 동일한 규칙을 제공했다. 오로지 가상의 규칙으로만 작동하기 때문에 가능한 플레이의 세계가 제공하는 공정한—물론 이 공정성이라는 건 매우 모호하고 주관적일 수밖에 없는 관점으로, 실제로 공정하다기보다는 공정함을 내세우며 그 공정함에 많은 이들이 합의한다는 정도의 의미로 받아들여야 한다—경쟁 체계가 유의미한 플레이를 만들어낸다는 생각을 가질 수 있었다. 이는 싱글플레이도 멀티플레이도, 가정에서도 공용공간에서도 차이 없이 동일하게 받아들이는, 놀이를 위해 구성된 가상공간의 보편적 가치로 받아들여졌다.

그런 상황에서 등장한 납금플레이는 매직서클로 분리된 현실과 가상의 경계를 뚫고 공정한 경쟁이라는 개념을 무너뜨리기 시작했다. 1코인이라는 동등한 조건만 맞추면 그 다음부터 실력이라는 숙련도의 승부가 이뤄졌던 시대는 독특하게 변형되기 시작했는데, 바로 숙련도의 주체가 바뀐다는 점에서다.

난이도−숙련도 길항은 그 주체를 각각 게임과 게이머로 둔다. 게임 텍스트가 제시하는 난이도는 플레이어의 숙련도에 의해 극복되는데, 이때 숙련도는 멈춰 있는 개념이 아니라 시간이 지남에 따라 성장하는 개념임을 이야기한 바 있다. 숙련도는 단순히 플레이어의 동체시력과 반사신경 같은 신체 조건뿐 아니라 어느 게임이 어느 스테이지에 이르면 어떤 경로가 숨어 있다든가 상대가 펼치는 주요 콤보 패턴은 어느 타이밍에 어떤 기술로 끊어낼 수 있다거나 하는 지식과 비법의 측면까지 포함하는 개념이며, 이는 지속적으로 플레이어의 신체에 축적된다.

플레이어의 신체에 쌓이는 숙련도는 좁게는 게임 하나의 메카닉을 향해 깊게 파고드는 방식이 되기도 하지만 넓게는 여러 게임에 걸친 전반적인 암묵지의 향상으로 이어지기도 한다. 〈스타크래프트〉나 〈리그 오브 레전드〉 같은 e스포츠 프로게이머들이 보여주는 극한의 숙련도가 전자의 사례라면, 오랜 세월 게임을 즐겨온 마니아가 신작 게임을 잡았을 때 튜토리얼을 거치지 않고도 '아, 대충 어떻게 하는 거겠구나' 하고 이해하는 장면 등은 후자의 사례일 것이다. 어떤 경우든 플레이어의 숙련도는 플레이어가 난이도에 대항하는 도구가 되며, 이때 플레이어의 숙련도는 온전히 플레이어 자신의 것이었다.

그런데 이 숙련도는 매직서클 안에서만의 영향력이 아니다. 방금 언급한 넓은 의미에서의 숙련도가 대표적이다. 게임 하나를 하면서 높여놓은 숙련도는 비슷한 규칙을 사용하는 다른 여러 게임에 공통으로 적용된다. 스틱과 패드를 잡고 능숙하게 원하는 타이밍에 콤보를 넣는(개별 명령을 연속적으로 입력하는 것) 법이나 전략 게임에서 자원 효율의 상승과 하락이 어느 지점에서 고점과 저점을 찍는지를 인지하는 방식 등은 여러 게임에 공통으로 작용하며 다양한 게임에서 제반의 숙련도를 향상시킨다. 그리고 이런 숙련도는 언제나 그랬듯 게임 결제와 엮이면서 다른 의미의 길항에도 개입해왔다.

오락실의 사례에서 우리는 업장의 회전율이 플레이어의 숙련도와 충돌하는 장면을 살펴보았다. 무한하게 상승한 플레이어의 숙련도는 게임뿐 아니라 현실의 영역에서 이윤의 문제로도 게임과 엮힌다. 오락실의 동전투입 플레이는 그래서 가상과 현실에서의 길항 모두를 포괄하는 과정이 된다. 그리고 이 두 경우 모두 플레이어는 자신의 숙련도를 무기로 삼아 게임 텍스트에 길항했다. 게임플레이가 구매한 공간에서 이뤄지건 대여한 공간에서 이뤄지건 상관없이 플레이의 한 축을 이루는 게이머의 숙련도는 언제나 게이머의 것이었다.

플레이어 고유의 것이었던 숙련도의 주체 문제가 납금플레이에 이르러 변하면서 발생한 것이 현질이라는 비하하는 듯한 이름이다. 납금플레이 시대에 숙련도는 더 이상 플레이어의 몸에 쌓이지 않기 때문이다. 난이도에 대응하는 숙련도는 이제 필수요소가 아닌 여러 요소 중 하나가 되었다. 오랜 세월 갈고닦은 게임 실력과 비법 대신 훨씬 쉽고 빠르게 난이도를 넘어설 수 있는 수단으로 현금 지불을 통한 아이템과 골드, 경험치 부스팅이 빠르게 자리 잡기 시작했다. 플레이 안에서 난이도에 대응하는 무기로서 의미를 가졌던 숙련도는 많은 게임들에서 과거만큼의 영향력을 발휘하기 어려운 처지에 놓이게 되었다. 현금결제가 플레이에 직접 개입할 수 있게 된 시점부터 매직서클 안에서의 플레이를 강하게 지배했던 플레이어의 숙련도가 밀려난 것이다. 자동전투와 자동사냥, 현금결제를 통한 부스팅, 이른바 방치형 게임이라고 불리는 온라인/모바일 이후의 게임에서 플레이어가 직접 개입하는 숙련도의 비중은 크게 줄어들었고, 이는 결국 게임플레이가 가졌던 고전적 의미를 크게 뒤바꿔놓는 결과를 낳았다.

이는 다른 관점에서는 더 흥미로운 결과로 이어지는데, 숙련도가 쌓이는 위치가 바뀌었다는 측면에서 그렇다. 플레이어의 신체와 두뇌에 쌓였던 플레이 경험 축적으로서의 숙련도는 축적의 위치를 플레이어로부터 게임 서버로 옮겨놓았다. 고전적 플레이에서 플레이 경험은 일종의 암묵지와 같은 형식으로 플레이어에게 축적되었지만, 이제는 보다 수치화된 데이터 형식으로 '게임사'의 서버에 쌓인다. 플레이어가 게임에 얼마나 접속했는지, 몇 마리의 몬스터를 사냥했는지와 같은 수치들이 서버에 기록되고, 그 플레이 시간이 자동사냥과 같은 형식의 게임에서 캐릭터에 쌓이는 경험치와 레벨로 전유된다. 플레이어가 실제로 했거나 하지 않았거나 상관없이 일정한 결제 혹은 자동전투 스위치를 켜놓은 상황에서 게임플레이가 이루어지고 그 결과에 따라 플레이어의 캐릭터가 성장하는 플레이에서 플레이어의 숙련도 개입은 배제된다. 게임 서버가 제시하는 난이도에 게임 서버에 쌓인 플레이 로그가 길항하며 과거 게임사-이용자 간에 이루어졌던 길항으로서의 플레이는 이제 게임 텍스트와 플레이 로그라는, 둘 다 게임사의 소유인 대상 간의 길항에 의해 이루어진다.

숙련도의 배제는 그래서 현실적 의미에서 게임플레이의 관계를 '게임사-플레이어'에서 '게임사-게임회사'로 옮겨놓는 형국을 만들었다. 자동사냥과 부분유료결제 및 현질이 동떨어져 있는 개념이 아니라는 것은 바로 이 숙련도의 축적 위치 변경이 만들어낸 효과라는 점에서 비롯된다. 게임플레이에서 오랫동안 나름의 긴장관계를 이어왔던 생산자로서의 게임사와 소비자로서의 이용자라는 관계가 이제 힘의 균형을 놓친 채 전적으로 게임사가 주도할 수 있는 환경으로 변화한 것이다. 난이도와 숙련도라는 플레이의 지렛대 양쪽을 모두 게임사가 쥐게 된 이 상황은 고전적 플레이에 익숙한 게이머들 입장에서 곱게 보일 수 없었고, 그 변화에 대한 플레이어들의 시각이 납금플레이라는 개념에 영향을 미친 결과가 오늘날의 현질이다.

과정의 소멸

숙련도가 플레이어로부터 멀어지면서 발생하는 또 다른 변화는 플레이 과정의 소멸이다. 간단한 예를 통해 설명할 수 있는데, 이를테면 MMORPG에서 캐릭터 성장이 이루어지는 과정을 생각해 보자.

한 게이머가 1레벨 상태에서 속옷과 단검만 입고 든 채로 필드에 등장했다. 첫 번째 중간보스를 돌파하기 위해서는 레벨 5에는 도달해야 하고, 최소한 장검과 방패, 가죽 갑옷 정도는 갖춰야 한다고 가정해 보자. 그가 경험치를 쌓고 아이템을 습득하고 골드를 버는 방법은 필드 사냥이다. 필드에 널린 아기사슴 500마리를 잡아 경험치를 얻고 가죽을 팔아 이런저런 장비를 사는 데 드는 시간은 다른 요소의 개입 없이 순수하게 플레이했을 때 두 시간이라고 가정하자. 그는 두 시간 동안 사냥을 수행하며 순조롭게 첫 중간보스를 잡고 성장과 돌파의 즐거움을 느끼는 플레이를 겪었을 것이다.

여기에 납금플레이가 들어오면 변화가 일어난다. 두 시간을 해야 가능한 성장은 3천 원에 판매되는 경험치 부스터를 통해 시간을 50%만 들이고도 해낼 수 있다. 초보자용 아이템 패키지를 5천 원에 사면 추가 포션potion[10]과 무기와 갑옷을 제공받으며 인벤토리도 넓어져 정비 시간도 단축된다. 좋은 아이템과 빠른 경험치 수급은 두 시간 걸리는 플레이를 한 시간 이내로 단축시킬 수 있는 길을 제공하며 플레이어의 빠른 성장을 돕는다.

10   믹여을 참하는 영단이로 한국에서는 판타지 게임 등에서 사용되는 회복 아이템을 주로 지칭한다.

이 사례는 앞서 이야기한 대로 숙련도의 상실이라는 의미를 드러내면서 동시에 과정의 소멸을 만들어낸다. 두 시간 동안 플레이어의 직접 개입을 필요로 했던 게임플레이는 숙련도 외의 다른 요소들에 의해 직접 개입을 줄여나가는 형태로 변화했는데, 이는 생각해보면 이상한 지점을 가지고 있다. 플레이의 재미를 위해 게임을 한다는 것이 대전제라면, 빠른 성장이란 결국 게임을 빠르게 끝내버리면서 그 의미를 축소시킨다고 볼 수 있기 때문이다.

이는 앞 장들에서 다뤘던 콘솔/PC 게임에서의 가치 문제, 하나의 게임을 얼마나 오래 즐길 수 있느냐의 문제와 엮인다. 정가에 기반해 게임 소프트웨어를 구매해 소유하고, 그 안에서 기승전결의 전개를 통해 명확한 엔딩까지 가진 게임에서라면 과정의 소멸은 게임 가치의 상실로 이어진다. 그러나 온라인/모바일 기반의 게임은 무한하게 영속되는 게임 시간을 가졌고, 영속의 시간대에서 캐릭터의 성장은 마찬가지로 무제한으로 확장되는 구조를 갖는다. 캐릭터는 성장하지만 게임 서비스가 종료되기 전까지 어떤 경우에도 최종 장을 맞이할 수 없는 구조다.

무한하게 영속하는 게임 속 시간 안에서 과정은 지루해지며 게임은 오직 데이터화한 결과의 제시만으로 플레이를 재편한다. 플레이어의 숙련도로 개입하는 과정의 재미 대신 납금플레이 기반에서 들어온 새로운 재미는 결과로서의 재미다. 플레이를 직접 수행하거나, 자동전투를 돌리거나, 아니면 현금으로 바로 결과를 구매하거나 상관없이 난이도와 납금 사이에 이루어지는 플레이의 재미는 본래의 과정을 압축하고 축소시켜 빠르게 결과를 수령하는 재미로 변화한 것이다. 잠들기 전 자동전투 이용권을 구매한 뒤 스마트폰 배터리가 떨어지지 않게 충전기를 연결하고 자동전투를 돌려 놓은 다음 날 아침에 일어나 어젯밤의 전과를 확인하는 재미로 납금플레이 시대의 게임은 그 중심을 옮겨갔다.

납금플레이에 대한 반발 또는 호응

온라인/모바일 게임 시대가 도래하기 이전에도 현금으로 매직 서클 안에 개입하는 플레이가 없었던 것은 아니다. 그러나 모바일 시대를 맞이하며 납금플레이는 기존의 플레이와는 확연히 다른 형태를 만들어내기 시작했다. 고전적 플레이에서의 조건들이 붕괴하는 가운데 가장 중요한 요건으로 여겨졌던 숙련도 기반의 플레이어의 직접 개입이 의미를 잃었고, 그 결과 재미의 시발점으로 여겨졌던 과정으로서의 플레이가 뒤로 물러났다. 오늘날 한국 온라인/모바일 게임에서 대세를 이룬 납금플레이는 멀티플레이 기반의 경쟁 체제를 기초로 하면서도 그 경쟁 과정에서 플레이어들이 사용했던 숙련도라는 무기를 게임사 서버에 데이터로 치환해 가져감으로써 사실상 플레이의 난이도와 숙련도 두 축을 모두 독점해버렸다. 그렇게 플레이의 현장에서 한발 뒤로 밀려난 플레이어의 손에는 자신의 신체에 쌓인 경험과 비법 대신 신용카드 번호와 결제 버튼을 효율적으로 누르는 전략만이 남게 되었다. '이것은 진정한 게임이 아니다'라는 게이머들의 분노와 항변은 이러한 납금플레이의 과정을 '현질'이라고 부르기 시작했다.

　디지털게임의 발전 과정에서 만들어진 플레이라는 형식이 크게 흔들리면서 나타난 이 반발은 일견 이해가 가는 부분이 있지만, 실제 현장에서는 그러한 반발과는 또 다른 모습들이 나타나고 있다는 점에서 모든 게이머의 입장인 것은 아니다. 당장 온라인 커뮤니티에서 반발하는 목소리가 그토록 많음에도 불구하고 이른바 '현질게임'들이 언제나 최상위권의 매출과 이용자 수를 유지하는 것은 무엇을 의미하는가?

　이 질문은 마지막 장의 제목이기도 한 '현질을 어떻게 이해해야 하는가'로 이어진다. 기나긴 이야기의 마지막을 장식할 이 질문에 대한 답을 다음 장에서 찾아보도록 하자.

4장
현질을 어떻게 이해해야 하는가

납금플레이의 일부가 현질로 불리게 된 과정을 우리는 '게임의 결제사'라는 흐름 속에서 살펴보고, 동시에 고전적인 플레이 개념이 붕괴하면서 나타난 새로운 유형의 플레이로서 납금플레이를 이해해보고자 했다. 요약하면, 돈으로 게임을 할 수 있는 시대의 도래라는 점에서 납금플레이는 기존의 게임플레이에 비해 이른바 페이투윈, 돈으로 승리를 살 수 있다는 불합리성을 만들어내며 욕을 먹고 있는 것으로 보인다. 어느 게임 커뮤니티 게시판을 가봐도 납금플레이의 문제점에 관해 이야기하지 않는 곳이 없을 정도로 이는 보편적인 게이머들의 정서로 자리 잡았다.

그러나 그토록 많은 비난에도 불구하고 왜 납금플레이가 작동하는 게임들이 동시대 게임에서 항상 높은 매출과 이용자 수를 기록하고 있을까? 가장 많은 사람이 가장 많은 지출을 납금플레이 게임에 하고 있다는 사실은 이 유형이 오늘날 게임플레이의 중심이라고 말해도 될 정도로 두터운 지분을 차지하고 있음을 증언한다. 가장 많은 사람이 이용하지만 가장 많이 욕을 먹는 납금플레이 게임을 우리는 어떻게 이해해야 할까? 이 이해의 끝이 비단 게임플레이라는 유희의 측면을 넘어 오늘날의 디지털미디어 사회가 움직이는 거대한 트렌드와도 맞닿아 있음을 이야기하며 이야기를 정리해 보려고 한다.

현질에 대한 이용자들의 생각

저는 부분유료 게임이 이미 오래 관행이 되어왔고 이제는 남들보다 잘하고 싶으면 돈을 내라, 이게 게임의 입장이다,라는 점을 이해하게 됐어요. 옛날에는 그런 기능들이 없었거든요. 스킨들만 파는 거였고. 그게 플레이 안에 영향을 주게 됐을 때 처음엔 거부감이 있었는데 이젠 그냥 난 그렇게 안 하면 되지, 해요. 할 게임은 많은데 굳이 내가 돈 써가면서 그렇게까지 할 필요는 없다,라고 판단을 한 거죠. 주로 그런 게임들이 손놀림에 대한 부분들이 있어서… 저는 〈리그 오브 레전드〉는 안 했는데 중계를 봐도 도저히 못 따라가겠는 거죠. 〈워크래프트 3〉가 나왔을 때 확실히 알았어요. 나는 (늙어서) 못하겠구나,라고. 〈워크래프트2〉, 〈스타크래프트〉까지는 어쨌든 같이 놀고 했거든요. 이젠 나이가 든 거죠. 판단력도 문제가 있고… 손도 그만큼 안 따라가고. 우리 아이는 지금 〈파이널 판타지〉를 해요. 옆에서 보면 손가락이 안 보이게 움직이거든요. 스킬들을 외워서 치고 있는 거잖아요. 난 불가능할 거 같아. (인터뷰 대상: 게롤트)

　게롤트(가명)는 50대 중반 남성이다. 1980년대 초기 오락실부터 시작된 그의 게임 경험은 두텁고 길며 직접 게임 개발에 참여한 이력이 있을 정도다. 그는 인터뷰 당시에도 〈랑그릿사 모바일〉 같은 최신 수집형 롤플레잉 게임을 즐기고 있었고 납금플레이에 대해 딱히 부정하는 모습을 보이지는 않았다. 레트로 게이머로서 갖는 기본적인 거부감은 인정하지만 그렇다고 지금의 납금플레이를 문제시하지는 않았다.

　나이 든 게이머로서 그는 자신이 더 이상 난이도-숙련도 중심의 고전적 플레이를 충실하게 수행하기 어려울 만큼 늙었다는 사실을 인지하며, 납금플레이를 숙련도 저하를 대체할 수 있는 보조도구로 받아들인다. 그가 〈랑그릿사 모바일〉 같은 게임을 즐기는 배경에는 더 이상 과거처럼 극한의 숙련도로 난이도를 돌파하는 게임을 하기 어렵다는 신체적 변화가 크게 작용했다.

　실제로 디지털게임이 50여 년에 가까운 역사를 지나오면서 초창기 유년 게이머들은 이제 중장년을 넘어 노년으로 치닫는 중이다. 인류사에서 처음으로 디지털게임을 접했던 이들의 신체적 노화는 가장 게임을 사랑했을지도 모를 그 세대로 하여금 더 이상 과거처럼 격렬한 플레이를 하기 어려워진 상황을 만들었고, 이들로 하여금 숙련도의 개입이 줄어든 플레이를 선택지로 고를 수 있게 만들었다. 이런 의미에서라면 납금플레이는 그들에게 충분히 받아들일 수 있는 무엇이 된다.

　현금에 의한 개입이라는 점에서 납금플레이는 경제적 현실과 강하게 엮여 있다. 이 점은 유년기에서 장년기로 넘어오는 올드 게이머들의 변화가 단지 신체적 노화뿐 아니라 경제적 여유의 향상에서 오는 효과이기도 하다는 점을 보여준다. 다음 인터뷰를 보자.

> 부분유료 아이템은 두 가지로 획득이 가능한데 직접 '노가다'를 뛰어서 얻거나 아니면 지름길의 의미로서의 현금결제를 해서 사거나예요. 저는 이 선택에서 돈을 번다는 게 매우 중요한 기점이라고 생각합니다. 예전에는 어차피 게임을 많이 할 거니까 대충 시간 계산을 해서 '노가다'를 조금만 해도 될 것 같으면 (현금 아이템을) 안 샀죠. 그런데 돈을 벌게 되면서부터는 진짜로 비교를 하게 돼요. 게임할 시간도 한정되어 있고 내 노동시간 가치가 매겨지는 기준이 있는데 그에 비해 게임에서 2천 시간을 들여야 (아이템을) 살 수 있어. 근데 돈으로 내면 1만 5000원에서 2만 원이면 충분해. 그러면 내가 이걸 못 사나? 이런 생각이 드니까 돈을 내는 거죠. (인터뷰 대상: 라라)

30대인 '라라'는 〈둠〉을 인생 게임으로 꼽지만 주력 게임은 온라인 MMORPG이고, 납금플레이의 기준으로 자신의 경제활동 여부를 꼽았다. 돈을 벌기 시작하면서부터 아이템 획득에 필요한 두 가지 요소, 즉 플레이 타임과 현금이라는 측면을 좀 더 자신의 노동시간으로 환산해 계산할 수 있게 되었다는 뜻이다. 라라의 선택에서 아이템은 게임 시공간 안에서의 활동 시간, 이를 현금화해 제시하는 아이템 가격, 그리고 자신이 현실에서 노동을 통해 획득하는 현금 가치 세 가지 요소와 등가를 이룬다. 월급 노동자로서 자신이 과거보다 게임할 시간은 줄어든 반면 지불 능력은 향상되었음을 생각하고, 더 효율적인 선택으로 부분유료 아이템을 구매하는 결정을 내린다.

앞에서 게롤트가 숙련도 문제를 지적했다면, 라라는 시간의 문제를 이야기한다. 두 사람 모두 자신이 고전적인 디지털게임플레이를 손쉽게 즐길 수 있었던 시절에는 가지고 있었지만 시간이 흘러 변화한 현재 상태에서는 갖지 못한, 게임플레이에 필요한 요소들의 부재를 인지하고 있고, 그를 대체할 수 있는 수단으로 제시되는 부분유료 현금결제를 받아들이고 있음을 알 수 있다.

> 모바일 게임에서 현질… 다시는 하지 말자.라는 생각이 들 정도로 무서운 경험이죠. 〈NBA GM〉이라는 게임을 했어요. 하루는 서버 1위를 해 본 적이 있어요. 60만 원 정도 썼어요. 한 달 동안. 아이폰 4GS 때 이야기인데. 저는 현금결제에 반감이 든 건 아니고 호기심 반이었어요. 빠져드는 길과 빠져드는 이유가 다른 게임이라는 확신이 들거든요. 이건 정말 도박에 대한 짜릿함이다. 그런데 어릴 때 즐기던 게임은 저한테는 책을 읽는 거 같고 산책을 하는 거 같고 영화를 보는 거 같으니 둘은 다른 경험인 거지. 그런데 관광에도 돈은 쓸 수 있잖아요. 그러니까 이건 강원랜드 관광인 거죠. (인터뷰 대상: 둠가이)

40대 '둠가이'는 모바일 부분유료결제 게임의 경험이 거의 없는 사람이다. 한 달에 60만 원 결제한 정도를 무척 많이 했다고 이야기하는 건 월 결제액 억 단위도 나오는 최근의 납금플레이 트렌드를 잘 모르는 상황임을 드러낸다. 벨트스크롤 액션 게임의 컨티뉴 플레이에 대해서도 서사의 과정을 따라가는 플레이로 이해했던 그에게 납금플레이는 매우 다른 범주의 무언가였다. 그에게 납금플레이 게임은 도박의 짜릿함으로부터 기원하는, 애초에 다른 콘텐츠였다. 고전적 게임플레이에 집중된 경험 속에서 그는 다른 인터뷰 대상자들보다도 납금플레이가 게임 커뮤니티 등에서 볼 수 있는 세간의 인식인, 도박에 가까운 다른 무언가라는 위치에 더 가깝다는 인식을 보여준다.

(부분유료결제 게임과 고전적인 다른 게임들은 무엇이 같고 다를까요?)

패키지 게임을 볼 때 영화관에서 영화를 보고 또 보고 싶으면 DVD 꺼내서 보는 것과 비슷한 거라고 생각을 한다면, 부분유료결제 게임은 드라마를 시간 맞춰 계속 보는 그런 식이라고 생각해요. 영화와 드라마가 같은 영상물이지만 플랫폼하고 결제방식이 완전히 다른 것처럼 드라마도 제작사가 시간에 맞춰서 푸는 거잖아요. 그것처럼 패치 업데이트에 맞춰 와서 사람들이 게임을 하고, 영화는 그냥 보고 싶을 때 극장 가서 보고 영화 상영이 끝났어도 DVD나 스트리밍 서비스를 구매해서 보고. 원할 때 보고 딱 끝내고. 하지만 그렇다 하더라도 부분유료결제 게임이 게임이 아니라고 생각하지는 않아요. 저도 열심히 뽑거든요.

(중략) 하지만 부분유료는 돈을 쉽게 쓰진 않게 되는데, 예를 들어 만약 10만 원을 질렀어요. 제가 어느 정도 강해지겠죠. 그런데 그게 서버에서 특출나진다거나 그런 것도 아닌 것 같고 몇 시간 정도 하다

보면 다시 한계가 올 것 같고 이러는데 차라리 콘솔 게임이나 패키

지 게임 하나를 7만 원 정도 지른다고 해 봐요. 그러면 그걸 100시간

200시간 즐길 수 있는데 굳이 그렇게 하고 싶진 않은 거죠. (인터뷰

대상: 링크)

'링크'는 2000년대 이후 출생자다. 다른 인터뷰이들과 달리 그

는 태어나 처음 경험한 게임이 플래시 기반의 무료 게임이었고, 그

뒤 본격적으로 〈메이플 스토리〉 등의 부분유료결제 게임으로 게이

머의 삶을 시작했다. 동전투입식 게임기는 그에게는 오히려 나중

에 영화관 앞에서 만나게 된 놀랍고 새로운 방식이었다. 링크는 그

래서 숙련도나 플레이 타임을 대신하는 현금과 같은 이야기는 하

지 않는다. 다만 '닌텐도 DS' 기반의 〈포켓몬〉 시리즈와 같은 풀 프

라이스[1] 패키지 게임에 더 애착을 느끼며, 온라인 게임은 친구들이

하니까 함께 하는 정도의 의미에 머문다.

그런 링크가 부분유료결제 게임을 바라보는 시선은 영화와 드

라마의 비유로 정리된다. 풀 프라이스 패키지를 통해 볼 수 있는 완

결성을 가진 매체인 영화와 지속적 운영을 통해 이어지는 드라마의

비유는 매체적 정의의 정확성을 따지기보다는 완결된 콘텐츠로서

의 풀 프라이스 패키지 게임과 서버-클라이언트 체제하에서 운영을

중심으로 재편된 현대의 온라인/모바일 게임 간의 차이를 드러낸다.

다만 아직 경제활동을 하지 않는 대학생 입장에서 현금결제는 자신

1   정가를 주고 게임 소프트웨어 전체를 한 번에 구매하는 방식.

의 소비 한계를 고려하는 수준에서 집행되어야 하고, 같은 돈으로 어떤 게임을 얼마나 즐길 수 있는가를 계산하는 입장으로 그 한계는 나타난다.

자취하면서 한 달 생활비를 거기다 꼬라박고 있는 거죠. 아바타 나오면 지르고, 넥슨 벽돌 몇 갠 제가 했을 거예요.

〈메이플 스토리〉에서도 처음 결제한 게 옷이었어요. 농담이지만 캐릭터가 헐벗었는데 내가 옷을 입을 순 없다. 이런 마인드여서. 이벤트 아바타라고 〈던전 앤 파이터〉에서 기간마다 나오는 아바타가 있어요. 유저끼리 거래로 살 수도 있는데 그 아바타들이 너무 예쁘면 그 옷을 입혀주고 싶은 거예요. 장비 강화 이런 데는 진짜 돈 한푼도 안 썼고, 캐릭터 40개가 넘어가는데 다 이벤트 아바타를 하나씩은 입고 있거든요. 그게 싼건 1만 5000원이고 비싸면 4만 원이에요. 34800원 그렇게 되는데 평균 잡아도 백만 원 쓴 거죠. 저는 게임 밸런스에 영향을 주는 아이템을 샀던 건 〈겟앰프드〉밖에 없었어요. 그 외에는 다 룩덕질이라고 하죠.

(그럼 두 경험의 차이는 뭘까요? 겟앰 때는 승패에 영향을 주는 아이템을 사고.)

〈겟앰프드〉는 PVP가 메인이잖아요. 이게 싸우려면 아이템이 필요한 거고. 〈겟앰프드〉는 아바타 악세사리 사는 게 또한 의장의 연속이었던 거죠 저한테는. 이걸 끼면 캐릭터가 멋있어 보이는 것도 있으니까. 〈던전 앤 파이터〉나 〈메이플 스토리〉 같은 경우에는 롤플레잉 게임이잖아요. 다른 사람보다 빨리 세지고 싶은 게 중심인데 저는 굳이? 제가 즐기면 되는 거거든요. 이런 표현이 인터뷰에 들어가

도 될지 모르겠지만 '개돼지마블'이라고 〈모두의 마블〉이 있었잖아
요. 그때 스트리머들 게임머니 7조 날리고 그랬는데 이해가 안 됐던
게 제가 백만 원을 갖고 있건 1억을 갖고 있건 지불하는 돈이 거기에
맞춰 비율로 늘어나는 거예요. 그러면 초보자 방에서 노나 끝방에서
노나 재미에는 차이가 없는데 사람들은 그 수치에 환장을 하더란 말
이죠. 그런데 PC 게임을 하면 〈턴진 앤 파이터〉가 됐건 〈메이플 스토
리〉가 됐건 제가 레이드raid²를 가야 되잖아요. 물론 레이드를 가도
분명히 재미있겠지만 그 앞에 있는 던전들에서도 다른 재미를 느낄
수가 있잖아요. 그래서 온라인 롤플레잉 게임을 할 때 전혀 조급함
이 없었어요. 장비 강화 현질을 할 필요성을 못 느끼는 거죠.

(모바일에선 어떻습니까?)

최근까지 했었는데 〈AFK 아레나〉 두 달 정도 하다가 접었어요. 매일
들어가서 확인하는 일상이 너무 피곤하더라고요. 이전에 〈소녀전선〉
에 현질을 제일 많이 했네요. 그런 걸 하면서도 느꼈는데 〈프리코네〉
정도에서 생각보다 재미있는데 하면서 했던 게 과금을 안 했는데도
캐릭터가 다 나와줘서. 사실 과금을 안 한 건 아니에요. 10만 원 했
는데 다른 사람들 100만 원 200만 원 부어놓고 있는데 그 캐릭터가
저는 뿅 하고 나와주는 거예요. 무과금 진 캐릭은 중간에 달성하고
이 이상은 무과금으로 할 수 없겠구나 하고 박수 칠 때 떠났죠. (인터
뷰 대상: 마리오)

2　비디오게임 미션의 한 종류로 다수의 플레이어가 PVP에서 또 다른 다수의 플레이
어를 상대로 또는 PVF에서 다수의 NPC(Non-Player-Character)를 상대로 공격해 승
리하는 것을 말한다.

취업 준비와 게임 스트리밍을 병행하는 '마리오'는 스트리머답게 여러 게임을 폭넓게 많이 플레이하며 부분유료결제에 대해 부정적 입장을 취한다. '마리오'는 납금플레이 기저의 전제로 사람 간의 경쟁 구도가 존재함을 은연중에 지적한다. 〈모두의 마블〉을 예로 든 사례에서 게임 한 판에 참가하는 사람들은 비슷한 수준의 플레이어들이고, 이 참가자의 평균치를 맞추기 위해서는 엘로[Elo 3]라고 불리는, 게임플레이어들의 승률을 서열화하고 비슷한 수준의 플레이어들을 선발해내는 과정이 존재함을 이야기한다. 난이도와 숙련도의 적절한 균형을 맞춤으로써 몰입을 이끌어내는 기본적인 플레이 디자인을 멀티플레이에 적용하기 위해서는 비슷한 수준의 참가자를 매칭시키는 일이 중요해진다.

이 과정은 매칭에 참가하는 플레이어들의 기대승률을 50%에 수렴케 한다. 내가 이길 수도 질 수도 있는 환경에 놓여야 완성된 게임 플레이 디자인이 되는 것이다. 만약 누군가가 연승을 이어간다면 그의 순위가 올라가면서 비슷한 상위 플레이어들과 매칭이 형성될 것이고, 이 과정이 반복되면서 플레이어 캐릭터는 성장하더라도 계속 승률 50% 상황에 놓이게 된다. '마리오'는 현금 투여를 통해 스탯을 향상시켜 순위를 올려도 결국 매 게임의 승률은 50%에 머물며 게임 플레이의 과정은 변화가 없다는 입장을 보인다. 이는 디지털게임플레이의 즐거움을 결과와 과정이라는 둘로 나눴을 때 과정에 집중하

3   헝가리/미국의 물리학 교수이자 체스 플레이어인 아르파드 엘뢰(Árpád Elő) 박사가 체스 또는 다른 분야에서 플레이어들의 실력을 표현하기 위해 만든 점수 측정 방식.

는 입장이다. 반면 대전마다 동일한 승률로 반복되더라도 최종 순위 경쟁에서 자신이 높은 자리에 올라가는 결과의 즐거움을 선호하는 플레이어라면 현금결제를 통한 납금플레이는 충분히 시도할 만한 가치가 될 수 있음 또한 이해하는 입장이다. 아래 인터뷰에서 '일리단'은 카드 게임 〈하스스톤〉에서 2등급을 찍었다는 사실을 자랑하는데, '마리오'의 입장과는 대표적으로 반대편이 되는 입장이다.

> 모바일은 계속했던 게임이 〈하스스톤〉밖에 없는데 돈을 여태까지 〈하스스톤〉만큼 많이 써본 게임이 없어요. 얘는 한도가 없잖아요. 얼마 썼는지 모르겠어요. 그리고 저 〈하스스톤〉 되게 잘하잖아요. 2급까지 갔었으니까 0.33%인데 그 카드를 맞추기 위해서 가루 내는[4] 것만으로는 부족하고 계속할 수밖에 없는 거에요. 한 번에 10만 원 결제하고 그래요. (인터뷰 대상: 일리단)

'소닉'은 아케이드 오락실과 PC방을 전전하며 유년시절을 보냈지만 성인이 된 후에는 게임할 시간이 넉넉하지 않은 상황이다. 바쁜 시간에 유용한 게임은 아무래도 부분유료결제로 부족한 플레이 타임을 벌충해줄 수 있는 게임이었다. '소닉'은 자동사냥이 무료인 게임을 선택했는데, 자동사냥이 무료로 주어지는 〈파이널 블레이드〉가 추가 결제를 해야 자동사냥이 가능한 〈삼국전기〉보다 더 매력적이었기 때문이다.

4　〈하스스톤〉은 카드팩을 현금으로 뽑았을 때 쓰지 않는 카드는 갈아서 가루로 만들어 다른 카드 제작의 재료로 쓸 수 있다.

〈파이널 블레이드〉를 했었어요. 재미있었습니다. 한 사오십? 꾸준히 계속 썼었어요. 정액은 계속 넣고 월정액 빼고 추가로 사오십 쓴 거죠. 예전처럼 많이 못 하니까 뭐라도 게임을 하고 싶다,라는 생각이 들었고, 〈파이널 블레이드〉를 하기 전에는 〈삼국전기〉를 했었어요. 이건 자동사냥에 횟수 제한이 있었고 추가로 결제를 해야 자동사냥이 되던 게임이었는데 그게 너무 싫어서 그만뒀죠. 〈파이널 블레이드〉는 자동사냥이 무료로 제공돼요. 정액을 끊으면 자동으로 아이템을 줍는 게 됐고 나중에는 추가로 결제하면 아이템 창이 꽉 찼을 때 내가 설정한 옵션 이하의 무기는 자동으로 판매해주는 그런 시스템이 돼서 켜놓고 살았죠.

어떤 사람들은 그게 무슨 게임이냐, 거기서 네가 하는 게 뭔데? 이렇게 얘기를 하잖아요. 내가 자동사냥을 20시간을 돌리던 30시간을 돌리던 그 결과물을 모아서 뭘 강화시키고 어떤 템을 사고 어떤 배치로 누구와 싸울 것인가를 정하는 건 나니까. 그걸 하기 위한 과정? 노가다를 대신해주는 거고 중요한 결정을 다 내가 내리니까 이것 가지고 왈가왈부할 필요 있나? 그런 생각을 했었어요.

과금을 할 때는 가성비를 따졌어요. 클랜 오픈 톡방이 있었거든요. 거기서 새로운 과금 패키지가 나오면 누가 계산을 해서 가성비를 알려주고 살 거면 이걸 사고 아니면 안 하는 게 낫다, 이런 걸 정리해줘요. 그걸 보고 구매를 했어요. 현질도 그게 올라오면 보고 해요.

저는 그런 과금도 다 게임플레이라고 생각해요. 내가 생각하는 게 있고 이걸 구현하기 위해서 밖에 있는, 현실에 있는 무언가를 게임 안으로 끌고 들어가는 거니까 저는 플레이였던 것 같아요. 옛날에

게임에 돈을 쓴다는 건 디이블을 사는 거였는데 이거(부분유로결제)는 돈을 쓰면 결과가 나오는 거니까. 과정을 돈으로 사는 거니까. (인터뷰 대상: 소닉)

자동사냥은 플레이 타임과 숙련도 개입을 동시에 대체하는 수단이다. 플레이의 결과와 과정이라는 두 측면 중 과정을 온전하게 대체하는 개념인 자동사냥은 게임할 시간이 부족한 이들에겐 충분하지는 못하더라도 일종의 대안이 될 수 있음이 앞선 인터뷰를 통해서도 드러난 바 있다. '소닉'의 인터뷰는 자동사냥이 플레이어에게 제공하는 두 가지 방식을 보여주는데, 기본 제공과 추가 결제를 통해 이용할 수 있는 방식이다. 예시로 든 〈파이널 블레이드〉는 자동사냥이라는 편의 제공을 세분화해 추가 구매 옵션으로 더 편리한 자동 기능을 이용할 수 있는 구성을 취한다. 단순 자동사냥을 넘어 아이템 루팅과 인벤토리가 꽉 찼을 때 불필요한 아이템을 자동으로 판매하는 기능까지의 확장은 추가 결제를 통해 제공된다.

'과정을 돈으로 산다'고 직접적으로 표현하는 '소닉'은 구매 행위 또한 게임플레이의 일부로 받아들인다. 자동사냥의 결과물을 받아 최종적으로 어떤 아이템을 장착하고 어떻게 스킬을 성장시키며 무엇을 강화할 것인지를 결정하는 작업이 존재하기 때문이다. 아이템 파밍과 레벨업 과정에 들어가는 오랜 시간을 단축해주었을 뿐 결과적으로 현금결제가 대체하는 일련의 과정은 '소닉'에게 게임플레이였다. 게임 시공간 안쪽에서만 플레이가 일어나는 것이 아니라는 점을 '소닉'은 분명하게 인식하고 있었다.

'일리단'은 유년기에는 주로 대전격투 게임에 빠져 살았고, 성인이 된 이후에는 블리자드 엔터테인먼트 사의 팬으로 게임을 플레이해왔다. '진정한 게임'의 범주에 들어갈 수 있을 게임들을 오래 해왔고 부분유료결제 게임에 대해 아주 호의적이지는 않은데, 그런 그가 납금플레이가 존재하는 〈하스스톤〉을 플레이하는 이야기는 사뭇 흥미롭다.

(〈하스스톤〉은 부분유료화 게임이었고 많이 하셨어요. 근데 이게 〈리니지M〉 같은 부분유료결제 게임과 같은 거라고는 생각 안 하시죠?)

그렇죠. 왜냐하면 확률이라는 게 정해져 있어서 최소한 파란 카드 하나는 나온다는 믿음이 있는 거잖아요. 그러면 얘는 내가 가루를 내더라도 대체할 만한 카드를 살 수 있게 해준다는 믿음이 있으니까. 현금을 편히 썼던 것 같아요. 꽝이 없다는 것의 의미가 굉장히 큽니다. 저는 꾸미는 데는 거의 안 써요. 이를테면 〈하스스톤〉에서는 카드 말고도 본인의 캐릭터도 살 수 있잖아요. 그런데는 돈 안 써요.

(실력에, 숙련도에 현금이 영향을 미치는 것은 문제다라는 이야기들에 대해서는 어떻게 생각하십니까?)

저는 문제라고 생각합니다. 이를테면 저도 예전에 열심히 샀어요, 〈프리스타일〉.[5] 근데 어느 순간 아이템을 사고 안 사고가 승패에 영향을 미친다는 느낌이 들면 안 하게 되더라고요. 그때부터는 안 해요.

5   2004년 PC 기반으로 출시된 온라인 3:3 농구 게임. 캐릭터와 아이템을 구매해 경기력을 향상시킬 수 있는 부분유료결제가 일정 부분 적용되었으나 플레이 숙련도가 개입하지 않는 게임은 아니었다.

현금결제가 밸런스에 영향을 미쳐서는 안 된다고 생각합니다. 일정 부분의 개입이야 가능하지만 절대적인 밸런스일 경우에는 문제가 된다 정도. 이를테면 〈하스스톤〉에서 카드를 사는 게 밸런스에 영향을 주지는 않잖아요. 단지 내가 좀 더 빨리 카드를 모을 수 있게 해줄 뿐이지.

(이렇게는 볼 수 있지 않습니까? 기본 카드덱만으로 랭크 경쟁하기는 어렵잖아요.)

그것도 시간의 문제죠. 기본 카드도 쪼개면 되니까. 그런데 아예 능력치를 올려주는 카드를 주는 개념은 아니라는 거죠. 카드게임은 메타가 돌기 때문에 일정 수준의 현금 투입을 하지 않으면 메타를 못 쫓아간다고 말씀하시는데, 〈하스스톤〉은 시간을 투자하면 됩니다. 많이 플레이해서 따라가는 게 느리다고 느낄 수도 있지만 저는 그만큼까지 느리진 않다고 봐요. 굉장히 조금 플레이하지 않는 사람이라면, 적어도 메타의 유행을 아는 사람이라면. 저도 카드 안 사고 그냥 따라간 적도 있는데, 많이 쌓아놓으면 되는 거니까. (인터뷰 대상: 일리단)

〈하스스톤〉은 정해진 카드로 하는 게임이 아니라 계속 출시되는 신규 카드들을 조합해 30장의 덱을 만들어 1:1로 대결하는 게임이다. 신규 카드를 획득하는 방법은 세 가지인데, 기본적으로는 퀘스트를 수행하는 등의 활동 보상으로 받는 카드팩을 여는 것이고, 두 번째는 현금결제로 신규 카드팩을 구매하는 것, 마지막은 쓰지 않는 카드를 갈아서 가루로 만들고 가루로 다시 카드를 제작하는 것이다. 새로운 카드가 나오면 카드 간의 상성과 우위가 크게 바뀌기 때문에 지속적으로 〈하스스톤〉에서 등급을 유지하기 위해서는 추가 카드를 확보하는 것이 필수다. '일리단'의 말처럼 지속적으로 게임을 플레이해서 보상으로 나오는 카드팩을 받아 플레이할 수도 있지만, 그보다는 신규 카드팩을 구매하는 것이 훨씬 빠르고 편리하며 원하는 카드덱을 완성하기도 수월하기 때문에 〈하스스톤〉에는 납금플레이가 포함된다. 다만 다른 경우처럼 아예 현금을 쓰지 않으면 게임이 불가능한 정도는 아니다.

흥미로운 점은 현금결제가 〈하스스톤〉의 승패에 영향을 주는 요소임에도 불구하고 '일리단'은 〈하스스톤〉의 현금결제가 일반적인 납금플레이와는 다르다고 선을 긋는다는 점이다. '일리단'은 굳이 현금결제를 하지 않아도 무료 카드팩을 받아 따라잡을 수 있기 때문에 현금결제는 단지 속도에만 개입할 뿐이라고 하지만, 그 속도의 차이가 당장 등급전에서의 순위 차이를 만드는 것임을 감안할 때 이는 그다지 설득력 있는 해명이 되기는 어렵다. 다른 모든 납금플레이 게임들도 마찬가지이기 때문이다. 다른 인터뷰들에서도 지적되었듯 대부분의 부분유료결제는 반드시 결제해야만 달성할 수 있는 경우가 아니라 오랜 시간을 들여 플레이하면 도달할 수는 있는 경로와 함께 제공된다. 경험치 부스터 아이템처럼 획득량의 가속을 통해 이점을 주는 요소들은 '일리단'의 설명대로라면 〈하스스톤〉과 별 차이가 없어지는데도 불구하고, 그는 〈하스스톤〉의 부분유료결제 방식이 다른 게임과는 다르다고 이야기한다.

이런 모순은 우리가 부분유료결제 게임을 대하는 과정에서 느끼는 감정이 단지 결제를 통해 게임 시공간 안의 플레이가 침해받는다는 이유만으로 형성되는 것은 아니라는 점을 보여준다. 이는 콘살보가 '진정한 게임'을 이용자들이 구분하는 기준으로 이야기한 세 가지 조건 중 블리자드라는 제작사가 가진 전통의 영향으로부터도 멀리 있지 않은 감상으로 보인다.

한편 게임사와의 직거래가 아닌 방식에서 나타나는 게임 이용자 간 거래와 같은 측면의 납금플레이에 관한 이야기도 들을 수 있었다.

아이템베이 같은 사이트를 통하지 않고 유저들끼리 직거래하는 아이템 거래도 많이 했어요. 그걸로 돈 벌어 가지고 스마트폰 산 애도 있고. 그 친구는 〈메이플 스토리〉 아이템으로 벌었죠. 흔히 무통이라고 하죠. 직거래로 돈 받고 아이템 넘기고.

(사기당하면 어떡하려고?)

그러니까요. 그걸 무통이라고 게임 안에서 부르면 무통장 거래를 줄여서 말하는 거라서 게임사에서 막으니까 물통이니 불통이니 하고 바꿔서 불러요.

(그런데 그런 애들 때문에 피해를 내가 보거나 이런 경우라면 어떨까요. 짜증이 날까요? 아니면 그것도 또 여러 가지 플레이 중의 하나인데라고 생각하게 될까요?)

그런 사람들이 아이템을 쓸어가서 시세가 달라진다거나 이런 걸 생각해 볼 순 있긴 한데 그런 적은 없습니다. 서로 많이 분리되어 있을 수 있다라는 생각이 드는데 왜냐하면 사는 템의 가격대가 다르다고 보니까. (인터뷰 대상: 링크)

　　이용자 사이의 게임 재화 거래는 익명 거래의 위험성이 적지 않다. 게임 내 거래만이면 문제가 없지만, 막상 오가는 현금은 현실의 개인 사이에서 이뤄지기에 캐릭터와 현실 개인의 연결을 손쉽게 위조할 수 있어 사기의 가능성이 매우 높다. 그래서 이용자 간 거래의 신용을 담보하는 에스크로 거래 사이트들이 형성되며 부가서비스로서의 지위를 차지하고 있기도 하다. 그러나 모든 이용자들이 P2P 거래를 에스크로를 통해 진행하는 것은 아니다. 게임회사의 유료 아이템을 사는 것과 달리 아예 유저 간 P2P 거래를 부정하는 이용자도 있었다.

　　유저에게서 절대 아이템을 사지 않아요. 현거래를 한 적은 있어요. 형 친구한테 만 원을 주고 600메소를 받는다든지. 근데 제가 현거래를 별로 안 좋아해요. 말씀드렸다시피 제가 비용을 지불하는 이유는 게임을 만든 사람들에 대한 보답 행위인데 현거래는 돈이 그리로 안 가잖아요. 그래서 절대 하지 않습니다. 현거래를 하더라도 인게임 아이템을 구매해서 게임 속 유저한테 팔아요. 효율이 떨어질지는 몰라도. 모바일 게임은 그래서 긍정적으로 보는 게 유저 간 거래가 제한이 되어 있고 현질을 하면 무조건 게임사에 가잖아요. 여기까지는 좋은데 액수가 이거는 좀… 용납할 수준을 넘어서지 않았나, 그런 생각을 정말 많이 하고 있습니다.

　　(중략) 〈메이플 스토리〉는 본섭과 리부트섭이 다른데, 리부트 서버는 아이템 거래가 제한되어 있어요. 유저 간 아이템 거래가 불가능하기 때문에 사람들이 직접 파밍을 해야 되고 강화도 현금이 아니라 게임

머니로 하기 때문에 게임머니를 캐야 하는데 본 서버 같은 경우에는 강화도 현금으로 하고 유저 간 아이템 거래도 자유롭잖아요. 그래 가지고 굳이 자기가 장비를 캘 이유가 없는 거죠. 장비 값이 어떻든 간에. 그래서 그런 짓을 하지 않습니다. (인터뷰 대상: 마리오)

‘마리오’는 게임 이용자가 지불한 금액은 게임 제작사의 수익으로 가야 한다는 것을 원칙으로 내세운다. 그가 이용자 간 거래를 반대하는 이유는 수익이 게임사에게 가지 않기 때문이다. 그에게 공정한 플레이는 게임사가 제시한 아이템을 사거나 게임이 제시하는 퀘스트/사냥 등을 통한 레벨업이고, 제작사가 정한 범주 바깥에서 일어나는 거래를 통한 플레이는 어뷰징^{abusing}의 영역에 속함을 알 수 있다. ‘마리오’의 논리가 맞냐 틀리냐를 떠나서 발견할 수 있는 것은 같은 납금플레이라 할지라도 그 안에서 공정성에 어긋나는 어뷰징과 공정성의 테두리 안에서 납득받을 수 있는 플레이가 구별된다는 점일 것이다. 이는 비슷하게 ‘일리단’의 현금 골드 거래 사례에서도 드러난다.

(《와우》 안에서 이용자 간의 골드 거래라는 게 있었잖아요. P2P 거래로 골드를 사 보신 적은 있으세요?)

그럼요. 현금으로 골드 사는 거 많이 해 봤어요. 골드 거래는 계정 제재 대상 아니에요. 계정 거래가 제재 대상이지.[6] 골드 거래는 주로 아

---

6 실제로는 골드 거래도 계정 제재 대상이다.

이템 사이트들을 통해서 했고, 딱 한 번 유저랑 직거래해 본 적이 있습니다. 이 친구가 계좌를 알려줘요. 훨씬 싸게 팔고. 계좌를 알려주고 골드를 먼저 준다 같은 식이고 쿨했는데 골드 줄테니 입금해 이런 식이어서 전화번호를 먼저 한 번 교환을 했었나? 암튼 그런 종류의. 그 한 번을 제외하고 나머지는 전부 다 거래 사이트. 아무튼 현금 거래는 자주 해 봤습니다. 저는 주로 취업한 이후에. 시간이 없으니까. 직장인 플레이어들의 상당수는 게임할 시간은 없고 지불은 가능해서 그 두 개를 등가로 놓고 교환하는 게 일어납니다.

(골드 거래를 일종의 환전 가능한 경험치라고 이해한다면 어뷰징으로 볼 수도 있잖아요.)

훨씬 더 단순한 차원인데 제가 불성이나 이런 때까지는 아이템 현금 거래를 해 본 적이 없어요. 왜냐하면 그때는 내가 골드를 벌어다주는 위치였으니까. 그 다음부터는 사장님[7]이 돼버리니까 진도는 따라잡고 싶은데 시간이 없기 때문에 나중에 돈으로 메우게 되는 거죠. 근데 그 시기가 딱 어떻게 되느냐 하면 흥미가 없어지는 시기가 되는 거에요. 〈와우〉에 대해서. 그때부터는 리드를 하지 못하고 따라갈 수밖에 없는 거죠. 공략을 모르니까 (죽은 채로) 누워 계세요,라고 요구받고. 무엇보다 배울 시간이 없어요. 그래서 아이템을 갖춘 다음에

---

7   스무 명 이상 참가하는 대규모 공략 레이드는 본래 참가자 전원이 충분한 아이템 파밍이 이루어진 상태에서 공략을 숙지한 상황이어야만 성공하지만, 아이템 스펙이 높아진 상황이면 한두 명이 자기 역할을 하지 못해도 공략 성공이 가능하다. '사장님'은 일정 금액을 지불하고 레이드에 참가하되, 공략에 방해가 되지 않도록 초반에 바로 죽어 바닥에 누워 있는 참가자를 가리킨다. 게임 안에서 기여도는 없지만 골드를 지불했다는 점에서 재정적 기여를 한 것으로 쳐주며, 공략 성공 후 나오는 아이템을 자기 돈으로 사 가고 사장님이 아닌 '선수'들이 그렇게 획득한 골드를 수고비로 나눠 갖는 방식이다.

도 공략을 모르게 되는 일들이 발생해요. 그래서 나중에도 계속 골드 분배에서 제외되는 사람으로 가야 하는 거죠. 저는 옛날부터 고수하는 게 하나 있는데 절대로 게임을 글로 안 배우거든요. 공략을 읽지 않습니다. 무조건 가서 하는 스타일인데 상황이 바뀌면서 조금씩 〈와우〉에 대한 흥미를 잃고 골드, 현질로 채우게 되는 형태가 되죠. (인터뷰 대상: 일리단)

오랫동안 〈월드 오브 워크래프트〉를 플레이해온 '일리단'은 앞서 '게롤트'가 이야기했던 것처럼 노쇠화와 게임 시간 부족으로 인해 게임플레이에서 뒤처지기 시작했고, 이를 극복하기 위해 게임 내 재화인 골드를 아이템 거래 사이트를 통해 구매하기 시작했다. 그는 스스로 이러한 P2P 골드 거래가 어뷰징이라는 점을 인정했다. 그는 계정을 사고파는 일은 어뷰징이지만 골드 거래는 어뷰징이 아니라고 생각해왔는데, 그것이 설령 어뷰징이라고 해도 자신과 같은 상황 ─ 노쇠화, 게임 시간 부족 ─ 에서는 어쩔 수 없는 선택이기도 함을 이야기한다. 물론 그 과정에서 오랜 시간을 들여 즐겨온 게임에 대한 흥미를 점차 잃게 되는 과정이 있었음을 또한 숨기지 않았다.

P2P 거래가 납금플레이에 포함되는지에 대해서는 게임 이용자 사이에서도 논란이 일어날 수 있는 지점으로, 게임사가 제공하는 현금 결제와는 또 다른 측면을 가지고 있다. 이 문제가 일종의 어뷰징으로 분류될 수 있는 배경은 좀 더 폭넓다. 이를테면 게임 내 경제 시스템 붕괴를 초래한다고 많은 이용자들에게 비난받는 '작업장'의 존재가 바로 이 P2P 거래를 통해 가능해지기 때문이다.[8] 하지만 납금

플레이라는 점에서 게임사의 현금결제와 이용자 간 현금결제의 차이가 어뷰징이냐 아니냐를 가를 수 있는 정도인가에 대해서는 확신을 갖기 어렵다. 다만 이 글에서 다루기에는 훨씬 더 많은 논의를 필요로 하기 때문에 게임사 결제와 P2P 결제를 구분하는 이용자의 입장이 존재한다는 정도까지만 이야기해 볼 수 있을 것이다.

납금플레이에 관한 비판적 목소리는 이미 온라인에 차고 넘치므로 책 서두에 언급한 것 이상의 이야기를 따로 정리할 필요는 없어 보인다. 여기서 주목하고자 했던 것은 왜 그런 비난과 함께 납금플레이의 이용량 폭증이라는 현상이 동시에 나타나느냐는 점이었고, 이런 점에서 실제 납금플레이를 겪은 사람들의 목소리를 듣는 것은 중요한 일이었다. 직접 만나본 이들은 오직 납금플레이만을 경험했다기보다는 다른 여러 게임들을 이미 즐겨온 상태에서 납금플레이를 접했고, 각자의 이유와 입장에 따라 납금플레이 게임을 이해하고 즐기고 있음을 알 수 있었다.

본격적인 통계자료로 활용할 수 있는 형태로 표본조사를 수행한 것은 아니기에 여기 소개한 인터뷰 내용들로 납금플레이를 일반화할 수는 없다. 그러나 이러한 목소리들이 납금플레이가 현재 어떤 방식으로 플레이어들에게 다가가는지에 관한 관찰의 결과로서는 충분한 의미가 있을 것이다. 납금플레이를 즐기는 사람들의 규모는 온라인상의 발화보다 거대하며, 그들 각각 또한 기존의 게임과 무관

8   획득한 골드와 아이템을 개인 간 거래를 통해 현금화할 수 있다면, 아예 직접적으로 아이템 파밍을 수행해 이를 팔아 현금을 획득하는 일이 가능해지며 이를 대규모 인력이나 AI 스크립트를 활용해 본격적으로 수행하는 것을 '작업장'이라고 부른다.

하지 않은 사람들이라는 점에서 나름의 이유와 당위성을 갖고 플레이하는 사람들일 것이다. 따라서 그들 역시 큰 맥락에서는 인터뷰에 참여한 이들과 다르지 않은 목적과 당위로 납금플레이 게임을 즐기고 있을 것이다.

이를 단순히 '진정한 게임'이 아닌 도박 같은 무엇에 빠져 사는 이들로 치부하기는 어렵다. 난이도–숙련도 길항이라는 고전적 플레이 상황에 쉽게 접근하기 어려워진 누군가에게 납금플레이는 보조도구로서 나름의 의미를 만들어내며, 어디에 얼마큼 어떻게 결제하겠다는 의사결정 자체를 플레이의 일환으로 보는 시각 또한 나름의 설득력이 있다. 게임플레이라는 의미가 매직서클 바깥에서의 작동을 포함하는 형태로 변화했다는 점, 그리고 그러한 변화로부터 새로운 유형의 플레이가 출현했다는 점까지가 우리가 짚을 수 있는 납금플레이의 변화일 것이다.

물론 인터뷰에 참여한 이들 또한 과도한 결제 요구를 강요하는 게임에 대해 불만을 터뜨리지 않은 것은 아니었다. 이른바 '현질 유도'라고 불리는, 애초에 100%에 가깝게 그냥 돈을 더 써야만 진행이 가능한 상황들을 만들어내는 게임들에 대한 반감은 거의 모든 게이머들에게 공통으로 나타났다. 하지만 그런 반감 속에서도 소위 '적당한' 결제, 플레이어가 이 정도는 충분히 콘텐츠 제작자가 가져갈 만한 금액이라고 인정하는 수준에서의 비용 지불은 이제 플레이의 영역 안에 새로운 상호작용의 영역을 만들며 정착했다고 볼 수 있다.

그러나 이 과정이 이용자들에게 받아들여진다고 해서 마냥 좋은 점만 있는 것은 아님을 앞에서도 이야기한 바 있다. 대다수가 받아들인 납금플레이의 상황이 명백하게 기존의 게임플레이와 달리 플레이라는 상호작용 사이에 엮였던 제작자–이용자 사이의 힘의 작용 관계를 모두 게임사의 서버 안으로 집어넣는 결과를 가져왔음은 부인하기 어렵다. 플레이의 영역에서 이용자가 개입할 수 있는 영역은 납금플레이 시대에 이르러 크게 축소되었고, 그 판은 게임회사에 의해 더욱 강하게 제어받는 상황이 되었다. 아마도 2021년 상반기를 달구었던 게임사 트럭 시위 사태는 이러한 권력관계의 변화가 촉발한 흐름일 것이다. 그리고 그 흐름은 비단 게임뿐 아니라 동시대 다른 디지털미디어 전반에서 나타나는 흐름의 일환으로 볼 수 있는 여지들을 가지고 있다.

사회관계로서의 게임 이해하기

자본주의 체제 안에서 정보사회라는 표현을 가능케 하는 두 가지 전제가 있다. 첫 번째는 정보의 가공과 유통이 상품 체제 안에서 이윤이라는 큰 의미에 연결될 수 있어야 하고, 두 번째는 그런 정보의 가공과 유통이 대량으로 손쉽게 처리될 수 있는 기술적 기반이 갖춰져야 한다는 점이다. 자본주의 안의 정보화사회라는 틀 안에서 이루어지는 오늘날의 디지털미디어는 모두 이 두 전제에 충실한 순간을 딛고 성장해왔다. 라디오와 텔레비전이라는 아날로그 시대를 지나 디지털 기반으로 정보의 가공과 유통이 변화하기 시작한 20세기의 컴퓨터 등장 이래 발전해온 미디어산업은 디지털이라는 변곡점을 맞으며 큰 폭으로 성장했다. 디지털게임 또한 이러한 미디어 환경의 변화와 동떨어지지 않은 흐름 속에서 발전해왔다.

자본주의 체제라는 점을 계속 강조하는 이유는 그동안 디지털게임플레이를 이야기할 때 대중문화상품이라는 콘텐츠의 내재적 속성이 실제 영향력에 비해 경시되었기 때문이다. 최초로 디지털게임이라는 형식을 만들어낸 몇몇 프로토타입을 제외하면 언제나 게임은 상품으로서의 속성을 띠거나 혹은 그 속성에 저항하는 형식으로 존재했다. 이 점은 디지털게임을 좀 더 고전적인 다른 매체들, 이를테면 문학이나 미술 같은 매체와 그 태생을 다르게 만들며, 동시에 자본주의적 대중문화가 발생한 이후 혹은 그 태동과 함께 등장한 이른바 대중매체들과의 교집합을 만들어준다. 그리고 이러한 특징은 매직서클이라는 고전적 플레이의 경계가 희미해지기 시작한 납금플레이 시대에 들어서며 더욱 두드러지기 시작했다. 단적으로 이야기하면, 이제 디지털게임플레이는 온전하게 관념적 측면에서만 이야기할 수 있는 무엇이 아니게 되었다. 물론 이러한 납금플레이가 영원히 게임 결제의 중심에 서 있을지는 미지수지만, 적어도 21세기 초엽 한국의 게임 환경에서 납금플레이를 게임이 아닌 무엇으로 취급하는 것은 현실의 게임에 관한 이해를 가로막는 일일 뿐이다.

1회의 구매 혹은 대여를 통해 현실과 분리된 가상세계에 접근할 수 있었던 고전적 양식이 희미해진 것은 온전히 게임 자체의 변화라기보다는 앞서 정리한 것처럼 현실 세계의 여러 물질 조건들의 변화로부터였다. 현실 세계의 조건 변화는 사회적 변화이며, 그 변화의 영향력은 디지털게임이라는 특정 매체에만 국한되는 일도 아니다. 동시대에 존재하는 다른 여러 대중문화상품 매체들을 함께 돌아보면 이 문제의 큰 외곽이 좀 더 명확해진다.

오늘날의 디지털미디어들이 자본주의 체제 안에서 자리 잡은 모습을 우리는 플랫폼platform이라고 표현한다. "외부 생산자와 소비자가 상호작용하며 가치를 창출할 수 있게 해주는 것에 기반을 두는 비즈니스"(앨스타인 등, 2017)로서의 플랫폼과 이를 기반으로 움직이는 플랫폼자본주의는 특히 디지털 미디어상에 펼쳐진 수많은 정보자원을 취합하여 공급하고 이를 원하는 소비자를 묶어 수요화시킨 뒤 그 사이의 상호작용을 일으키는 것을 골자로 한다. 유튜브, 페이스북, 인스타그램 등 우리가 디지털 온라인 네트워크를 통해 사용하는 거의 모든 뉴미디어가 플랫폼 비즈니스를 기반으로 하고 있다는 사실은 다시 반복할 필요가 없을 만큼 이미 많이 이야기된 주제다.

디지털게임에서의 현질이라는 주제를 훑어온 입장에서 플랫폼자본주의 논의를 되돌아보면 둘 사이의 접점에 대한 고민을 만나게 된다. 서버-클라이언트 체계를 기반으로 납금플레이를 구성하는 오늘날의 온라인/모바일 게임들은 플레이어들로 하여금 상품으로서의 가치를 생산하게 하는 것은 아니지만, 유희와 여가의 시간을 소비할 수 있는 플랫폼으로서의 제안을 게이머들에게 던진다. 오프라인 시대의 게임과 달리 온라인 게임에서 플랫폼의 측면은 더욱 두드러지는데, 서버에 접속한 이용자의 로그가 수집되고, 행동과 결제의 패턴이 분석되며, 플레이어의 상호작용이 다른 플레이어들과의 비교·경쟁을 통해 순위라는 이름으로 군집화되면서 새로운 경쟁 요소를 만들어내고 있기 때문이다. 그리고 무엇보다 오랜 세월 게이머의 것으로 여겨졌던 플레이어의 숙련도 자체가 게이머의 손을 떠나 게임회사의 서버, 다시 말해 플랫폼으로 소유권이 넘어가게 되었다는 사실은 우리가 살펴본 납금플레이 형식이 플랫폼자본주의라는 흐름과 결코 분리된 결과가 아님을 보여주는 중요한 단서다.

플랫폼자본주의의 변화와 발전 과정에서 나타나는 납금플레이는 그래서 기존의 게임 연구와 같이 매직서클 안쪽에서 일어나는 플레이의 관점으로만 접근하기 어렵다. 현금이 게임 안에 개입하기 시작한 이상 플레이는 현실과 동떨어진 문제가 아니게 되었고, 플레이를 이해하고 분석하기 위해서는 오래전부터 게임플레이에 영향력을 끼쳐왔던 결제양식과 소비양식이라는 물적 토대의 변화와 의미, 영향력에 대한 탐구가 전제되어야 한다.

이는 다른 플랫폼 기반의 여러 미디어 콘텐츠에서도 공통으로 필요한 접근일 것이다. 책을 구매해 소유하거나 대여하는 방식으로 읽을 수 있었던 문학은 이제 회당 결제와 무료로 나중에 보기와 같은 새로운 결제양식을 맞아 웹소설이라는 기존과 다른 형식을 낳았다. 회차별 혹은 타이틀별 구매와 대여를 통해 접근했던 홈비디오나 주문형 비디오 시장은 넷플릭스와 같은 구독결제방식을 맞아 검색 대신 큐레이팅을 기반으로 접근하는 새로운 양식을 보편화시켰다. 물적 토대로서의 플랫폼과 콘텐츠라는 상상된 가공물은 원래부터도 분리해서 생각하기 어려운 관계였으나, 플랫폼자본주의라는 변화 속에서 더욱 밀접하게 혹은 서로 분리 불가능하게 엮이고 섞이는 흐름을 보인다. 디지털게임 또한 대중문화상품으로서 언제나 결제라는 물적 토대와 동떨어져 있지 않았고, 숙련도가 서버에 포획되는 플랫폼 상황에 플레이는 현실의 결제양식과 더욱 강하게 결부된다. 납금플레이는 큰 맥락에서 플랫폼화된 플레이의 결과물인 것이다. 적어도 납금플레이가 가능해진 지금 시대에 게임플레이에 대한 접근은 기존의 게임에 대한 이해의 범주를 넘어 매체 사회학에 가까운 형태를 요구한다.

매직서클, 납금플레이, 가상화폐, 그리고 메타버스와 P2E, NFT

현실에서 분리된 가상의 시공간이 소멸하는 문제가 게임에만 국한된 것은 아니다. 이 흐름은 거부할 방법도 드러나지 않은 채 다른 여러 흐름과 함께 움직이고 있다. 납금플레이와 동일한 맥락이 마치 완전히 다른 무언가인 것처럼 2021년의 트렌드 키워드를 점령한 것을 볼 수 있다. 바로 메타버스metaverse다.

2020년대 들어 붐을 이루기 시작한 메타버스는 갑자기 등장한 개념은 아니다. 원류를 따지자면 닐 스티븐슨의 《스노 크래시》*Snow Crash*(문학세계사, 2021)[9]라는 SF 소설까지도 거슬러 올라가지만, 가상 현실과 현실의 연결 자체를 현실 차원의 단어로 사용하기 시작한 기점은 2003년 출시된 온라인 게임 〈세컨드 라이프〉부터라고 볼 수

9 원서는 2000년 5월에 출간되었다.

있다. 오늘날처럼 HMD Head Mounted Display 기반의 VR Virtual Reality 을 사용하지는 않았지만 일종의 MMORPG 형식을 차용한 〈세컨드 라이프〉는 판타지 세계관이 아닌 현실적인 시공간을 게임 안에 구축하고자 했다. 그리고 참여하는 이용자들의 자율적인 활동과 상호작용을 보장하면서 매직서클 안쪽의 세계관을 만들기보다는 현실의 확장과 같은 세계를 만들고자 하는 목표를 제시했다. 무엇보다 중요한 지점은 게임 내 사이버머니가 현금처럼 활용될 수 있었다는 점인데, 게임 내 화폐인 린든 달러 Linden Dollar 는 일정한 비율을 따르는 시세로 현실의 현금으로 구매 및 판매가 가능한 교환가치를 가지고 있었다.

2020년에 이르러 다시금 메타버스라는 단어가 주목받게 된 배경에는 COVID-19로 인한 전 세계적 팬데믹 상황이 존재한다. '거리두기'라는 강제적 상황은 비대면 커뮤니케이션에 대한 필요성을 만들어냈고, 대면 상호작용이 불가능해진 세계에서 '대면에 비해 부실한 무언가'로 치부되던 기존의 비대면 커뮤니케이션은 훌륭한 대안으로서 각광받기 시작했다. 그 와중에 게임 〈포트나이트〉에서 미국의 힙합 아티스트 트래비스 스콧이 가상공간 콘서트를 개최한 것이 화제가 되었고, 〈포트나이트〉 제작사는 자사의 비전을 "게임을 넘어선 무언가"로 정의하며 화제의 중심에 서기 시작했다. 같은 배틀로얄 장르의 게임이지만 현실적 묘사나 고증 측면에서 경쟁작인 〈배틀그라운드〉와 달리 판타지적 재현을 추구했던 〈포트나이트〉가 오히려 현실과의 연계점을 거론하며 메타버스를 향한 경쟁에 뛰어들었다.

메타버스를 명확하게 정의하기는 어렵지만 여러 분야에서 거론 되는 이 개념의 용례들을 통해 공통점을 묶어보면 대략 다음과 같다. 첫 번째는 매체에 의해 구성된 가상공간을 가상으로 두지 않고 현실과 연계되는 혹은 현실의 대안이 되는 공간으로 설정하고자 한다는 점이다. 메타버스를 표방하는 많은 플랫폼들은 현실에서의 대면 상호작용을 대신하는 것으로 자신의 기능을 설명하고 있으며 '가상' 대신 '현실'을 구현 대상으로 삼고자 한다.

두 번째는 기존에 사이버스페이스라 불렸던 서비스들과 달리 비목적적인 커뮤니케이션에 집중한다는 점이다. 사이버스페이스를 통한 사람 간의 교류는 이미 PC통신이나 인터넷을 기반으로 이뤄지고 있었지만, 이들은 방문 목적에 최적화된 인터페이스와 경로를 제공하는 데 초점을 맞추었다. 이를테면 2020년 상반기 한국 순천향대학교는 가상 시공간 안에 대학교 교정을 구현하고, 그 안에서 '메타버스 입학식'을 진행하며 화제를 모은 바 있다. 입학식에 참가한 학생들은 가상공간에 구현된 캠퍼스를 걸어 다니며 이런저런 시설을 방문하고 상호 교류하거나 정보를 획득하는 행동을 할 수 있었다. 반면 한국의 대학생들이 수업 정리와 학내 소통, 정보 수집 등을 위해 활용하는 대학생 커뮤니티 '에브리타임'은 가상공간에서 걸어 다니지 않고도 방문 목적에 맞게 최적화된 클릭을 통해 원하는 정보에 최대한 빠르게 도달하는 형태로 서비스를 제공한다. 기존에는 가상공간을 굳이 만들어놓고 그 안에서 걸어 이동해야 하는 것을 불필요한 무언가로 여겼다면, 메타버스라는 말이 유행한 이후부터는 사이버스페이스가 현실의 불필요한 움직임(서류를 가져오기 위해 직접 걸어가는 것과 내려받는 것의 차이는 디지털 시대의 유용성으로 2000년대까지 한참 홍보되었다)을 배제하려 했던 것과 반대로 일부러 사이버스페이스 안에서 걸어서 이동하는 '불편함'을 구현하는 형태로 서비스의 구현 방향이 바뀌었다.

마지막으로 세 번째는 그렇게 구성되는 메타버스 공간이 이윤의 측면에서도 현실의 확장으로 연계될 수 있는 공간을 지향한다는 점이다. 앞서 언급한 〈세컨드 라이프〉가 메타버스의 효시로 불릴 수 있는 이유 중에는 게임 내의 린든 달러가 현실의 화폐로 변환 가능한 개념이었다는 점이 크게 작용했다. 가상의 지구를 만들어 그 부동산을 거래하는 방식을 내세운 서비스 '어스 2'는 대표적인 메타버스의 사례로 꼽히는데, 여기서도 핵심은 현실의 자산으로 투자와 거래가 가능한 가상공간이라는 점이다. 가상과 현실이 연계된다고 여기는 지점은 단순히 커뮤니케이션의 문제를 넘어 이윤과 가치의 교환이 인정된다는 전제를 포함한다는 점을 보여주는 '어스 2'의 사례는 메타버스가 가상이 아닌 현실을 추구한다는 주장에서 현실의 배경에 이윤이 존재한다는 점을 잘 드러내는 사례다.

메타버스에 관한 세 가지 공통점을 추려놓고 다시 들여다보면 이 이야기가 현질과 납금플레이 이야기의 마지막에 언급되는 이유를 알 수 있을 것이다. 메타버스는 단순히 게임과 밀접한 관계가 있다는 정도의 주장에 그치는 것이 아니라, 메타버스를 표방하는 많은 서비스가 지향하는 바가 사실상 납금플레이, 현질의 다른 말이 됨을 알 수 있다. 가상공간이 매직서클을 벗어나 현실과 연결되는 공간으로 자리매김하고, 현실의 상품가치가 그 공간 안에 영향을 미치며,

가상으로 만들어진 물건이 현실에서 상품가치 혹은 교환가치로 의미 지어지는 메타버스의 세계는 정확히 납금플레이 기반의 현질이 가능해진 오늘날의 게임 환경과 일치한다.

한참 메타버스와 함께 논의되어온 현실과 가상의 경계를 다루는 또 다른 기술인 가상화폐와 NFT Non-Fungible Token (대체 불가능 토큰) 같은 개념도 같은 맥락의 선상에 있다. 가상화폐라는 말에 '가상'이란 단어가 붙어 있지만, 근본적으로 이 단어는 현실의 화폐를 대체할 수 있는 성질의 것으로 다뤄진다. 블록체인 기술을 기반으로 현실 화폐와 교환 가능한 화폐의 대체재를 만들어냈다고 볼 수 있을 가상화폐는 메타버스 개념이 가리키고 있는, '확장되고 대체 가능한 현실'의 영역에 선다.

현실과 교환 가능한 무언가로 가상공간의 오브젝트가 설정된다는 측면에서 가상화폐나 NFT 같은 흐름이 사실상 이미 현금 거래가 이루어지고 있는 온라인 기반 디지털게임의 아이템 거래와 결과적으로 다르지 않다는 데 주목해야 한다. 인기 MMORPG의 인게임 화폐는 블록체인 기술만 적용되지 않았지 이미 여러 아이템 거래 사이트를 통해 일정한 시세 등락을 겪으며 현금으로 교환할 수 있게 된 지 오래다. 블록체인을 통해 탈중앙화되었다고는 하지만 결국 가상화폐 거래가 거래소라는 새로운 중앙을 통해 이뤄지고 있다는 점에서도 아직까지는 의미 있는 변화로 받아들이기 어려운 부분이 존재한다.

이때 현실과 거래되기 시작한 아이템, 코인, 골드와 같은 것들이 한편으로는 가상에서 현실로 연계되었다는 점뿐 아니라 앞서 이야기한 놀이에서 현실로의 경계 넘기가 동시에 이루어지고 있다는 점 또한 현상을 이해하려 할 때 필요한 인식이다. 가상과 놀이가 엮이고 현실과 노동이 엮이던 매직서클을 통해 구분되었던 다차원의 이분법적 세계에 균열이 나고 있는 것이다. 매직서클의 경계가 희미해진다는 말은 그래서 단순히 놀이와 노동의 문제를 넘어 가상과 현실의 중첩이라는 흐름으로도 이야기할 수 있다.

이른바 P2E, 'Play to Earn'이라는 개념에 이르면 이제 놀이와 노동은 경계 짓기를 넘어서 아예 융합되는 상황을 맞이한다. P2E의 핵심은 말 그대로 놀면서도 돈을 벌 수 있다는 개념이다. 게임플레이를 통해 서버에 축적되는 어떤 잔여물들이 놀이의 흔적이 아니라 현실의 화폐와 통용될 수 있는 무언가가 될 수 있다는 가능성이 발견되었고, 이를 본격적으로 전면에 내세우는 개념이 P2E다. 게임을 하면서 돈이 생긴다니 이처럼 매력적인 말도 없어 보인다.

그러나 이 책의 서두에서 언급했듯 애초에 놀이에 대한 정의가 인간 행위 중 가치를 생산하지 않는 행위로 이뤄진다는 점을 생각할 때, P2E는 다분히 언어도단적 개념이다. 생산과 노동에 관여하지 않는 행위인 놀이가 다시금 생산에 의해 이윤을 획득하는 무언가와 결부된다는 것이다. 정말로 게임플레이의 결과에 부수적으로 따라오는 골드와 아이템, 경험치가 현실에서 이윤이 되는 행위라면 이는 P2E라는 말로 둘러칠 것이 아니라 그냥 노동으로 보는 것이 타당하다.

이미 게임 안에서도 언밸런스한 디자인 때문에 골드와 아이템, 경험치를 획득하기 위해서만 추가적인 전투를 벌이는 행위를 플레이어들은 '노가다'라고 부르고 있다. 그 과정이 재미없다고 인식되기 때문에 일련의 외주화, 다시 말해 타인에게 일정 금액을 지불하고 게임을 맡겨 레벨업과 아이템 획득을 대신 시키는 게임 방식이 존재하고 있음은 놀이가 노동으로 넘어가는 순간이 이미 현실에 도래했음을 보여주는 단서다.

P2E의 성공 사례로 자주 거론되는 동남아시아 지역의 〈엑시 인피니티〉는 실제로 플레이해 보면 게임에서 사용할 가상화폐 지갑을 생성하고, 이를 다른 지갑과 연동시키는 과정을 요구한다. 지갑을 연동한 후에도 게임플레이를 위해서는 기본 캐릭터 세 개 이상을 구매해야 하는데, 이 과정만으로도 이미 수십만 원이 들어간다. 정작 캐릭터 배틀은 대단한 재미가 없지만, 지속적인 플레이를 통해 포인트를 쌓고 또 보유한 캐릭터들 간의 교배를 통해 더 독특한 캐릭터를 뽑아내 팔아서 수익을 내는 것이 〈엑시 인피니티〉의 핵심이다. 그렇다면 이는 우리가 앞서 길게 논의한 플레이의 맥락보다는 오히려 가상화폐 거래 방식에 더 가까운 무엇임을 알 수 있다. 〈엑시 인피니티〉를 필두로 한 P2E를 주창하는 동시대의 많은 게임들은 게임이라기보다는 가상화폐 거래 방식에 게임의 '스킨'을 덧씌운 형태라는 것이 좀 더 현상을 구체적으로 묘사한 설명일 것이다.

무엇보다 이런 게임들이 거론될 때 '재미있다'는 표현보다 '동남아 사람들은 이걸로 용돈 벌이를 한다'는 설명이 더 먼저 더 많이 나온다는 사실은 P2E 콘텐츠의 중심이 게임보다 거래와 수익에 놓여 있음을 우리 사회가 이미 인지하고 있다는 것을 드러낸다. 가상과 놀이라는 공간이 가진 안전성의 가면을 쓰고 새로운 방식의 투기가 현실과 가상이 희미해지는 시대를 타고 우리 곁에 다가오고 있는 것이다.

　매직서클의 경계가 희미해지는 현상은 같지만, 한쪽에선 이를 공정한 가상의 영역에 개입하는 현질이라고 비난하고 다른 쪽에서는 '가상이 곧 현실인 새로운 세계'라고 찬양하는 흐름이 공존한다는 사실에 주목할 필요가 있다. 이 둘은 사실상 같은 흐름에 대한 다른 관점이라고 봐도 무방한데, 흥미롭게도 메타버스에 대한 장밋빛 전망들은 그 기저에 존재하는 플랫폼자본주의라는 체제적 흐름에 대한 우려는 잘 다루지 않는 것으로 보인다.

　영화 〈레디 플레이어 원〉은 HMD뿐 아니라 몸에 걸치는 촉각 슈트까지 동원해 만든 가상의 세계 '오아시스'가 완벽하게 구현된 가까운 미래를 보여주었다. 완벽한 가상현실 게임인 '오아시스'는 한편으로는 메타버스라는 개념과도 부합하는데, '오아시스' 안에서 벌어들인 게임 코인으로 플레이어가 현실에서 피자를 주문해 먹거나 새로운 고급 슈트를 살 수 있는 모습들이 영화 안에서 드러나기 때문이다. 〈레디 플레이어 원〉을 메타버스의 미래라고 불러도 틀린 말이 아닐 것이다.

　그런데 이 영화가 마지막에 보여주는 결말은 한편으로는 메타버스라는 개념이 실제로 구현될 경우 마주할 새로운 위협들에 대한 경고로도 읽힌다. '오아시스'의 가장 큰 퀘스트를 해결한 주인공이 보상으로 받은 것은 '오아시스' 전체에 대한 통제권이었고, 주인공은 이를 활용해 매주 1회 전체 서버를 하루 동안 셧다운하는 결정을 내린다. 단지 가상은 가상일 뿐이라는 메시지만일까? 이 결말의 핵심은 특정한 세계의 존재 자체를 좌우할 수 있는 권한이 무려 한 개인에게 주어질 수 있다는 점이다.

메타버스에 대한 우려와 비판을 길게 다룰 필요는 없지만, 실제로 현실에서 가장 가깝게 메타버스의 개념이 구현된 지점으로 볼 수 있을, 현금 거래가 일상화되고 현실의 화폐 가치가 개입 가능한 형태로 자리잡힌 몇몇 온라인 게임들을 우리는 메타버스의 일종으로 상정할 수 있을 것이다. 그렇다면 그 메타버스의 프로토타입이 되는 온라인 게임의 상황은 우리의 미래가 밝고 아름다운 세계임을 증명하고 있을까? 사기와 속임수가 난무하고, 욕설과 트롤링trolling[10]이 벌어지며 경우에 따라서는 현실에서 직접 상대를 찾아가 폭력을 행사하기도 하는 사태들이 나타나는 메타버스의 세계는 그 공간이 정말 현실로 연계될 때 특정한 기업에 의해 오로지 그 기업의 이윤에만 복무하는 무법천지로 자리할 가능성을 부인하지 못한다.

자본주의 역사에서 산업과 경제 규모의 성장은 언제나 새로운 영역을 향한 개척과 연관되었다. 아메리카 대륙의 발견과 진출, 식민화를 통해 얻은 부가 일으킨 산업혁명은 현대 자본주의의 기초가 되었고, 유럽인들은 그 개척의 목적지를 '신대륙'이라고 불렀다. 이미 거주하던 원주민의 존재를 무시했다는 사실은 논외로 치더라도, 이윤을 위해 개척한 세계가 맞이한 혼돈과 무법의 시공간이었던 미국 서부 개척 시대에 대한 증언들은 한편으로 오늘날 '디지털 신대륙'이라는 이름으로 칭송받는 메타버스라는 개념과, 그와 동일한 맥락이면서도 오로지 게임회사의 이윤을 위해 플레이어의 숙련도까

10   인터넷상에서 다른 사람들의 관심을 끌기 위해 상대방을 조롱하거나 소동을 일으키는 것을 뜻하는 용어.

지 플랫폼화시켜 독점해 가져가는 납금플레이 시대라는 두 변화의 미래를 생각할 때 역사의 반복이라는 말에 대해 다시 생각하게 한다. 미개척지에서 쏟아지는 막대한 수익은 새로운 자원과 영역으로부터도 기인하지만, 동시에 어떠한 제도로부터도 통제받지 않는 이윤의 출처라는 점 또한 적지 않게 작용해왔다. 괜히 미국 서부 개척 시대가 골드러시와 함께 무법자 총잡이들의 시대로 함께 호명되는 게 아닌 것이다. 메타버스를 향한 장밋빛 전망들 또한 아직 규제받지 않는 영역이라는 점에 상당 부분 기인하고 있다. 당장 같은 게임을 만들더라도 이를 게임으로 출시하면 게임법의 규제를 받지만 메타버스로 출시하면 마땅한 규제가 없다는 점을 생각해 보자. 마냥 미래산업으로 환상만 그릴 것이 아니라 오히려 이미 와 있는 미래인 납금플레이가 작동하는 온라인 게임이 가상이 아닌 현실 세계로 확장되고 있다고 생각해 볼 필요가 있다. 우리는 그 무법천지를 현실로 받아들일 준비가 되어 있는가?

　2021년 상반기 한국 게임계의 뜨거운 이슈였던 트럭 시위 사태를 다시 생각해 본다. 게임사는 새롭게 열린 결제방식과 네트워크를 통해 게임플레이의 지반 자체를 변화시켰고, 플레이어들은 게임플레이라는 길항의 장에서 과거만큼의 지분을 갖지 못한 채 플레이로부터 한발 떨어진 위치로 이동하기 시작했다. 플랫폼화하는 게임과 게임플레이라는 환경에서 느끼는 분노는 과도한 현질 유도 또는 기만에 가까운 과금 유도라는 임계점에 도달하며 한국 게임사에서 보기 드문 플레이어들의 집단행동을 연쇄적으로 촉발시켰다.

　이는 단지 게임사가 지나치게 돈을 탐했다는 1차적 이슈만으로 생각하기 어렵다. 플랫폼자본주의라는 새로운 시대를 만들고 있는 변화한 결제 환경과 달라진 플레이를 이해하기 위해서는 결국 좀 더 거시적 입장에서 게임을 바라보아야 할 것이다. 다시 말해 플랫폼자본주의라는 물적 토대를 기반으로 한 플레이 탐색이 필요하다. 이는 플랫폼 자체를 거부하자는 말이 아니라 이미 플랫폼화된 환경 안에서 그 플랫폼의 영향력과 존재를 무시할 수 없다는 이야기다. 가상과 현실의 경계가 희미해지고 있다는 말은 2000년대까지는 그저 관용구로 쓰였지만, 본격적으로 현실의 이윤이 그 가상공간에 개입하기 시작한 시대에 이르면 이제 이 말에는 조금의 공포가 따르기 시작한다. 현질이라는, 다소 가벼워 보일 수 있는 게임 안의 이야기가 단지 게임만의 이야기가 아니라 우리 사회의 가까운 미래를 예견하는 이야기인 이유다.

현질이라는 말을 '납금플레이'라는 용어로 대체해 보며 탐색하는 긴 과정은 게임 결제의 역사와 오늘의 현실을 거치며 어느 정도 결론에 다다랐지만, 역시나 완결된 결론은 있을 수 없다. 이는 나의 부족함도 있지만 게임과 현금결제라는 양상이 끊임없이 변화하며 어제와 오늘이 또 다른 모습으로 변화하기 때문이다. 당장 이 책에서도 구독형 결제라는 새로운 트렌드에 대해서는 현상의 중요성만큼 두텁게 다루지 못했고, 갈수록 다양화하는 납금플레이의 세부적 양상도 모두 다 꺼내보지는 못한 듯하다.

하지만 책 한 권으로 완결될 이야기를 다룬다는 것 자체가 나의 지나친 오만이 될 수 있을 것이다. 오히려 한 권의 책으로 정리된 이야기는 그 안에 머물지 않고 후속 논의의 토대가 되며 차츰 중요한 의미를 갖게 되리라고 생각한다. 이를테면 책 후반부에서 다룬 플랫폼자본주의 안에서의 디지털게임플레이라는 주제는 이 책의 후속

작으로 이어질 수 있는 심층 탐구 주제로 생각할 수 있고, 한국적 맥락만을 중심으로 다룬 이 책의 주제를 해외로 들고 나가 지역학으로서의 게임 결제양식 연구로 저변을 확장할 수도 있을 것이다.

이런 확장을 염두에 두면서 가장 강조하고 싶었던 것은 게임플레이와 결제양식에 관한 비판적이고 성찰적 접근이라는 자세였다. 오늘날 한국에서 디지털게임을 다루는 많은 대중적 시각 중 가장 부족하고 널리 퍼지지 않는 관점이 비판적 관점이다. 대중 미디어가 비춰주는 게임의 모습은 언제나 '중독을 유발하는 위험한 것이니 규제하자'는 부정적 관점과 '미래 먹거리 콘텐츠 산업이니 진흥하자'는 산업적 관점 둘 중 하나를 벗어나지 못한다. 책을 쓰는 내내 나는 이 책이 대중 미디어가 이야기하는 이 두 관점을 부정하거나 비켜가는 것이 아니라 아예 새로운 프레임으로 게임문화 자체를 본격적으로 이야기할 수 있기를 바랐다. 그 성과에 대해 자평할 수는 없지만, 적어도 이후 이어질 이야기들에서 그 비판적 성찰을 놓치지 않기를 스스로에게 또 함께 이야기 나눌 다른 이들에게 기원할 뿐이다.

직장생활을 접고 게임 칼럼니스트라는 다소 생소하고 낯선 직업에 뛰어든 지도 벌써 7년차가 되었다. 그사이 나는 어느새 중년의 나이에 접어들었다. 이제는 게임 연구를 한다지만 빠른 반사신경과 날카로운 동체시력을 요구하는 게임에서는 막상 육체적 한계를 느끼는 연령대에 이르렀다. 젊은 연구자들과 게임 이야기를 하면서 그들의 게임 경험을 들으며 미처 다 소화하지 못하는 순간을 만나고 이 작업이 결코 혼자 할 수 있는 일이 아님을 깨닫고 있다. 원고를 탈고하는 지금 이 순간에도 내가 아직 게임 이야기를 할 수 있는 자격이 있는가에 대한 고민이 끊이지 않는다. 그럴수록 나는 더 많은 사람이 각자 겪어온 게임 경험을 나누며 더 풍부한 게임 담론을 한국에서 만들어낼 수 있기를 희망한다. 처음 부산에 상륙한 오락실 게임기를 만져봤을, 이제는 노년기에 접어든 1세대 게이머들부터 식당에서 칭얼대지 말라고 부모가 내준 스마트폰으로 그림 맞추기를 하는 이유식을 먹는 아이에 이르기까지 모두 아우를 수 있는 게임 문화 연구의 장이 한국에서도 빛을 볼 수 있기를 기원하며 글을 마친다.

논문 및 단행본

강신규(2017), "현실로 들어온 놀이: 서드 라이프 시대의 디지털게임", 〈문화과학〉, 92, 174-197.

강준만(2008), "한국 자동판매기 문화의 역사: '자판기 엔터테인먼트' 시대의 명암", 〈인물과사상〉, 2008년 2월호, 170-205.

김겸섭(2008), "'놀이학'의 선구자, 호이징하와 까이와의 놀이담론 연구", 〈인문연구〉, 54권 0호, 147-190.

나보라(2016), "게임성의 통사적 연구", 연세대학교 커뮤니케이션대학원 박사학위 논문.

남영(2009), "한국 게임산업의 형성: PC 게임의 기원에서 온라인 게임 산업의 정착까지", 중앙대학교 대학원 과학문화학과 박사학위 논문.

박근서(2005), "컴퓨터게임의 역사와 게임 패러다임의 전환", 〈게임산업저널〉, 2005년 여름호.

오규환·류태원(2007), "Game Design on Item-selling Based Payment Model in Korean Online Games", DiGRA '07 — Proceedings of the 2007 DiGRA International Conference: Situated Play. Vol. 4. University of Tokyo. ISSN 2342-9666.

유창석(2015), "부분유료화 과금모형 변천의 역사", 〈한국게임학회〉, 12권 1호, 3-9.

윤태진(2007), "텍스트로서의 게임, 참여자로서의 게이머: 디지털게임의 문화연구적 접근", 〈언론과 사회〉, 15권 3호, 96-130.

윤형섭·강지웅·박수영·오영욱·전홍식·조기현(2012), 《한국 게임의 역사》, 북코리아.

이경혁(2020), "게임자율규제의 맥락과 현황들", 국회 문화체육관광위원회 포럼 발표 자료.

이동은·이유호(2015), "디지털게임의 부분유료화 모델에 관한 연구", 〈한국게임학회〉, 25권 6호, 107-119.

안토니오 네그리·질 들뢰즈·정남영·빠올로 비르노·마우리치오 랏자라또·조정환·마이클 하트·이승준(2005), 《비물질노동과 다중》, 김상운·서창현, 자율평론번역모임 역, 갈무리.

Parker, J.·Choudary, S, P.·Van Alstyne, M, W.(2017), *Platform Revolution: How Networked Markets Are Transforming the Economy-And How to Make Them Work for You.* 이현경 역(2017), 《플랫폼 레볼루션》, 부키.

Bartle, R.(2004), *Pitfalls of Virtual Property.* http://www.themisgroup.com/uploads/Pitfalls%20of%20Virtual%20Property.pdf

Brown, Brian "Box"(2016), *Tetris: The Games People Play.* 김보은 역(2017), 《테트리스: 세계를 정복한 작은 게임》, 한스미디어.

Callios, R.(1958), *les Jeux et Les Hommes.* 이상률 역(1994), 《놀이와 인간》, 문예출판사.

Castranova, E.(2004), "The Right to Play", *New York Law School Law Review* 49(1):185-210.

Consalvo, M.(2007), *Cheating: Gaming advantage in videogames*, MIT Press, Massachusetts.

Consalvo, M.(2019), *Real games: What's legitimate and what's not in contemporary videogames*, MIT Press, Massachusetts.

Copier, M.(2005), Connecting worlds. Fantasy Role-Playing Games, Ritual Acts and the Magic Circle. in the International DiGRA Conference: Changing views: worlds in play. Vancouver, Canada.

Crawford, C.(1982), *The Art of Computer Game Design.* NY: McGraw-Hill.

Csikszentmihalyi, M.(1990). *Flow*. 최인수 역(2004),《몰입, 미치도록 행복한 나를
만난다》, 한울림.

Huizinga, J.(1944), *Homo Ludens: A Study of the Play-Element in Culture*.
이종인 역(2018),《호모 루덴스》, 연암서가.

Juul, J.(2005), *half-real: Video Games between Real Rules and Fictional
Worlds*. 장성진 역(2014),《하프 리얼》. 비즈앤비즈.

Lin, H. & Sun, C.(2007), Cash Trade Within the Magic Circle: Free-to-Play Game
challenges and Massively Multiplayer Onling Game Player Responses.
DiGRA '07 —Proceedings of the 2007 DiGRA International Conference:
Situated Play. Vol. 4. University of Tokyo. ISSN 2342-9666.

Marder, B., Gattig, D., et al.(2018), The Avatar's new clothes: Understanding
why players purchase non-functional items in free-to-play games. *Com-
puters in Human Behavior*. Vol. 91. 72-83.

Koster, R.(2004), *Theory of Fun for Game Design*. 안소현 역(2005),《라프 코
스터의 재미 이론》, 디지털미디어리서치.

Kücklich, J.(2005), Precarious Playbour: Modders and the Digital Games
Industry. *The Fibreculture Journal*. issue 5.

Taylor, T.(2006), *Play between worlds : exploring online game culture*.
Cambridge, MA; ondon: MIT Press.

Upton, B.(2015), *The Aesthetic of Play*. 김동훈 역(2019),《플레이의 미학: 게임
과 놀이의 숨은 아름다움》, 에이콘출판사.

Witheford, N., Puter, G. D.(2009), *Games of Empire: Global Capitalism and
Video Games*. 남청수 역(2015),《제국의 게임》, 갈무리.

신문 기사, 정부 간행물 및 웹 자료

A Complete history of Online console gaming in the United States.
2007년 12월 5일. http://www.revrob.com/sci-a-tech-topmenu-52/38-
a-complete-history-of-online-console-gaming-in-the-united-states
(2022년 9월 25일 현재 접속 불가, 검색 가능).

NC 패밀리존 웹사이트, G코인. http://pcbang.plaync.com/product/gcoin/

index(최종 접속일: 2022년 9월 25일).

검은사막 새소식, GM노트, "검은사막, 이렇게 달라집니다 — Part 2. PC방 혜택" 2019년 5월 8일. https://www.kr.playblackdesert.com/News/Notice/Detail?boardNo=135&boardType=4(최종 접속일: 2022년 9월 25일).

경향신문, "소프트웨어 불법복제 첫 실형 선고", 1992년 10월 22일.

동아일보, "대기업들의 문화전쟁 (5) 게임산업 — 첨단기술 총아 전자오락 경쟁 불꽃", 1996년 2월 13일.

동아일보, "'가상 + 부동산'이라 열풍?… '어스2' 한국인 자산 두 달 새 두 배로", 2021년 6월 7일.

디스이즈게임, "[게임과 법] '불법 프리서버'는 어떻게 만들어지나?", 2016년 3월 7일. https://www.thisisgame.com/webzine/series/nboard/212/?n=61250(최종 접속일: 2022년 9월 25일).

디스커버 G, 오영욱, "적절한 게임 가격이 존재할 수 있을 것인가", 2020년 11월 16일. https://discoverg.net/withstory/?idx=5422622&bmode=view(최종 접속일: 2022년 9월 25일).

부산일보, "〈머드게임〉 서비스 개시", 1994년 7월 27일.

주간경향, "게임사 — PC방 업계 '과금 공방전'", 2021년 7월 12일.

한겨레, "교육용 컴퓨터 표준규격 확정", 1989년 9월 3일.

한겨레, "〈리니지〉마저 부분유료화로… 게임 정액요금 시대 막 내려", 2019년 5월 1일.

한겨레21, "게임 아직 안 끝났다", 2017년 4월 18일.

한국콘텐츠진흥원(2020), "2020 게임이용자 실태조사", 2020년 8월 6일. https://www.kocca.kr/kocca/bbs/view/B0000147/1842858.do?searchCnd=1&searchWrd=%EC%8B%A4%ED%83%9C%EC%A1%B0%EC%82%AC&cateTp1=&cateTp2=&useYn=&menuNo=204153&categorys=0&subcate=0&cateCode=&type=&instNo=0&questionTp=&ufSetting=&recovery=&option1=&option2=&year=&morePage=&qtp=&domainId=&sortCode=&pageIndex=4(최종 접속일: 2022년 9월 25일).

한국콘텐츠진흥원 정책본부(2019), 《2018 대한민국 게임백서》, 한국콘텐츠진흥원.

한국소비자원 참가격 웹사이트, 서비스 가격 정보 외식비 항목. https://www.price.go.kr/tprice/portal/servicepriceinfo/dineoutprice/dineOutPriceList.do(최종 접속일: 2022년 9월 25일).